英國政府與政治

［比較政府與政治1］

胡康大／著

李炳南／主編

《比較政府與政治》

一叢書序一

　　近年來，關於我國現行憲法的修改，以及各種政治規範與結構的調整，一直是各界熱烈討論，但也是爭議叢生的焦點所在。而隨著民主化的進程，國民大會、立法院、省市長先後改由台灣地區人民選舉產生，今年三月，我國順利舉行第一次的總統直接民選，在象徵意義上，終於完成最後一個憲政機關的民主化。就在民主憲政開始步入常軌的同時，我國的政治體制還是存在著一些懸而未解的問題，而這些問題多少會和各國政府體制的架構建立和經驗分析有密切的相關，諸如：

　　一、中央政治體制的定位問題。關於此一重大爭議，大約可以歸納為三種主要的方向。主張我國政體為內閣制者，其立論係從憲法本文中明確具有三項內閣制的基本特點出發，亦即信任制

度、副署制度，以及負責制度。主張我國政體為總統制者，是從實際憲政運作的觀點出發，認為我國總統具有實質的決策權力，並強調總統的緊急處分權、閣揆提名權、立法覆議權的實質重要性。也有人主張我國應採行以總統為憲政中心，以行政院長為行政中心的雙首長制，宣稱此制可整合總統制與內閣制的優缺點，並作為過渡性權力平衡的安排。不論是主張那一種體制，都會引用民主先進國家的憲政制度和經驗作為立論的依據。內閣制論者奉英國為圭臬，總統制論者以美國為典範，雙首長制論者則標榜法國的先例。

　　二、副總統兼任行政院長的問題。這個和政體基本定位有關的問題，曾造成朝野政黨在立法院嚴重對立，並在憲法法庭上引發激烈的辯論。持正面看法者常以美國、菲律賓、哥斯大黎加等總統制國家為例，強調總統、副總統和國務院（行政院）本為三位一體的行政機關，而副總統是備位元首，無法定的職掌，和行政院長得在職務並無不相容的問題，在功能上亦無相重疊的地方。持反面觀點者則強調副總統與行政院長在憲法上有不同的權力規範，二者職務理當不能相容。

　　三、聯合內閣的問題。關於政黨聯合組閣問題的討論充斥於當今的台灣政壇，未來我國立法院出現三黨不過半的可能性也不小，關於聯合內閣應該如何組成的問題，將成為重要的政治議題。從其他國家的先例來看，政治制度的規範與聯合內閣的組成息息相關，例如德國因為有建設性不信任投票制度，故聯合內閣組成方式相當固定；丹麥因為國會沒有閣揆同意權，故容易形成少數內閣；比利時因為憲法的強制性規定，故政權必然是由荷語政黨

與法語政黨分享。

　　四、廢省或省府虛級化的問題。主張廢省者有以簡化行政層級為出發點，這也牽涉到中央與地方的權限問題。我們觀察其他國家的相關制度，例如法國實行區、省、縣市三級制；日本實施都道府縣、市町村二級制，這些國家的制度當可作為我國的重要參考。

　　以上四個問題，我們都難免要向其他國家的相關制度汲取經驗，這就是比較政府這門學科存在的必要性。國內學界的前輩對於比較政府的專門論著並不少，像鄒文海、薩孟武、劉慶瑞、羅志淵、張世賢等先進，都是箇中的翹楚。不過如果我們希望找到一套比較有系統、比較詳盡的比較政府叢書，似乎相當困難。因此，揚智文化公司這一套比較政府叢書在台灣地區的出版，自然是本地讀者和研究者的一個福音，因為透過作者新穎周全的資料、縝密細膩的整理、具體明確的論述和妙筆生花的文辭，讀者和研究者必然可以樂在其中地探知這門學科的全貌。當然，如果讀者和研究者想要研究特定國家的政治制度或特定制度的各國比較，也可以輕鬆地從本叢書中得到想要的資訊。因此我們可以肯定，這套叢書將是讀者的啟蒙良師，也是研究者的百科全書。

李炳南

謹述於台灣大學研究室

―序言―

　　英國曾雄霸世界一時，但經過兩次世界大戰的劫難，國際地位早已江河日下，儘管在柴契爾政府（the Thatcher Government）執政後，曾一度雄心勃勃，竭力再展宏圖，恢復在世界上已削弱的聲音，畢竟時過境遷，終究難以有更大的作為。

　　但是，英國的活力尚未喪失殆盡，它確實是整個若干世紀來在行政、立法和司法等方面，不斷發展起來一套行之有效的政治制度。1688年「光榮革命」（Glorious Revolution）之後，隨著黨的逐漸形成和發展，國家權力的更迭便一直由兩大政黨嚴格按照議會的程序和平地進行，從而為英國的社會、經濟和政治的發展創造了一個長期安定的環境，同時也為它的對外擴張侵略提供了一個穩定的後方，更重要的是，英國雖處於長期動盪不定的西

歐；卻排除了出現在一些大陸國家中的獨裁統治，始終維護了其民主傳統。另一方面，由於盎格魯‧撒克遜民族（Anglo-Saxon）的特點、地理環境、歷史、文化等因素的影響，又使英國的整個社會深深地籠罩在嚴重保守主義的影響之下，反映在它的政治制度上迄今仍然存在著許多難以變更的缺陷，這就決定了英國發展的速度，特別是戰後以來，明顯地落後於其他西方資本主義國家，相對地顯示出了英國的衰落。

英國的政治制度不僅由於其成熟，而在許多方面早就成為其他西方國家模仿的對象，而且由於它確實有著一些獨特的地方，這才決定了英國有著與西歐大陸所不同的歷史進程，主要反映在以下幾個方面：

首先，英國的政治制度有著持久的連續性；若干世紀以來，英國既沒有因遭受外來的入侵而扭轉它的歷史進程，也沒有因國內的革命或法西斯專政而造成政治制度的極端化。英國工人階級的鬥爭又始終只以經濟為目標，而且因為「英國人特有的守法觀念仍在阻礙著他們從事這種暴力革命」❶，尤其是1688年「光榮革命」以來，爭奪控制國家權力的議會程序一直未變，不僅得到各政黨的遵守，同時也為全國人民所接受，其國家也始終是朝不斷改進和鞏固其資本主義制度的方向發展，以致「我們恐怕很難指出有另一種人類制度已經保存了那麼多的外在連續性，又有過那麼多重要的變化」❷。但是，「由於它帶有我國民族的特性，並且理論上之十全十美的狀況還相差很遠……，它並不具備人們可能希望一個模範所包含的那種勻稱和合理的結構」❸。正是由於這種連續性，在某些方面又形成了英國政治制度中的頑症，其

中最為典型的例子就是對大臣決策起著重大影響作用的高級文官的聘用，一貫強調於人文學科方面的人才，他們不僅脫離社會，更嚴重的是缺乏管理現代經濟所必需的專門知識和特長，因而被稱為「天才的門外漢」，然而，他們卻又實際主宰著白金漢宮（White Hall），而真正具有這方面才能的人卻又處於從屬地位，很難進入決策層，這種情況與美國形成了鮮明的對照，難怪許多朝野人士紛紛指責英國是在用十九世紀甚至更早一些時候的方法來管理二十世紀的國家，這是導致它發展緩慢，乃至相對衰落真正的「英國病」之一。

其次，英國政治制度還突出地反映著比其他資本主義國家少有的、靈活的適應性：英國沒有一部成文憲法，關於憲法性法律的制定、修改或廢除，都是由同一機構——議會（Parliament）、同一程序，以及同樣的成員——議員，來作出決定，並沒有如其他有成文憲法國家那種特殊的機構、程序等規定，這樣，使英國的法律或憲法性的法律能及時適應不斷變化的國內外形勢；立法與行政機構之間權力的消長、內閣（Cabinet）與首相（Prime Minister）權力的消長，同樣是由於沒有明確的規定所致，尤其是首相權力可以不斷增加，對此，既沒有輿論的監督，也沒有內閣的約束，戰後以來，這種趨勢尤為明顯，而內閣因決策的日趨分散和小型化所導致其權力的不斷消弱，實際上這已成了首相加強個人權力的一個重要原因，在柴契爾政府中就更加引人注目。這些與有成文憲法的國家對權力的嚴格規定，並有司法上的監督同樣形成鮮明對照。「這種適應性的由來主要在於英國人民具有一種獨特的尋找藉口的本領」❹。

第三，英國的兩黨制是透過互相競爭而實現輪流執政的，工黨 (Labour Party) 雖然也受一點先進思想的影響，但其根本目標卻是為了維護民主政治制度。戰後，工黨內部進行嚴格的甄別，不允許政治上極端分子的滲入，並堅決排除透過議會內外的階級鬥爭方法來實現改革英國社會的觀點。事實上，英國的兩黨制自初期的托利黨 (the Tory) 和輝格黨 (the Whig)，乃至後來的保守黨 (Conservative Party) 和自由黨 (Liberal Party)，以及目前的保守黨和工黨，它們之間的鬥爭始終集中在物質利益上，而不是在原則或理論上，因此，特別強調制度的實用性，這就決定了兩大政黨不僅在彼此的政策上有許多相同的地方，而且在立法上同樣存在著很大的趨同現象，戰後以來至七〇年代末，這種現象就更為顯著，故而在彼此的政策和立法上形成一種「你中有我，我中有你」的獨特現象。

第四，在政治制度發展的過程中，改革的進程緩慢而艱難，無不反映出其根深抵固的保守主義來。若干世紀以來，各項政治制度並不乏一些甚至是重要的改革，尤其在有關權力的轉移方面，鬥爭往往是很激烈的，也是長期的，但最終還是新的政治權力取得了勝利。因此，英國政治制度的發展是緩慢的、漸進式和累積式的，而這些改革又幾乎完全是自然的，並非是按預定的、經過審慎擬定的計畫進行，英國民族天然的守舊思想決定了他們不可能接受非常革命的東西，也決不會使改革超出實際需要的程度，用他們自己的話來說是：「改革的步伐只能以英寸計，決不能以英里計。」

第五，縱觀英國的政治制度，實際上包括了兩個問題，一個

是權力問題，另一個則是對權力的監督問題，政治制度的內容就清楚地反映了對「權力必致腐敗，絕對的權力絕對的腐敗」的信服和信守，所以，在歷史發展的過程中，國王、議會、政府、內閣、首相之間儘管存在著不同程度的權力消長，但各種權力都受到不同方面和不同程度的監督和制衡，因此，可以這麼說，不受制約的權力就不是英國政治制度的特點，唯其如此，才使英國政治制度很早就享譽世界。

　　總之，英國的政治制度是複雜的，既有現代色彩，也不乏古老陳舊的部分；既有有法可依的，也有無章可循的；既有靈活而不斷發展的，又有不可逆轉的，內容豐富，時間跨度大。應該說可探索的東西還很多，本書所涉及的這幾章，也還只是個大概，倘能為讀者客觀地了解英國政治制度提供一點方便的話，筆者的目的就達到了。由於水準有限，文中錯誤之處在所難免，敬請讀者不吝指正。

作者　胡康大

—目錄—

前言

　　英國，全名為大不列顛及北愛爾蘭聯合王國（United King-
dom of Great Britain and Northern Ireland），包括英格蘭
（England）、蘇格蘭（Scotland）、威爾斯（Wales）和北愛爾
蘭（Northern Ireland），面積242,534平方公里，從南部海進到
蘇格蘭的最北處長約1000公里，東西最寬處約500公里。由於受墨
西哥灣暖流的影響，全國屬海洋性溫帶潤葉林氣候，溫和濕潤，
四季溫差不大，氣溫最高很少超過32°C，最低難得低於零下10°C。
全年平均雨量在西部和北部山區多達1600毫米，東部和中部較
少，不足800毫米。

　　英國是個島國，位於歐洲西部，由大不列顛島、愛爾蘭島東
北部及周圍小島組成，隔北海、多佛爾海峽、英吉利海峽與歐洲
大陸相望。人口有5548.7萬人，其中英格蘭4616.1萬、威爾斯279.
9萬、蘇格蘭495.7萬、北愛爾蘭157萬（均為1992年所統計）。全
國通用英語，但在威爾斯北部還通用凱爾特語（Celtic），蘇格蘭
西北高地及北愛爾蘭通用蓋爾語（Gaelic）。人民多信奉基督
教，主要分英格蘭教會（英國國教）和蘇格蘭教會，分屬聖公會
教和長老會教，分別有成年教徒約874萬人和97萬人。此外尚有天

主教徒500萬人，伊斯蘭教徒40萬人，猶太教徒約24萬人，及少數佛教徒。

從西元43年起，羅馬人的統治持續了三百多年，西元408年，羅馬人最後撤離，接著便出現了一段日益嚴重的混亂時期，在這期間，英格蘭和威爾斯便遭到來自北歐的盎格魯人（Angles）、撒克遜人（Saxons）和朱特人（Jutes）的侵入，而「英格蘭名字就來自於盎格魯人，在以後的兩個世紀中，入侵者便定居下來，並建立起一些小的王國，布立吞（Britons）人獨立地生活在現在的威爾斯和康沃爾（Cornwall）的範圍內。」在這些小王國中，出現了一個更強大的王國，聲稱對整個國家擁有霸權，首先是在北部（Northumbria），然後是在中部（Mercia），最後是在南部（Wessex）。但是，來自斯堪地那維亞（Scandinavia）的北歐海盜繼續入侵並定居下來。

1066年發生了最後一次對英格蘭成功的入侵，諾曼地（Normandy）的威廉公爵（Duke William）在黑斯廷斯（Hastings）戰役中，打敗了英格蘭人，於是諾曼人（Normans）和來自法國其他地方的人便定居下來。在此後的三個世紀中，法語也就成了高貴的語言，司法以及在某種程度上社會結構都受到盛行於海峽對岸的影響。

威爾斯儘管常常處於英國的影響範圍之中，但仍保持為一個凱爾特人的堡壘，然而，隨著林威林王子（Prince Llywelyn）在1282年的一次戰鬥中喪身，愛德華一世（Edward I）成功地發動了一場運動，把威爾斯置於英國人的統治之下。在1536年和1542年頒布的「聯盟法」（Hu Acts of Union）之下，威爾斯便與英格蘭在行政上、政治上和司法上統一起來了。

蘇格蘭主要居住著皮科特人（the Picts），在第六世紀，來自愛爾蘭的蘇格蘭人便定居在現在的阿蓋爾（Angyll），英國人居住在洛蒂恩（Lothian），與此同時，威爾斯的布立呑人向此遷移到斯特拉恩克萊德（Strathclyde）。西元九世紀，蘇格蘭的各部分便統一起來，以防範北歐海盜的入侵。伊麗莎白一世（Elizabeth Ⅰ）在1603年由蘇格蘭的詹姆斯六世（James Ⅵ）繼承（英格蘭的詹姆斯一世），即便如此，在十七世紀，英格蘭和蘇格蘭仍然是分開的，除了在奧烈佛‧克倫威爾（Oliver Cromwell）強迫實行統一的時期。1707年，雙方都認識到在政治上和經濟上更加密切聯合的好處，於是，同意在大不列顛議會之下聯合起來，但蘇格蘭仍保留了它自己的法律系統和宗教。至此，英倫三地便正式地統一了起來。

1169年，英格蘭的亨利二世（Henry Ⅱ）入侵愛爾蘭。在中世紀，愛爾蘭的大部分領土已被盎格魯──諾曼人的貴族所控制，但仍有一小部分不在英格蘭的統治之下。在伊麗莎白一世統治時期，曾發動了一系列的運動來對付愛爾蘭的反抗，反抗中心在北方的北愛爾蘭省（Ulster）。1607年，由於反抗運動的失敗及其領導人的逃亡。該省便成爲來自蘇格蘭和英格蘭移民的聚居地。英國內戰期間（1642～52年），愛爾蘭人民的起義遭到了克倫威爾的鉅壓，在詹姆斯二世（James Ⅱ）於1688年被廢黜之後，愛爾蘭的民族鬥爭運動有了更大的發展。1782年，愛爾蘭議會被給予立法上的獨立，限大不列顛唯一憲法上的聯繫便是國王。然而，愛爾蘭議會僅代表一小部分盎格魯──愛爾蘭的特權階層，天主教徒被排除在外。在1798年的反抗流產之後，於1801年愛爾蘭便跟大不列顛統一起來了。

19世紀，「愛爾蘭問題」仍然是英國政治中的一大難題。1886年，自由黨政府提出了「自治議案」（Home Rule Bill），該案準備給予愛爾蘭議會在大多數國內事務上的自治權，對外事務仍由英國控制。此案最後以失敗告終，並導致自由黨的分裂。1914年，英國頒布了「愛爾蘭政府法」（Government of Ireland Act），允許愛爾蘭自治。但是，由於第一次世界大戰的爆發，同時遭到居住在北愛爾蘭省大部分新教徒的抵制，該法未能得到執行。

1961年，都柏林（Dublin）的民族主義者起義再次遭到英國鉅壓，但是游擊隊，即有名的愛爾蘭共和軍在第一次世界大戰末期便開始採取了武裝鬥爭行動來反對英國的統治。1920年，英國頒布的「愛爾蘭政府法」規定，建立兩個自治議會，一個設在都柏林，另一個設在貝爾法斯特（Belfast）。1921年，該法在北愛爾蘭省實行，但北愛爾蘭省中的9個郡只有6個接受它們的議會，其餘的仍接受英國議會的最高權威，但南方的愛爾蘭共和軍繼續爲獨立於英國的統治而堅持鬥爭。

英國在十四世紀末封建制度開始瓦解，十五世紀下半葉，進入資本主義原始累積時期，十七世紀中期發生內戰，十八世紀後半葉發生工業革命，十九世紀，特別是後半期，是英國資本主義發展的高潮時期，十九世紀末進入帝國主義時期，至1914年，英國所佔殖民地面積比它的本土大111倍，人口相當於它的8倍多，成爲當時最大的殖民帝國，自稱「日不落國」。

第1章

兩院制議會

　　英國兩院制議會的發展和權力轉移的演變，在某種程度上與憲法的發展有一定的相似之處，它們都不是按事先設想的計畫進行，而是一種簡單、自然的演變，隨時適應著不斷變化的環境和需要。

　　議會的發展基本上反映了這麼兩點：

　　第一，一切變革只是限於對國王權力的限制，上院（House of Lords）、下院（House of Commons）權力的消長，以及議會內部機構的調整，並沒有對任何一方予以替代或取消（除十七世紀短期的例外），基本上維持了完整的延續性。

　　第二，在權力轉移的過程中，下院是一條主線，它從無到有；從無權到有權；從小有權力到取得至高無上的權力；之後，跨過頂峰，又逐步失去權力，以至成爲「取得下院多數席位的政黨之馴服工具」❺。直到本世紀七○、八○年代，才又稍許恢復了一點，成爲現代議員所不了解、不熟悉之原有的權力。在權力轉移的過程中，政黨是個渠道，它透過政黨有組織、有紀律的活動來逐步實現權力的轉移。

第一節　議會的發展

英國議會的歷史是一個不斷發展和演變的歷史，這一發展過程大致經歷了這幾個階段：中世紀時期議會的發展（the Middle Ages）；都鐸王朝時期（the Tudors）；斯圖亞特王朝時期（the Stuarts）；以及漢諾威王朝（Hanover Period）以來。

㈠中世紀時期議會的發展

英國的議會至少起源於十三世紀至十四世紀。諾曼國王時期的大議會主要由貴族和教會中的重要人士組成，這就是上院的前身。十三世紀時，國王先從每個郡召來四名騎士開會，後來又從每個自治市召兩名自由民來開會，這常常被看作是下院的起源。至愛德華一世首次大議會，有騎士、自由民、公民及貴族共五百多人參加。開會時，大家合在一起成為一個院，但在對稅收進行投票表決時，分成國王與牧師、貴族與騎士、鎮的人民代表三個院，後來，前兩者合為一院，成為上院，另一個就為下院，從此發展成議會的兩院制。愛德華一世在位的二十五年中，共召集了三十次議會會議，但下院不常被召開，總共不超過四次，在愛德華二世時，便正式地召集下院了。到愛德華三世，已不得不經常召集並要議會增加稅收來為戰爭服務，下院開始給予有條件的撥款。因此，國王的要求便成為下院對控制國家財政發揮影響的基礎。總而言之，在幾個世紀中，議會並不是按預定的模式發展的，而是自然地演變著，隨時適應不斷變化的形勢。

下院的出現、發展和權力的不斷增加與國王對稅收的需要密切聯繫在一起，甚至可以認為，國王對金錢的需要是促使下院出現重要的前提。由於戰爭頻繁，開支浩大，封建的稅收不足國家所需，國王們不得不尋找新的財源，擴大稅收範圍，向新的階級，即郡中的自由人徵收額外稅收，這便促成了產生代表的原則。到十四世紀中期之後，國王便開始正式地召集當時全國三大階級的代表，即牧師、貴族和平民，商討稅收事宜。這樣，下院不僅加強了它的地位，而且增加了權力，尤其在國王為了戰爭而需要錢時。後來，下院便要求制定預算，以便控制國王的開支。

　　下院權力的增加，在中世紀下院已確立起了幾項重要權力：首先在財政上，只有同意或至少認可國王的政策的情況下，下院才答應給予撥款，因此，國王必須經常向下院解釋他的政策。其次，在稅收上，沒有下院的允許，國王不得採取任何徵稅措施。第三，下院可以任命一個委員會來審計政府的帳目。第四，下院不僅可以任命政府大臣，而且還可以廢黜國王。此時，政府便擔負起提出政策建議的任務，下院專司對政府的監督、批評，以及在必要時實施控制。

　　下院利用其權力開始對全國性的不公平情況向國王提出請願，這種活動最終發展成為現代的立法程序。議會散會後，國王與他的常設顧問磋商如何執行會上的決議，這又常常需要有一項成文法，在起草中，對決議的修改往往有利於國王，引起下院的不滿。於是，在十五世紀初，享利五世同意今後不頒布與下院請願相違背的立法。到十六世紀便為公議案（Public Bill）採取了一定的程序。從此，國王只能用拒絕同意的辦法才能影響下院的議案。

㈡都鐸王朝時期（1485～1603年）

自從下院在玫瑰戰爭（the Wars of the Roses, 1455～1485年）中崩潰之後，只有國王才能任命一個有力的政府。在亨利七世統治的二十四年中，他很少召集下院開會。亨利八世決定利用下院作為取得他所需政策的有用工具，並依靠一項成文法與羅馬教皇斷絕關係，於1534年成為英國國教（the Church of England）的最高首領，以及決定了王位的繼承。

伊麗莎白女王與下院關係比較和諧，一旦重要事情完成後，她並不立即解散下院，而是讓它維持得更久一點。但下院的權力仍在她的控制之下。當下院與她的意見不合時，她一方面威脅要把他們送上絞刑架，另一方面則設法取得妥協。這樣，下院實際上擁有了國家中僅次於國王的權力。

這一時期，下院程序的輪廓已經粗定，在較大的集會中，保持了有秩序的辯論。在十六世紀中期，下院終於在西敏寺（the Palace of Westminster）第一次取得了永久性的立足點，同時創立了議會委員會（Parliamentary Committee）制度。

㈢斯圖亞特王朝時期（1603～1649，1660～1714年）

伊麗莎白之後，詹姆斯一世繼承王位，因他堅持天賦神權（divine right），強調他的皇室特權，很快便與下院發生矛盾，結果被下院廢黜。查理一世時，導致了一場內戰，失敗後於1648年被迫簽署了請願權，隨後遭到審訊、被殺。在這之後，克倫威爾宣布取消王權和上院，議會於1649年正式宣布英格蘭為一個「共和國」，1653年採用了一部成文憲法，即「政府的文件」。

此法將行政與立法的權限用文字詳細加以規定，立法機構改為一院。但當時議會未能接受，使英國失去了制定成文憲法的一次歷史性機會。克倫威爾與議會的關係不協調，他的新憲法未能紮下根來，在他死後，英國又恢復了君主制。

查理二世在位時，他使皇室權力與議會的最高權力之間達成了某種妥協，並設法永不危及他的地位。詹姆斯二世繼位後，不久又與議會發生爭執，結果導致1688年的「光榮革命」，詹姆斯二世逃往法國，終於結束了國王與議會對國家權力的爭奪。

這一時期，憲法的重要發展是確立了議會的最高權力。為了防止國王與議會之間再次發生衝突，權力制定並頒布了一項嚴厲的法律，這即是有名的1689年之「權利法案」（the Bill of Rights）。這是英國憲法史上最重要的成文法之一。正如亞當斯教授（Professor G. B. Adams）所評：「它在英國歷史上最接近於成文憲法的本質。」❻它宣布了議會是最高的立法機構、再次否定了國王的徵稅權和進口權、堅持定期召開議會會議，同時公布了不許侵犯個人自由的命令，還規定了王權的繼承辦法：凡基督教徒或與基督教徒結婚的人，都不得繼承王位，禁止重覆過去不合法的行動等。這一法律牢牢地樹立了議會的最高權力，並標誌著憲法發展的一個高潮。

與此同時，樞密院（Privy Council）同樣發生了一場革命，其規模已擴大到有四十名成員，也不再僅僅局限於向國王提供顧問的作用，而是發展到負責管理貿易、監督司法、控制財政等，幾乎所有的部門都在它的監督之下。由於其規模較大，故不能有效地發揮對國王的顧問作用，查理二世在他的樞密院中成立一個核心圈子，負責在重要的機密問題上向他提出忠告，這便成為後

來內閣制度發展的前身。

㈣漢諾威王朝

十八世紀以來的這一時期，英國憲法的輪廓已基本完成，政治制度的原則也大致確立，不再有遭到挑戰的危險，從而使英國成為一個有限的君主制國家，其意義的變化有以下幾個方面：

根據1716年的延續七年法，議會的任期從三年增加到七年。從1771年開始，下院允許對政府報告進行辯論，這對發展議會民主無疑是重要的一步。

國王實際的權力下降

1689年的權利法案雖然確立了議會擁有最高權力的原則，但並未使國王喪失一切權力，他仍接近於權力的核心，如選擇他的顧問和國家的主要官員，控制著政府的政策，而且在做決策之前無需與議會磋商，在將近二十年內，國王繼續行使他的否決權。喬治一世繼位後，形勢發生了變化，喬治一世和喬治二世對英國的政治不感興趣，他們甚至不會講英語。到十八世紀中期，國王基本上不再實行對政府的控制，大權乃旁落到大臣和議會的手裏。喬治三世曾試圖恢復皇室原有的影響，但毫無結果，而他的繼承者們也就逐漸習慣於新的形勢，沒有再堅持他們的最高權力。

內閣制度的逐步形成並不斷取得進展

下院的逐步民主化：下院的民主化進程是十九世紀進行的一系列改革所引起的，尤其是從1832年的改革開始，下院的情況發生了明顯的變化。較早以前，議員的成員從貴族、牧師發展到騎士、地主，再往後便有了自由民的代表，那時，很多席位都控制

在貴族、地主們的手裏，甚至公開買賣。在這種情況下，下院根本談不上什麼民主，也很難比上院有更大的代表性。正如蒙羅（Munro W. B.）所說：「在十八世紀末期，下院在形式上是代表性機構，但實際上却是很不具有代表性的機構」❼。從1832年起，下院開始走上民主化的道路。1832年的「議會改革法」（the Reform Act）擴大了公民的投票權，並在一定程度上調整了按照人口比例的代表數。在以後的改革中又進一步擴大了公民權，並規定了競選的條件，如1918年的「人民代表法」。1928年再次擴大公民的選舉權，大大增加了議會中當選代表的成分，使改革達到了高潮。

下院的地位超過上院：在漢諾威王朝時期，議會兩院的重要性發生了重大的變化。「光榮革命」之前，毫無疑問，上院行使著超過下院的權力，但在此後的三十年中，上院的勢力逐漸削弱，兩院的地位便從慢慢趨於平等發展到最後下院超過上院。

政黨制度的出現

政黨制度的出現是這一時期最明顯的發展之一。早在1688年之前就有一些稱作為蘭開夏人、約克郡人、騎士和圖頭等。但他們只是一些派別，還談不上今天意義上的政黨，只有到斯圖亞特王朝後期的輝格黨和托利黨才被稱作政黨。在整個十八、十九世紀，政黨制度已漸成熟，議會中的少數黨派也不再是國王的敵人，而是「國王陛下忠誠的反對派」。在過去的二百年中，政黨制度的發展使英國的政治產生最有意義的變化。

第二節　上院向下院權力的轉移

在1689年的「權利法案」確立了下院的最高權力之後，國王從此退出了對國家權力的爭奪，權力的轉移開始在議會內部展開，也就是從上院逐漸向下院過度。十八、十九世紀，下院比上院的貴族、地主代表著更爲廣泛的利益，反映了一部分中產階級和工人的要求，自由黨的發展反映了這一變化，這種利益上的衝突必然要反映到政治權力的爭奪上。採取的方法由武力爭奪演變爲和平過度，以及逐步累積。當然，這種和平過度並不意味著上院自願拱手讓權，而是在激烈的政治較量中不得已罷了。

權力的轉移具體反映在以下諸方面：

上院權力的早期削弱

從十四世紀以後，上院的歷史主要就是逐漸向下院轉移其權力的過程，到十四世紀末，下院利用它是唯一的稅收來源，並能撥款給國王的這一獨特能力，建立起自己的權力和地位。不過，在中世紀，上院基本上仍保持其爲國王的主要顧問。

上院地位的削弱，國王所起的作用大於下院

玫瑰戰爭使得貴族們精疲力竭，損失慘重；在都鐸王朝時期，國王已轉向徵求樞密院的忠告和幫助，而不再僅僅是上院，同時求助於下院對他的行動給予合法化。在斯圖亞特王朝時期，國王與下院的和諧關係告一段落，上院重新在政治中發揮重要作用，並一度作爲國王與下院之間的調解人。

1660年雖然重新恢復了上院，但是，內戰加強了下院的地位，確定了它在稅收上原有的權力。1671年，下院通過一項決議，否

定了上院修改稅收計畫的權力，接著1678年又通過了一個更加綜合性的決議，強調下院在給予國王財政援助或撥款上的唯一權力。這一權力在理論上一直維持到1860年，不過，這並不影響上院可以拒絕一項財政議案。此外，在立法上，上、下兩院享有同等的權力。

十八世紀兩院之間的和諧

在十八世紀，上院與下院之間大體上能和諧地相處，這是因為有幾個重要因素起著決定性作用，尤其是兩院之間的基本利益是一致的，包括政治和經濟利益。首先，十八世紀的政治制度是建立在不可或缺的財產基礎上，無論是上院或下院同樣代表著貴族、地主的利益。其次，兩院的主要領導人都是貴族，包括首相在內的政府高級官員同樣由上院的貴族擔任。第三，下院的許多成員都由上院提名後選舉產生，上院控制著下院的構成。所以，從外表上看，兩院的人員沒有多大區別。

1832年改革法的影響

1831年改革時的社會背景是，人民的投票權極不平等，在兩千多萬的人口中，有選舉權的不到五十萬（佔2.5%）；下院的席位都控制在有錢人，尤其是大地主手裏。工業革命中湧現出來的中產階級日益不滿於他們被排除在政治權力之外，工人階級同樣不滿於他們在議會中的空白狀態，要求改變政治地位等。

上院反對改革，最大的衝突就是反對下院1831年的改革法案，只是在遭到國王要增封足夠的貴族來迫使該法案通過的威脅時，才不得不作出痛苦、無奈的讓步，這充分反映了此時的上院在政治上已處於軟弱的地位。同時表明上院在權力上奉行嚴重的保守主義，反對得人心的改革，致使它在政治上已不能順應時代

的潮流，衰落的趨勢自然就不可避免。

　　1832年的改革法動搖了上院的權力基礎和基本利益。首先擴大了公民權，把投票權擴大到中下層階級，這樣，在以後的立法中，議會就不得不考慮這些新投票者的要求；其次，取消了上院提名下院成員的權利，使上院失去了對下院構成的有效控制，儘管在短時間內，貴族、地主、商人的利益繼續在下院佔優勢，但不久之後，他們的勢力便很快地衰落了。這一點從取消穀物法 (Corn-Laws) 就可以得到清楚的反映；第三，調整了下院的序位，剝奪了五、六個腐敗的自治市選派議員的權利。此外，三十一個自治市各失去一個議員席位，將這些席位分配給英格蘭北部的一些大城市。在上、下兩院權力日益消長的情況下，上院在政治上顯得越來越保守，在許多方面都持反對態度，尤其是反對在婚姻、宗教等方面的改革，最著名的是反對1860年的「紙張稅收取消法」 (Paper Dirties Repeal Bill) ，該法為使大家能得到便宜的書刊和雜誌，取消課徵紙張的營業稅，上院卻堅決反對。但在此時，上院已無權對一項財政議案作修改，更無權反對它。

　　從憲法上講，1832年的改革法具有深遠的意義：上院對下院的提名制基本上被選舉的原則所取代，下院中貴族、地主、商人的利益雖還佔優勢，但他們已不再能完全無視所在選區選民的意見；把選舉權撥予選民，增加了下院在政治上的重要性，隨後的種種立法表明，是政府而不是議員個人成為立法的主要責任者；政黨從議會擴大到全國，內閣也必須從下院中佔多數席位的政黨中挑選。

否定上院財政立法權並削弱其他權力的1911年和1949年的議會法

　　議會法 (the Parliament Act) 是繼1832年改革法以來最

大的憲法性改革和立法。本世紀初，由於上院在兩百一十個政府議案中的否決和嚴重修改，致使十八個議案未能成爲法律，引起下院的強烈不滿。1909年，上院再次否決了財政大臣勞埃願喬治（Lloyd George）的有損於貴族利益之「人民的預算」（People's Budget），如尋求增加新的稅收範圍，包括土地稅，來資助政府的社會立法計畫。這就爲自由黨提供了一個等待已久的機會，上院的這一次否決不僅公開違反長久以來的傳統，即下院擁有對財政的立法權，而且使政府不能根據它已宣布的政策來管理國家，首相阿斯奎斯（Asquith, the Prince Minister）在三天之內，使下院通過了一項決議，稱上院的這一行動是對憲法的破壞，對下院權力的篡奪。隨即又起草一個更爲明確的計畫來限制上院權力。經過兩年的較量，最後於1911年通過了限制上院權力的一項至關重要的立法。

1911年議會法明確規定：確立了下院的財政立法權，上院不得否決，只能延擱一個月，逾期仍可呈送女王批准；在其他公議案上，上院可延擱兩年，但不包括私議案（Private Members' Bill）。但如果連續三次在下院的會期中獲得通過（不管是否在同一屆議會），以及在下院第一次會期的二讀到第三次會期的三讀之間滿兩年，那麼，任何公議案即可獲女王批准而無需上院同意。但此規定不適用於超過五年的議案；下院任期從七年減爲五年。該法對上院的影響是致命性的，它以法律的形式正式結束了上院在財政立法上的權力，大大削弱了上院的權威。這一立法同樣是在首相阿斯奎斯建議國王要增封足夠的貴族使之通過的威脅之下，上院又一次不得不作出的憲法性讓步。

1949年的議會法對1911年的議會法又作了進一步的修改，再

次地削弱上院的權力：財政議案（the Finance Bill）只能由下院提出，上院不得對它進行修改。同時授權下院議長（Speaker）從理論上解釋什麼是財政議案，這種解釋是最終的，不得在任何其他議案中對此提出懷疑。至此，上院對財政議案就失去了任何權力（當然，如果議長濫用這種權力也會引起災難性的政治影響）；上院否決私議案的權力不變，但對公議案的延擱權減為一年；上院仍舊有權拒絕試圖將任何公議案延長到超過一屆議會的五年任期。這兩個議會法使下院牢牢地控制了財政上的立法權，並確立了它高於上院的權力。

政府主要官員從上院轉向下院

隨著權力從上院逐步向下院轉移，包括首相在內的政府重要官員自然又必然地出現了同一轉向。在十八世紀和十九世紀初，上院透過任意授予官職、行賄和控制選舉等手段，對下院發揮著相當大的影響。根據1815年編輯的一分統計表明，一百四十四個貴族和一百二十三個下院議員控制了下院中四百七十一個席位，事實上，國王和貴族控制著國家的政治實體。在1832年的第一個改革法之前的半個世紀內，內閣成員主要從上院中任命，當時的政治決策就在這個有限的政治團體中作出。在1867年第二個改革法後，建立起了這麼一個常規：大臣必須是兩院中的人，首相必須在下院服務（事實上，自1832年至1902年，首相有一半來自上院），索爾茲伯里（the Marquess of Salisbury）是最後一位來自上院的首相。本世紀初，內閣成員有一半是上院貴族，1911年的議會法確立了下院的政治優勢，作為一個常規，首相必須在下院，內閣成員也很少由貴族擔任。戰後以來，在各屆政府中任職的只有十五～二十名貴族。貴族在政府中的優勢已不復存在了。

由於頒布了一系列的改革法，上院的權力已受到嚴重削弱，重要權力都已轉移到經由人民選舉產生的下院。無論在立法或是在政府政策的制定中，上院只能起一種輔助性的作用，以彌補下院和政府工作中的疏漏和不足，使立法和政策更趨完善，例如：

(1)修改並提出議案：由於現代政府的活動範圍廣泛，涉及政府重要政策的立法大都由下院提出（實際上由政府各部門的大臣提出）。據反映，下院通過相當的部分立法並沒有經過充分的討論，有時議案中的條款甚至沒有經過辯論，尤其在有爭議的議案上，反對黨想設法延長討論時間，而政府則要加速通過，在這種情況下，由於上院沒有終止辯論的投票，它可以利用延擱權對議案進行充分的辯論和詳細的審查，實際是對下院匆忙提出的、又未經充分消化的議案進行一種認真的檢查或監督，如在1946年至1947年間，在通過國有化的立法過程中，上院共提出了一千二百項修改意見，其中95％被工黨政府接受了。同樣的在1967年通過的刑事法中，上院提出的三百條修正建議只有六條被拒絕。在1972年，上院幫助政府對地方政府的議案作了六百多處修改等等，這些說明，政府無法推翻上院合理的修改。上院在利用它的延擱權中，一方面政府仍然可以考慮修改下院考慮不周或匆忙通過的議案，另一方面，透過公開的辯論，可以把注意力集中到政府政策的一些根本問題上，以引起公眾的注意，實際上，這是一種間接的監督作用。上院也提出一些無爭議的議案。據統計，在政府提出的全部議案中，上院提出的佔五分之一。

在處理私議案的立法工作中，上院所做的「呆板的例行工作」，毫無疑問的大大節約了下院的時間。最後，上院還花很多時間和精力來審查授權立法，一方面透過一個聯合委員會對大臣

根據議會授權而頒布的法規及規章等進行審查，確保它們是在議會授權的範圍內。另一方面透過歐洲委員會來對歐洲共同體委員會發布的大量規則起一種過濾作用，向議會或政府提供需要認眞討論或採取行動的建議。

(2)審議政府的政策：在辯論和審議政府的政策上，上院不僅有充分的權利，而且具備明顯的有利條件，例如：它有許多老練和成熟的政治家們，像前首相、前高級大臣和總督之類，有些甚至是特殊領域裏的專家、行家，因此，它的辯論質量高。此外，在辯論中，很少受政黨路線的約束，事實上，有些貴族並不接受政黨黨鞭（Whip）的領導；時間也比較充裕，不像下院那樣受很大的時間壓力❽。因此，它可以在大家關心的事情上舉行一般的辯論。

(3)司法方面的作用：上院原先的裁決作用現在已沒有什麼重要意義了。但是，它仍裁決貴族有爭議的要求，並可處以罰鍰或拘役，如果貴族破壞上院特權的話，上院仍是全國最高刑事和民事的上院法院。在理論上，在上院進行審訊時，一般貴族有權參加，並可用投票的辦法來決定判決，但實際上從來沒有這麼做過，整個上院從未作爲一個上訴法院開會，一般只有高級法官才有權受理上院的案件並作出裁決。

(4)憲法上的作用：上院既可以作爲首相在組織政府時挑選適當大臣人選的所在地，同時也可以作爲政府中年長的、不適合再從政的大臣或退職首相的一種光榮地半退休的歸宿地，即由首相提名，女王冊封爲貴族。

總之，上院的這些工作對下院是個很大的支持。上院中較少的黨派氣氛無疑也有助於它有效地處理無爭議的立法、私議案，

以及審查授權立法等事項。但是，工黨長期來之所以堅決要取消上院，其理由之一，就是一個未經選民選舉產生的上院，不應該有權挫敗經廣泛選舉產生之下院的意志。其實，從前文中可以看出，工黨執政時，並沒有完全否定上院所作出的積極貢獻。因此，「上院就這樣牢牢地建立在英國的土地上，它已成為英國文化的一部分，在英國的國民生活中，它已走了漫長的一段路，完全取消它就會引起麻煩，它的衰落並不表明它的無用」❾。正如奧格寫道：「並不需要告訴英國修習歷史的學生，在很多情況下，上院解釋著國家的意志，或是政治形勢的實際情況，在這方面它比下院做得更好，不止一次地挽救了國家匆忙和考慮不周的立法。既然上院今天還存在，而且如此深深地紮根於英國人民生活的結構中，最好的程序是根據二十世紀最好的思想來重建它」❿。

第三節　下院權力向政府轉移

在英國的政治制度中，行政與立法是密切結合在一起的，由於種種原因，下院的權力又逐漸向政府和內閣轉移，從昔日議會選舉政府、控制政府，漸漸發展到基本上由政府控制議會。今天，議會與政府之間這種不平衡的關係已很明顯地傾向於後者，在其他資本主義國家中，同樣顯示了這種不平衡。英國的議會逐漸變得不再是決策過程中的一個重要部分。

下院的這種衰落是受下列諸因素的影響所致：

選民的增加和有紀律之政黨制度的發展

十九世紀後半期的兩個改革法（1867年和1884年的改革法）進一步大幅度擴大了公民權。同時，由於政黨的發展，典型的兩

大政黨爲爭奪選票，力圖取得議會中的多數席位，加強了黨內嚴格的紀律和議員對黨忠誠的要求，使議員的作用更多地表現在投票支持其所屬政黨上。此外，爲爭取選票，政黨不得不迎合中產階級和一部分工人階級的利益和政治要求。這樣，政黨在英國的政治生活中就佔據了支配地位。

首相權力的發展

首相已成爲政府的首腦、控制了政府中上百名大臣的任命和解職、控制內閣的議事日程、主持內閣會議、控制國家預算、解散議會、任命內閣委員會 (the Cabinet Committee) 和政策小組 (the Policy Unit) 等 (詳見第五章) 。

政府活動的擴大和官僚機構的膨脹

由於政府責任範圍擴大並日趨複雜化，文官 (the Civil Service) 隊伍也有了很大的發展，從本世紀初的五萬增至現在的七十餘萬。同期內，大臣人數也增加了一倍，而且一般任職時間相對較短和業餘性的議員，已越來越難以對高度職業化的文官之忠告、建議提出挑戰或批評，大量的立法工作已被授權去進行，具體細節常常由文官等去充實和完善。

壓力團體的影響增加

當政府的權力和責任增加時，在它的日常管理中，已不同程度地有求於壓力團體 (the Pressure Group) 的忠告、訊息和合作，新的議案常常是由大臣、文官和壓力團體的代表事先磋商後的結果，議會雖有審查的權力，但議員個人難以向這種集體智慧合作的結果進行挑戰。

權力轉移的過程大致如下：

在十九世紀的兩個改革法之間 (1832～1867年) ，政府與議

會的關係是互相依賴的，議會依賴於政府行使行政權威，政府則依賴於議會的支持，因而被稱爲議會政府的「黃金時期」，只可惜是短暫的。

1867年是下院權力向政府轉移的分水嶺。在這之後，兩者之間的關係起了重要變化，一方面，由於選民和有組織的政黨成員的大量增加，另一方面，由於機構、環境和政黨內部的壓力結合在一起，造成議會議員只有依賴於一個政黨的支持，方能進入西敏寺，並要服從黨的領袖或首相的命令。這樣，議會便成爲一個由政黨控制並依賴於政府訊息的權力機構。對政府的選擇轉移給選民。立法工作轉移給內閣，從而增加內閣的權力。到本世紀，在制定政策方面，議會已成爲一個「邊緣」人物，兩者的關係已成爲「一個主人（政府）與一個僕人（議會）的關係」❶，發展到六〇年代，政府幾乎已完全控制了議會，此時，人們比喻兩者的關係已進一步成爲「一個主人（政府）與一個奴隸」❷。

權力的具體轉移表現在：

政府控制決策權

1867年以前，議會是決策過程中的一個重要部分，進入本世紀來，由於經濟、政治與社會的高度發展，政府在這些領域裏承擔著越來越多的責任，決策範圍日趨擴大，技術性也越來越高與複雜，政府部門也相對地有所增加，對此，議會既缺乏意志又缺乏機構上的能力與這種發展保持同步，決策中心便自然地慢慢集中到政府內閣和內閣委員會。

政府對立法工作的控制

十九世紀後半期，由於立法量的增加及複雜化，進一步減少了議員個人的影響，因爲他既缺少設備又缺乏全面的知識和必要

的訊息來準備複雜的議案，結果使政府逐漸加強了對立法的控制。由於政府控制著議會的時間表，在處理由政府提出的公議案上要比後座議員提出的私議案更有優先權，試以1968～1977年的十年為例，每年議會開會期間，政府提出的公議案大部分都獲得通過，成功率最低為40％（1973～1974年），最高達100％，平均為84％。而由後座議員、貴族或地方政府提出的私議案成功率一般只有10％左右，最高也不過18.5％（1971～1972年）。由反對黨議員提出的私議案成功率就更低，一般不到5％。今天，大多數議案的提出、採納及其內容都是政府的責任。不過，議案的通過並不意味著沒有修改，實際上，有的甚至有實質性的修改。當然，政府這種原則性的讓步較少，一般來說，政府越是致力於某一議案的話，就越不容易作出讓步。議案也有失敗的，失敗的原因很複雜，有的議案本身不成熟，存在著很大爭議，如1968～1969年的改革上院議案和工業關係議案，大部分是由於缺乏時間，尤其是某一單項議案必須在議會的一次會期中通過，不能拖到下一年。希恩政府（Heath Government）失敗了六次，1974～1979年工黨政府議案失敗的次數高達四十二次，柴契爾政府的議案甚至多次遭到本黨後座議員的「造反」。但是，還必須注意到，在很多情況下，政府的議案在提到議會之前，都已在議會之外與各種壓力團體磋商過，因為議案的細節對實際受影響的壓力團體來說都很重要。所以，一定的修改是不可避免的，政府也常願意在這些方面作出適當的讓步；政府通常與本黨的後座議員保持著密切的接觸，在議案提交議會之前，還必須徵求他們的意見，並作適當的修改，有時在面臨強烈的反對下，也不得不放棄。

對財政立法的控制

很早的時候，國王便肯定了下院是向他提供撥款的唯一財源，下院也便一直控制著國王的錢袋，1911年的議會法正式以法律的形式，確立了下院在財政立法上獨一無二之權力。但是，現在這一權力實際已轉移到政府財政部和首相手裡，自1885年以來，沒有哪一屆政府的預算案沒有得到通過。從組織上來講，1912年下院建立的一般預算委員會 (Commons Estimates Committee) 對政府開支的調查，只能發揮最低限度的檢查作用。1979年議會選任委員會 (the Committee of Selection) 的改革，也只是增加下院對政府的影響，而不是加強對政府開支的嚴格控制。從時間的分配來看，名義上，議會時間大部分應被用於討論政府的財政事務，實際上則被分散到處理各種事情上去了。二十天的反對黨日 (the Opposition Day) （原為二十九天的撥款日，專門由反對黨利用）也用以討論反對黨想要討論的事情。值得注意的是，在財政法案通過的過程中，政府對特殊壓力團體作出的一些讓步從來不予公布。

政府控制議會

在十九世紀三〇年代至八〇年代中，議會確實擁有搞垮政府的權力，如在1852年、1855年、1858年、1866年等，而不必舉行另一次大選。議會控制著它的大部分時間。一旦政府與外國進行談判，議會就可以迫使政府（外交部）透露出與外國進行談判的進程，如：要求政府透露外交白皮書。議會在政府制度中擁有重大的作用和地位等。此外，由於政黨紀律鬆弛，選民人數也少，議員個人反對政府也比較「安全」，不會如現在那樣會遭到不同程度的懲罰。在維多利亞女王統治時期，為了加強議會對政府的

控制、調查、任命，還專門對議會的程序進行了調整，以便更好地適應它的工作。所以，在議會還沒有受到與政黨嚴格聯繫的約束，以及能控制它的大部分時間的情況下，議會對政府的任何懷疑都可以要求政府作出解釋，並必須到它滿意時為止，更何況它可以自行任命一個委員會對某一事情進行詳細調查。這些都清楚地表明，它擁有比今天大而多的權力，並有一種當代議員已感到生疏而又不習慣的獨立和權威。但是，十八世紀末，政黨間的競爭日趨激烈，從而加強了內部的紀律。對政府來說，議會中出現的分歧90%以上成為政黨間的分歧，在這種情況下，政黨的提案十之八、九得根據議會中首席黨鞭（Chief Whip）的指示進行（他奉首相或反對黨領袖之命）。如果一個政黨在它的綱領基礎上奪得了大選的勝利，就表明選民希望這些綱領能得到議會的通過，這就是政黨領導超過議會領導的一種早期跡象。在1902年的改革中，政府基本上控制了議會的時間表，議會的許多程序已完全建立在政府控制議會中大多數席位的基礎上。此外，政府還控制著議會的議程和人事，重要的外交文件也不再如過去那樣對議會公開，到十九世紀末，這種訊息便所剩無幾了，1918年之後便完全終止了透露，而且兩黨政府都是這麼做的。

控制下院的時間表

　　政府正常控制著下院50%以上的時間，反對黨控制25%，其餘留作處理由後座議員和地方政府提出的私議案上。政府對下院時間的控制有兩個特點：如有必要，政府通常可以在對議案的辯論中強加一個時間表，半天、一天或兩天不等。在通過議案的每一個階段都可以利用這種截止審議的手段。反對黨不能像政府那樣隨意使用時機，一個原因是，政府幾乎完全控制著下院中的主

動權。另一個原因是，在安排下院的事情上，政府與反對黨之間存在著很大的合作，它是透過政府事務管理員、議長和反對黨方面的相應人物，以及政府和反對黨的督導進行的。之所以存在這種合作，一方面固然是因為反對黨也有可能上台執政，如果政府不與它合作，一旦反對黨日後上台執政，就有可能如法泡製。但更重要的是，兩大政黨同是為維護議會民主制度服務。實際上，在有些事情上雙方還不得不予以合作，這也是體現了議會民主的另一個方面。

由於沒有成文憲法，所以缺乏一個正式的、有權威的約束性文件規定下院的作用，若干世紀以來，下院的權力和作用有了很大的變化，期間有的作用消失了，但新的作用又增加了，歸納起來，當代議會下院仍發揮著一些重要作用，如為政府提供大臣、代表作用、為政府與反對黨進行辯論保持一個持久的論壇、使政府及其議案合法化、調查和影響政府的行動和議案等。

為政府提供大臣

權力轉移後的下院並不再由它選擇政府，而是由在下院中取得多數席位的政黨透過下院來選擇本黨的議員組織政府。要任命一個並非上、下兩院的議員為政府大臣，在法律上沒有多大障礙，正如在1964～1970年的威爾遜政府中，被任命為蘇格蘭的法律官員就不是議員，1963年道格拉斯‧霍姆放棄貴族爵位而任保守黨首相同樣是如此。但現在，慣例和政治需要決定了大臣必須是兩院中的議員，這一慣例是在1867年以後下院佔據了支配地位，這一政治現實的基礎上建立起來的，後經修改，首相也必須來自下院，這就是為什麼索爾茲伯里成為最後一位來自上院的首相的道理。

代表作用

　　今天，下院組成了一個代表性的大會，它是一個由選民透過自由選舉產生的機構，代表著英國的大部分成年人口。全國畫分成六百五十個選區（1983年大選），每個選區選出一個代表，即下院議員，代表該選區某一政黨的勝利。但是，在目前的選舉制度下，議員的這種代表性並不充分，存在著不少且甚至是嚴重的缺陷（詳見第九章），因此，長期以來要求改革的呼聲不斷，然而又始終未能實現。議員的代表作用分一般和特殊的兩種。一般的代表作用表現為：議員都是在各個選區當選的，但是，大選又是在全國範圍內不同政黨之間的競爭，這樣，議員的行動不僅代表選區的利益，也代表著某一政黨的利益，同時還代表著國家的利益。最後，也許是最重要，正如一位工黨議員在1969年所說：「一個議員要對他的良心負責。」因為議員們承認，在議會的投票廳中，他們不可能再回到五〇年代或六〇年代的那種沉默狀況——完全服從政黨的紀律，七〇年代所取得的那種更大的投票自由，已不大可能被丟棄，這表明政黨紀律的傳統在一定程度上已過時了，當前議會的經驗表明，如果政府的作為超出了議會中大多數所能接受的程度，如果政府的政策明顯地不能予以接受，即使是執政黨的議員同樣會投政府的反對案，八〇年代的這種交叉投票現象已是司空見慣，前面所述政府議案的失敗就是很好的例子。議員的特殊代表作用反映在他還代表著某個壓力團體，前一種是明顯的，而後一種則是隱蔽的。

為政府和反對黨的辯論提供一個持久的論壇

　　在十九世紀的發展中，下院已成為兩大政黨之間有組織的進行爭奪政治權力的中心。現在執政黨和反對黨都具有較好的凝聚

力、較完善的組織結構，下院的程序和時間表的改革就適應著這一變化。政府雖基本上控制著下院的時間表，但要使下院的時間表和程序能順利地進行，還需下院中各政黨間大體上的合作，其基本原則是：執政黨進行統治，反對黨則設法利用一切機會對政府中的一些問題，提出質詢或進行辯論，要求政府作出合理的解釋，否則就會使政府尷尬和被動。實際上，下院的這種程序是選舉運動的繼續，政黨透過它來完成表達、教育和訊息的傳遞作用。所以，政府在下院中採取的立場有可能是受輿論的影響或是反映了輿論（表達作用），而政府也會透過自己的行動和觀點來影響公眾的態度（教育作用），同樣，在下院的質詢和辯論中，尤其是反對黨議員（也包括執政黨議員）可以得到一些有關政府的訊息（訊息作用）。

使政府及其議案合法化

　　下院的立法作用早就建立起來了，國王與議會之間權力的爭奪在1689年權利法案的頒布後畫上了句號。下院今天發揮的作用分為使政府合法以及使政府提出的議案合法化兩種。政府的合法性建立在大選中某一政黨在議會中取得多數席位而執政（儘管所得的選票有時會少於反對黨），而且在議會的任期中，政府有信心取得大多數的支持，這可以用在下院中進行信任投票來考驗，它有三種形式：一是明確的信任投票，表達對政府的信任或不信任；或是由政府宣布進行這種投票，例如在重大的措施或議案上，政府準備冒著是否還能繼續執政的風險；再者是不明確的信任投票，如在有些很重要的計畫上，相當於一種信任投票，雖然並沒有這樣宣布。如果在信任投票中失敗，根據憲法慣例，政府就要辭職並解散議會，重新大選。

下院使政府提出的議案合法

從形式上看，下院保持著立法和撥款的作用，實際上，今天它並不發揮任何有意義的作用，因爲議案和政府的預算案都由政府提出來，確切地說，下院「宣布爲合法，但並不立法」，只要政府在下院中擁有大多數席位，通過它的議案一般不會有什麼問題，當然有時也會失敗。沒有下院的同意，任何議案都不能成爲法律。一個政府在信任投票中失敗之後，肯定要辭職和解散議會，但是，下院拒絕使某一議案合法化，並不等於要把政府趕下台，這是很重要的區別。

調查及影響政府的議案與行動

這是當代下院最重要的作用，下院的這一作用又分爲議員的集體作用和議員的個人作用。集體的作用大部分被分配到議會中的各個委員會和各政黨的委員會中，對政府最連續的、結構性的調查是由反對黨的議會黨團 (Parliamentary Party) 進行的，「如果議會的主要作用是進行批評，那麼，反對黨就是它最重要的部分」⓭。但是，如果執政黨的議會黨團對政府的建議有懷疑，或是他們的觀點沒有得到充分反映，他們也會在秘密或半秘密的範圍內進行調查並影響政府。

議員個人也可以發揮調查和影響政府的作用，因爲他們除了代表執政黨的一員或反對黨的一員之外，還代表著如前所述的利益，因此，他們非常關注可能會影響他所代表利益的政府議案和行動，在個人能力的基礎上，在廣泛的範圍內發揮其影響。當然，這種作用是複雜的，因爲他代表著幾種不同的利益，這些利益有時是一致的，有時是矛盾的，也可能是衝突的。

其他作用

一種是考慮其意義比政府的公議案小的私議案。這種私議案很少會侵犯到政府的政策，因而有時下院可以處理一些政府所忽視或不喜歡接觸的問題，如同性戀之類；下院還行使另一種司法作用，它可以懲罰破壞下院特權的議員，有時甚至可予以開除，以及由上、下兩院聯名向女王請求，解除法官的職務等。

第四節　政黨是權力轉移的渠道

到本世紀，選民得到了大量的增加，政黨也已成為一個具有高度集中和高度組織紀律的團體，並逐步成為下院向政府轉移權力的一種渠道：原先由下院選擇政府的權力轉移給了選民，由選民透過大選選擇某一政黨執政。正如昆汀‧霍格（Quintin Hogg）所說：「議會中的政黨是一種工具，據此，政府可以控制它的時間，給它的政策以凝聚力和意義。在全國來講，政黨又是選民可以用來控制政府的一種工具」[14]。政黨在十九世紀形成的這一重要性，至今仍保持著，甚至更加明顯。現在，政黨決定著下院的構成，而這種構成又決定了由某一政黨或政黨聯盟組織政府，儘管後一種情況較少出現。

政黨在議會中的重要性被選舉組織在其中的發展得到了反映和加強，它對下院的行動和程序有著很深的影響。一個多世紀來，保守黨、自由黨和工黨的發展，雖不完全一致，但它們在權力轉移中發揮的渠道作用基本上是一致的，並透過四個因素來實現這種轉移，即政黨的黨鞭、有組織的議會黨團及其正規的會議、政黨委員會、政黨領袖及其選擇。

㈠政黨的黨鞭

自十八世紀後半期就已存在，到十九世紀，無論在數量上和效率上都有所增加，至今仍然是下院中議會黨團的一個中心因素。黨鞭基本上透過三種方式實現權力轉移中的渠道作用，即通訊聯絡、管理與說服，以確保議會黨團有較強的凝聚力，有效地實現權力的轉移。

通訊聯絡

為確保本黨議員都能參加投票尤其是在重要議案上的投票，黨鞭必須事先了解議員們對某一議案的觀點，並作為前、後座議員之間傳遞訊息的一個渠道。因為，由於時間關係，前座議員只能依靠督導與大多數後座議員進行雙向的訊息、觀點的溝通，或一定的磋商。黨鞭還要把議會黨團的意見傳達給有關大臣，或透過總督導傳達給內閣、首相。簡言之，黨鞭起著一種承上啟下的作用。

管理

本世紀以來，黨內爭端不斷增多，立法日趨複雜，無論在調度投票廳中的力量、組織下院中的事務、與議會領袖的聯絡，以及政府的總督導透過正常渠道負責安排政府事務和下院的時間表等等，為了保證執政黨議案的通過，黨鞭的管理作用便愈見重要。

說服

在某一議案提到下院之前，黨鞭有責任瞭解並說服持有不同意見的本黨議員，尤其在重要的議案上，黨鞭一定會盡量透過黨的紀律，要求他們放棄自己的觀點，服從黨看法。對重要的不同政見者則進行說理或安排他與前座議員甚至首相或黨的領袖會

晤。此外，黨鞭還擁有一些一般的權力，比如，當後座議員晉升爲前座議員時，有責任考慮他們在歷次投票中的記錄，如果多次投本黨的反對票，不但不能予以晉升，還有可能受到黨鞭的警告。保守黨在兩次世界大戰之間，特別重視處理那些不服從規勸的議員。工黨則至今有權頒布正式的懲戒措施。

㈡議會黨團

在十八、十九世紀，政黨的領導人就已在單向溝通的基礎上不時地召集親信開會。本世紀初，工黨和保守黨先後分別把本黨在下院中的全體議員正式組織起具有高凝聚力的議會黨團，每周正規地召集一次會議，商討下院即將處理的事情，準備辯論、分配發言人、接受各種委員會的報告等等。1945年，工黨在其議會黨團中又按問題建立起若干委員會，正規地考慮、研究某些重要問題，並制定一定的政策等。這樣一來，議員們就比過去更有組織、更系統地考慮各種方針、政策，議會黨團的開會也就比過去正規了。這樣，問題委員會與黨的紀律相結合便形成了具有高度組織紀律的議會黨團，成爲實現本黨政策目標的有力工具。保守黨和自由黨的議會黨團的情況也大致如此。

㈢政黨委員會

政黨委員會的成員超出了該黨的議員範圍，它是一種非官方的臨時性組織，目的在於對政府和政黨的廣泛政策、經濟問題，或當前的一些重要事情進行建設性的討論，並出版一些討論文件或報告來影響政黨的政策。在本世紀的前二十年中，這一組織就已存在於保守黨的議會黨團，主要由後座議員組成，這是對當時

保守黨領導人不成功的領導,以及戰時沒有一個有效的反對黨之一種反應。開始只有一個農業委員會,1923年便建立一些其他委員會,並得到官方的承認,1924年大選後又重新進行組織,並作爲議會黨團委員會。這些委員會涉及外交、財政、農業等,它們定期召開會議,討論各自所涉及或感興趣的問題,或邀請一定的客人來發表演說。到三〇年代又有了更大的發展,在1945~1950年的議會中,再次得到了擴大並更加系統化。

㈣政黨領袖及其選擇

在權力的轉移中,政黨領袖是最重要的一個因素。在英國的政治制度中,兩大政黨的領袖就是潛在的首相,一旦某一政黨取得大選的勝利,其領袖便是當然的首相,由他組織政府,任命大臣及其他官員,總攬政府的大權。如果政府垮台,執政黨下野,其領袖便失去首相的烏紗帽,但不一定丟掉黨的領袖桂冠,除非他已得不到其所在政黨、尤其是議會黨團的信任和支持。在這方面保守黨比工黨更爲嚴厲。

各政黨對其領袖的選擇有所區別。工黨議會黨團在1906年第一次會議上就採用選舉的辦法選出了一些官員,如主席、副主席和督導,直到1922年工黨成爲一個官方的反對黨,麥克唐納(J. Ramsay MacDonald)的官銜才擴大爲議會黨團的主席和領袖,後來,由於把領導擴大到整個黨,這樣,工黨議會黨團選舉出的黨的領袖事實上就是全黨的領袖。現在則由議會黨團、工會和地方委員會共同選舉。1994年,由於工黨前領袖的突然去世,對新領袖的選舉採取了進一步民主化的措施,三位候選人在電視台的全國實況轉播會上各自闡述自己的政治觀點,並即席回答與

會者的各種提問，不僅使工黨黨員都能了解其未來的領袖，甚至連選民們也對他們有了更清楚和全面的了解，故此舉深受選民的普遍贊同。保守黨過去的領袖一般均由黨上層領導的少數人研究決定，偶爾還有女王的干預，引起大家的不滿。直到1965年才正式決定並實行由議會黨團透過選舉產生。自由黨在1935年建立起選舉領袖的制度並一直保持到1976年，之後便採用新的辦法，改為每一個黨員都有選舉權，但只有自由黨議員才有權提名或被提名為候選人。

　　總之，在十九、二十世紀，具有高度組織紀律的政黨在下院得到發展，早期的黨鞭至今仍然是議會黨團中一個不可或缺的組成部分，他們的作用正日益廣泛和重要，他們的工作對前、後座議員都有一定的價值，對議會這部龐大機器的運轉而言也是一種潤滑劑；議會黨團、政黨委員會等的建立可以為議員提供一個有用的論壇，而議會黨團取得選舉黨的領袖權力，就使他們不僅有機會影響其領袖，使他處於議會黨團一定的監督之下，更重要的是為影響英國的政治進程提供了一個重要手段。這些發展使政黨成為一種服務於下院向政府過渡權力的渠道，在十九世紀就起了很大的作用，即使在本世紀，它們仍繼續發揮著重要的作用，使首相在政府組織中可以透過在下院中所擁有的多數，更有效地行使他的權力。

第五節　下院的改革

　　為加強下院自身的地位，恢復對政府部分的監督和影響，下院在本世紀七〇年代進行若干重大的改革。

幾個世紀以來，下院無論在權力上和作用上都已有不同程度的削弱，其本身內部的結構和程序同樣存在著許多缺陷，從而引起議會內外許多的批評，在國家經濟不景氣的時候，對下院的批評尤為尖銳，如：(1)由於政府經常更選，導致政府的政策在某些方面的反覆、地區政策的擺動、收入政策上的矛盾、勞資關係頻繁的衝突，還有土地政策和稅收等問題，所有這些都給工業的發展造成了一定的困難。(2)政府對國營企業存在的問題處理不果斷，這對投資的決策，工廠的設置或關閉都有很大影響。(3)議會活動的周期循環較短，不能良好地適應工業發展所需的中長期周期。下院對經濟政策的辯論往往不成熟，充滿著黨派味道。下院中工業界、金融界的代表太少，重要的資方和工會代表也很少。(4)下院立法太多，沒有很好權衡立法造成的代價，例如，有些保護就業的立法使雇主花費的代價太高，造成就業更難。此外，議員有時受所在選區利益的限制，不能正確地看待外部經濟的因素等等。人們普遍認為，上述存在的種種問題恰恰是由於下院沒有起到應有的作用所致，下院與政府之間不平衡的關係已不利於英國的議會民主，這才引起人們的不安和強烈要求改革下院的願望。六〇年代，英國曾出現過幾種改革派：(1)內部改革派，主張實行有限的辦法，在下院內部進行更多程序性的改革；(2)主張進行選舉制度的改革，採用比例代表制，改組政府和下院的結構，使經濟政策有更大的穩定性；(3)主張用成文的、牢固的權利法來限制政府過大的權力。但均未有明顯的結果。七〇年代，由於國家經濟陷入滯怠階段，工會權力膨脹，導致勞資關係失調，矛盾和鬥爭加劇，政府和下院都顯得管理無方。在這種情況下，一些評論家感到，下院已到達無能的最低點，在制定政府的政策上，

下院已只剩下一點儀式的作用，對政府的開支、立法的通過，以及把政府的事情告訴選民等方面也同樣如此，從而破壞了「負有責任的民主之鏈，即從選民到立法機構、再到政府，最終又回到選民」**⑮**。在1974～1979年間，要求採用「權利法案」的呼聲達到了頂點，許多學者、法律界人士，以及政治家也都極力支持。1978年，下院的程序委員會聲稱，必須建立起一種新的平衡。這一觀點得到了下院的積極響應。於是，導致下院在七〇年代以及隨後的十年中，其結構和程序都有一定的變革，在與政府的關係上恢復了一定程度的獨立，同時使政府也在不同程度上服從於下院有效的調查和影響。

最有意義的改革是建立起新的且與政府部門有聯繫的部門委員會（the Departmental Committee）、特殊常設委員會（Ad hoc Standing Committee）、下院委員會(the House of Commons Committee)、政府會計委員會(the Public Accounts Committee)、國家審計局預算日（National Audit Office Budget-day）、反對黨日等。這些機構在性質上，大致可分為三類：獨立性的、調查性的和合理化的委員會。

(一)獨立性的委員會

為保證下院內部管理上有一定程度的獨立性，下院通過了兩項立法，即1978年的下院管理法和1983年的國家審計法（National Audit Act）分別建立了下院委員、政府會計委員會、國家審計局。

下院委員會

它的職責除了授權任命下院各部門的全部職員外，每年還要

準備並向下院提出當年下院各部門的預算開支。該委員會的建立旨在下院內部的管理上取得一定程度的獨立，取消政府試圖把下院的開支直接置於財政部的控制之下，從而建立起下院財政上的獨立，以及政治上和司法上的獨立；財政上的獨立表現爲，委員會同意每年的預算直接納入國家預算，不得由財政部或內閣再行削減；在政治上，立法規定，委員會的成員有議長（任主席）、下院領袖、一個由反對黨領袖提名的成員和三個非大臣人員組成，其中一人爲由少數黨公推的一名後座議員，其餘兩人爲保守黨和工黨各一名後座議員。這種人員的構成確保了執政黨在其中不得佔多數；在司法上，它是個法定的機構，不僅是個議會委員會，除非頒布新的立法，否則，它的權力和組成不受司法部門的干預和影響。委員會裁決的金額大約相當於管理整個下院總開支的四分之一，1980至1981年度爲6540萬英鎊中的1450萬英鎊，1985年至1986年度爲8720萬英鎊中的2100萬英鎊。委員會在財政上的裁決爲下院內部的獨立管理提供了有效的服務。

國家審計局

該局是根據1983年的國家審計法建立的，此法原屬一項私議案，最初遭到政府的反對，但後來還是在下院中通過了。此法的主要目的除了要建立國家審計局和政府會計委員會外，還包含著要加強審計長和審計員的地位，使之成爲獨立於政府的官員。該局同樣是個法定的機構，不是個議會委員會，它獨立於政府，負責審查尤其是政府各部門和其他公共機構的賬目，以及在利用資源上的經濟效率和效益。它由審計長、議會領袖和七名非大臣議員組成，並由審計長任命該局職員，它的開支由下院控制，故獨立於財政部。該局的目的在於不僅要使政府開支置於該局的有效

審計之下，而且這種審計工作可以由一個獨立於政府的機構來執行，並受下院保護，最後向下院負責。該局的建立證明是有價值的，而且表明了下院的決心和重申了它傳統的權力。這樣，1983年的國家審計法在一定程度上維護了下院在稅收和開支上的權力和責任的歷史傳統。

政府會計委員會

它也是個法定的機構，並向下院負責。成員包括該會主席、下院領袖和七名非大臣議員。它有權任命國家審計局清理帳目的高級職員，並負責審查國家審計局每年的預算，一旦得到通過，便提交給下院。這樣，該委員會便成為國家審計局的一個保護者，保證它獨立於政府。儘管該委員會中大多數成員是保守黨的高級議員，但他們並不輕易受財政部壓力的影響。審計長和審計員是首相與該委員會主席蹉商後提出動議，並在下院的請求下由女王任命，這一任命程序保證了，若無下院的參與，政府不得單獨行動。

㈡調查性的委員會

近年來，改革的重點著眼於提高下院調查政府作用的能力，調查分立法性和非立法性調查兩種，前者集中在改革的建議，後者主要是建立起與政府重要部門有聯繫的部門委員會，以及建立討論「預算日」等。提高立法性調查的改革便是任命特殊常設委員會。

專門委員會

也稱部門委員會1979年6月，下院以248票對12票先後批准任命十四個與政府各部門相應的部門委員會，計有農業、國防、教

科文、就業、能源、環境、外交、內政、貿易與工業、社會服務、交通、財政與文官、蘇格蘭事務與威爾斯事務委員會，其中內政、財政和外交三個委員會可以任命各自的附屬委員會，並向「母」委員會負責。每個委員會由九～十一人組成，並反映各政黨在議會下院中的力量，其主席由委員會自選。委員會的職責是調查政府有關部門的開支、管理和政策，並提出種種建議。在調查中，每個委員會都被授權任命專家、顧問，以便獲得必要的指導和訊息，在特殊問題上，可傳喚並向有關大臣或官員提出問題。

委員會的調查是公開進行的，調查的問題自定，並不由政府指定，這樣可以為議會和政府提供事實訊息，使不同政黨的議員可以找到共同的立場，鼓勵就某一問題進行辯論等等。簡言之，各委員會的工作提高了下院對政府政策和活動的了解和影響。但取消了原定八天的辯論時間。

各委員會的缺陷是，它們都缺乏正式的決策權，也不能進行立法性的調查，其作用只是一種顧問性質，只能向政府提出忠告，也不能確保一定會被接受，各委員會的任期、調查範圍和財源都很有限。

預算日

七〇年代，後座議員越來越不滿於下院對政府費用的撥款進行討論和投票表決的程序，在部門委員會的報告中同樣有所反映。1980年，下院任命了一個程序委員會來重新考慮下院對政府費用撥款的投票表決程序，以消除大家的不滿。經過廣泛的調查，它於1981年7月發表了一份調查報告，認為原有的三十二天用作正式考慮政府撥款的時間，並沒有得到很好的利用，建議改用八天。1982年7月，經過辯論，下院確定三天為討論預算日，並由聯絡委

員會（Liaison Committee）選擇要辯論的預算項目。從1983／84年度起實施。

這一預算日的建立，雖未解決使政府的預算置於下院有效的綜合調查之內，但是，與部門委員會聯合起來，卻為下院提供了一個少有的機會來辯論和投票表決公共開支的某一項特殊預算的細節，同時使下院掌握了對政府預算實行某種形式的監督。

把上述幾項改革結合起來看，這是下院試圖把政府置於它有效調查之下的一個很有分量和價值的貢獻。

(三)合理化的委員會

這是另一種類型的改革，其中最突出的就是建立「反對黨日」。

早在十九世紀末，下院對政府預算的辯論就採用對政府政策辯論的形式，而不是針對預算本身。本世紀以來，二十九個撥款日已有效地控制在反對黨手裡。戰後以來，撥款日更被看作是反對黨利用下院的時間，在此時間內，反對黨可以挑選任何問題進行辯論。但是，撥款日的正式目的——對撥款進行投票表決，與所進行的實際辯論（一般的政策辯論）之間有著明顯的不平衡，而且是否全部撥款日都應由反對黨佔有，零星的、甚至仍只能是漸進的和累積式的。但是，要想透過改革而完全恢復下院過去的權力與地位，恐怕只是一種不切實際的希望。

在議會權力轉移的過程中，明顯地反映出下列一些特點：
英國國王權力的削弱主要由於屈服於下院對錢袋的控制

英國早期國王的一個共同弱點，是他們雖然控制著政治上很大的權力，但卻始終缺乏足夠的財力來支持他們的政策，這是英

王權力不斷削弱，以至最終只剩下一點權力形式的根本原因之一。換言之，英王們即所謂的「先天不足」。

國王與下院的鬥爭是多方面的，大致集中在宗教、外交與經濟政策、議會特權，但最重要的還是在稅收和議會的撥款上。從十三世紀起，封建的稅收就不足國家所需，國王們不得不求助於社團和郡的代表，並從他們那裏取得對徵稅的同意。十四世紀，愛德華三世要求破例徵稅，以支付幾次的戰爭費用。當時，下院並未或很少意識到用金錢來換取它所要的政策和權力。此外，一些與預算無關的事情，也往往安排在撥款日中辯論。1981年，程序委員會提出把反對黨日減爲十九天，仍歸反對黨利用，並由反對黨領袖挑選進行辯論的問題。1982年7月，下院通過了程序委員會的這一建議，並增加一天，共爲二十天，其中十七天由下院中第一大反對黨控制，選擇辯論的問題不限。其餘三天由下院中的第二大反對黨利用。這樣，第二大反對黨也分享到了一點過去從未有過的權利，儘管時間很少，卻也是議會民主的又一反映。

除此之外，下院還進行了一些其他方面的改革，這裏就不逐一贅述了。

上述一系列的改革，使下院的面貌有了一定的改觀，有了新的結構和程序、在提高下院的獨立性方面已取得了一些初步成效、政府部門無論在實際上或潛在地，現在都要比過去受下院更多地的調查與影響，預算日的公開辯論、反對黨日和國家審計局的建立，使下院增加了對政府部門一定的約束和監督，各部門委員會廣泛的調查有助於減少政府向下院控制和壟斷訊息等等。總之，初步改善了下院長期以來令人不滿的狀況。

但是，這些改革的實質性東西不多，離改革者的要求距離尚

遠，爲使下院有更大的作爲，除鞏固已有的成果外，還需進一步採取深入的行動，例如：進行憲法上的改革，使立法、行政、司法三種權力有更明確的分離，以便使下院能眞正實行對政府的監督，不致使政府、尤其是首相手裡集中的權力過多、過大；同上院的作法一樣，對下院的會議進行現場實況報導，以增加下院的透明度，增加輿論對下院的監督，同時也增強下院對政府的調查和影響。鑒於英國議員並不都是全日制的，爲了使調查工作更有成效，還必須對各部門委員會在時間、設備和財力上提供充分的保證，在立法調查中，廣泛使用特別常設委員會等。

此外，還必須看到，在下院改革的道路上，依然存在著種種障礙和阻力，諸如：在政府與議員之間有著某種默契，由於立法與行政的密切結合，議員們在希望維護、增加下院權力的同時，卻不希望在他們成爲大臣時的自由受到限制；過去某些改革建議，如對上院的改革和中央權力下放等問題，產生過很大分歧，並耗費了大量時間，但收效甚微。所以，政府不大願意冒險進入這個容易引起爭議、卻又很少對政府有潛在好處的領域；改革者的目標也常常有衝突，如：工黨的改革者們傾向於需要一個堅強的政府來達到社會主義的目標，同時又敦促要加強下院的權力。但是，要取得這種兩全齊美的辦法似乎不大可能。展望英國下院改革的前途，大致有兩種可能，一種是正如前議長克羅斯曼（Richard Crossman）所說：「只要由政府來決定改革，那麼正是這個理由，這種改革是不大會有效的」❶❻。另一種是，只要這些改革由議會強加於政府，它們才會有效。所以，愛德華・杜・卡恩（Edward du Cann）在1979年所作的評論才說到了重點：「眞正所需要的是下院作爲一個整體來行使其政治意義」❶❼。

鑒於英國在權力上根深柢固的保守主義，下院改革的道路只會是漫長的，改革也只會是在伊麗莎白女王統治時期，下院漸漸感到了自己的力量，因爲國王依然面臨著重大的開支，而稅收又不穩定，以致更加依賴於下院的撥款。十七世紀，國王與下院之間的衝突仍然集中在要求與反對增加撥款上：查理一世要求找到另外的納稅手段來支持他的政策，遭到下院拒絕。威廉三世統治時期，國王對下院的依賴不僅在一般的稅收上，而且也在額外的稅收上。作爲國家唯一的財源，下院對自己應擁有力量的認識逐漸從朦朧走向了自覺，從決議的形式到最終以法律確立它在國家財政上的最高權力，從而控制了國家的經濟命脈。

　　國王與下院的權力爭奪開始以激烈的武裝鬥爭之形式進行，1688年「光榮革命」之後，便採取了和平的、立法的形式來剝奪國王及上院的權力。實際上這是英國逐漸走上議會民主與法治道路的重要轉折：十七世紀四〇年代，查理一世要求保持國王屬行統治的「神權」，結果導致一場內戰，1648年12月，下院審訊了他，並於1649年將他處死，宣布取消君主，成立共和國。1660年，下院使查理二世復位，條件是要他與下院合作。詹姆斯一世要超越許多習慣法和權力，使自己凌駕於法律之上，在由誰來組織政府的問題上雙方都不讓步，結果導致另一場內戰。詹姆斯二世又重申他的「神權」統治，結果於1688年被趕跑，1689年下院通過了「權利法案」，確立了它的最高權力，在通過了這一立法之後，下院才讓威廉三世和瑪麗二世登上王位。該法取消了許多皇室特權，使下院控制了立法、財政、軍隊和領導權。這場政治革命正如前幾次革命那樣，國王的特權遭到了致命的削弱，並從新的秩序中產生了新的法律，把下院鬥爭的勝利成果用法律固定下來。

從此，英國國王在權力的角逐中一蹶不振，後來，甚至王位的繼承、退位，以及婚姻都納入了下院的立法。上層權力鬥爭的結束爲整個社會的穩定和發展提供了牢固的基礎。

權力轉移的實質是階級利益鬥爭和權力再分配的反映

不斷擴大公民權，使選舉不再控制在國王與上院貴族的手中，這是選民能參政、議政的先決條件。1832年的改革法是擴大英國公民權的突破，首先把投票權擴大到中、下層階級，並取消了貴族提名下院成員的權力；1872年的秘密投票法直接打擊了貴族在選舉中的腐敗和壟斷行爲；1884年的改革法把公民權再次擴大到鄉村的工人；1918年婦女有了公民權，至1928年便享有與男人同樣條件的選舉權；1948年的人民代表法規定一人一票制，取消了一些特殊席位等等。總之，以上這些立法對還政於民具有一定的重要意義。

作爲新興工業資產階級和商業界代表的自由黨，多次用立法來限制代表陳腐的土地貴族利益的上院的權力，更是在歷史發展中兩個不同階級之間權力爭奪的明確反映。取消穀物法是對地主勢力的沉重打擊，1911年和1949年的議會法是對上院財權的徹底剝奪。實際上，早在十三世紀時，大小封建主及市民逼迫暴虐而無能的約翰國王接受制約王權的「大憲章」，就開始了以法律的形式限制王權的重要歷史❶❽。後來，1688年的「光榮革命」，1689年的「權利法案」和1701年的王位繼承法等，都是對「剝奪剝奪者」的程序除暴力之外的另一種模式。這種剝奪的模式之所以行得通，是因爲透過兩次資產階級革命，極大地削弱了王權和貴族的力量，使議會下院成了資產階級的政治鬥爭工具❶❾，同時避免了武力衝突必然要造成的人、財、物的重大損失，更重要的是有

效地維護了英國政局有別於西歐大陸的長期穩定，促進了英國社會、政治、經濟的發展。

　　工黨一再力圖取消上院。在工人運動中產生的工黨始終要求取消這個並不由選民選舉產生的、卻有權否決下院議案的上院。早在1907年，也就是在它成立剛剛七年的時候，便提出了一項動議，認為上院是立法機構中不負責任的一部分，對國家民主是個障礙，應予取消。在這以後，工黨的這一立場一直未變：1918年工黨年會決定要取消上院，1935年工黨的競選宣言中許諾要實現這一決定，1967年工黨年會在討論上院的前途時，主張保持其小的作用，終止成員的世襲身分，1968～1969年又一次企圖對上院進行重大改革，儘管工黨政府最終撤銷了這一議案，1978年卡拉議首相（L. Fames Callaghan）對上院進行了譴責，1980年5月，工黨又一次提出取消上院的動議，1983年在競選宣言中，工黨又許諾要採取行動，盡快取消不民主的上院。以上一系列的事實充分表明，工黨始終堅持著這一立場。

統治者與被統治者之間存在著協商與妥協

　　這是英國議會權力轉移中的另一個顯著特點。除了用暴力和立法手段來轉移權力外，統治者與被統治者之間發展起了另一種特殊的政治手段，協商與妥協，這是「剝奪剝奪者」的又一種特殊模式。由協商而達成妥協，久而久之，逐漸形成了英國政治家們在處理國內外事務中的一種特殊政治手腕，這在某種程度上也可以說是英國在1688年之後沒有再出現如其他歐洲國家的那種獨裁統治的重要原因之一。

　　這種妥協，作為一種政治習慣早在盎格魯——撒克遜時期便已開始形成，並在以後的發展中深深地植根於英國的諸多政治和

外交行動中。當初國王召集各郡和自治市的代表討論稅收和撥款問題便是一種妥協形式，而不是採用簡單的行政命令強行規定和徵收。在諾曼人統治時期，國王同樣認識到有與地方進行磋商的實際責任，並一再重申，在大的問題上堅持與他們的貴族在大議會（the Great Council）中進行磋商，沒有貴族的同意不能徵收特別稅，要是國王不跟他們接觸，他們也可不與國王聯繫。大憲章比以前更清楚地確定國王的這種責任。

下院對形勢和環境變化有較爲靈活的適應性

在社會和政治的發展、變革中，下院對不斷變化的形勢和環境靈活的適應性是其又一特點。幾個世紀來，下院一直是一部分政治集團的權力向另一部分政治集團轉移的場所，在經歷了種種變化的今天，許多歷史事件形成的政治習慣和民族風格爲這一機構提供了難得的穩定條件，也爲其他西方國家提供了值得借鏡的模式。在它演變的過程中，從來沒有形成一種任何代議制政府的固定模式，它的地位處於不斷的演變之中：經歷了國王的政府、議會政府、內閣政府，以及當前學術界和政界議論較多的首相政府，所有這些恰好反映了它不斷演變的實質和明顯缺乏某種理論的作用，而這種適應性恰恰又是英國政治上求實風格的反映。而「這種適應性的由來主要在於英國人民具有一種獨特的尋找藉口的本領」，「能夠應用各種性質的制度以適應當時的政治觀念」[20]。簡言之，這種靈活性和適應性幾乎不同程度地存在於英國的各項政治制度中，使之成爲西方資本主義國家中較爲顯著的一個特點。

第2章

不成文憲法

　　在最近幾個世紀裡，世界上成文憲法的出現，大都發生在重大的政治事件之後，或是殖民地的獨立，如美國（1787年）；或是在歷史的演變過程中，由於內部的革命而取得勝利，如法國（1789）；或是在世界大戰中失敗而重新建國，如德國（1918年和1946年）等。然而，英國自1688年的「光榮革命」以來，從未發生過上述種種情況，因此，英國並沒有出現形成成文憲法之主、客觀的歷史條件。英國的憲法並不是在某一特定時期內形成的，而是幾個世紀來不斷演變的產物。戰後以來，歷屆政府曾數次試圖改革憲法，但均未獲得成功。而且因為不斷有新的成文法和不成文法，如慣例等的出現，適應著不斷變化的新形勢和新環境，以致在現實與需要之間並沒有發生嚴重的或長期的脫節現象，因此，造成了英國至今沒有成文憲法的這一特殊現象。

第一節　憲法的構成

　　由於英國的憲法是長期政治歷史演變的產物，既有成文的，又有不成文的，因此，憲法的構成不可避免地具有多樣性。正如

蒙羅所說：「英國的憲法是一種機構、原則和實踐相結合之複雜的混合物」❷❶。

㈠慣例

據認爲，大多數慣例（Conventions）、實踐和準則都是從十九世紀後半期留下來的，或是從那時實行的。慣例不是法律，也沒有法律的力量，但是，一般都接受它用於約束那些參與政治活動的人，並能使政府更順利而有效地工作。所以，它們被看作是英國憲法「神聖」的法律，其重要性在於，憲法的根本原則，如議會的至尊，大臣對議會的負責制等，都是慣例所規定的。

據稱，慣例的來源是多方面的，有報紙上重要的文章、作家對憲法的觀察、國王的信件和日記、政治家的聲明、退休閣員大臣的回憶錄、議會辯論中的一些聲明等等。慣例包括規則、理解、先例、習慣和傳統等，由於它們在實踐中得到社會的承認和肯定，因而得到應用，並已深深地紮根於政府和人民的各種行動中，被譽爲「不成文憲法的準則」。但是，議會從來沒有頒布過，也沒有在法令全書中出現過，因此，嚴格來說，它們並不是法律。不過，一旦慣例的存在得到法律和司法機構的承認，它們同法律也就沒有多大區別了。大多數慣例處理著政府各機構之間的關係，大致有如下幾種：

與皇家特權和內閣有關的慣例

國王應在首相、大臣的忠告下採取行動、應要求在議會中取得多數席位的政黨領袖組織政府、應任命由首相提名的大臣、在首相的要求下解散議會、不應拒絕批准由議會兩院通過的議案；內閣的工作幾乎完全建立在慣例上，如大臣必須是議會的議員、

內閣集體向下院負責（這是十八世紀後期發展起來的，目的在於阻止英王挑撥離間內閣成員）、大臣的個人負責制、辭職大臣要向議會陳述他的理由、內閣對國王的忠誠必須一致等。

與政府和議會的慣例

議會必須由上、下兩院組成、必須每年召開一次會議、每一項議案必須經過三讀方可進行投票表決、下院中的發言由執政黨和反對黨依次輪流進行、議長必須脫離原屬政黨而成爲無黨派人士、議長可以連選連任，並無時間限制、當上院作爲上訴法院時，凡不執掌司法的上院貴族不應參加會議、在不同的議會委員會裏，各政黨的成員數按其在議會中所佔席位的比例分配、在議會的任何工作日裡，如果要對某一議案進行表決，而執政黨有一名議員缺席，那麼黨鞭就要在反對黨中找出是否也有缺席的議員，稱作對等慣例。

有關司法的慣例

審訊中或待審的案件不應在議會中進行辯論（1963年作爲下院通過的一項決議）、議會兩院不得對法官的職業行動提出疑問，除非在解除他們的職務時。

影響文官的慣例

文官在政治上必須保持中立，因爲他們必須服務於不同政黨的政府。議會中不能對文官的行動進行批評，因爲只有大臣對文官的行動負責。

影響英國與自治領的慣例

除非應邀，否則議會不得對前附屬領地實行立法。向領地任命總督時，國王應在領地首相的忠告下進行，每一個自治領或多或少被看作是在內政和外交上獨立的國家，儘管在名義上還忠於

女王、任何涉及改變王位繼承法，必須取得自治領國議會的同意等。

影響英國與歐體的慣例

派往歐體委員會的代表，分別選自執政黨和反對黨。

以上情況反映了英國的立法、行政和司法中充滿了各種慣例。憲法的可行性在很大程度上是建立在慣例基礎上的，沒有慣例，憲法就不可行，它們在憲法中起著特殊的作用。慣例不是法律，在法院中不能強制執行，無論是直接的還是間接的，而是「公眾輿論期待政治家們按憲法的真正精神來行動」，所以，這是一種道德上的而不是法律上必須履行的責任。當然，慣例與政治密切相關，脫離了政治就毫無意義，而不遵守慣例，尤其是重要的慣例，勢必在政治上引起巨大的混亂。此外，憲法中的一些慣例，它們只有在不斷變化的背景下才有意義。著名的憲法學者艾弗·詹寧斯勛爵 (Sin Lvor Jennings) 這樣總結慣例的作用：「它們為法律之枯骨提供了肌肉，它們使合法的憲法起作用，它們與思想的發展保持密切的接觸」 ㉒。

(二)大憲章

大憲章 (the Great Charters and Agreements) 是憲法第二個重要組成的部分，它包含了憲法的根本原則，規定著君主的權力和公民的權利等，這些憲章已成為重要的歷史文件，具體有如下幾種：

大憲章 (Magna Carta, 1215)

它規定了英國大議會的組織和權力，禁止國王在沒有大議會同意的情況下強行徵收任何稅收等。大憲章的重要意義在於，它

是當時社團中各階級聯盟的重要產物，提出了中世紀社團中各階級的一定利益，如宗教自由、倫敦和其他城市要享有它們的自由和習慣，商人不應繳納不合理的稅收。最有名的一條是規定了任何人不得受到懲罰，除非受到本國法律公平的審訊和判決。

請願權 (Petition of Rights, 1628)

人民有權向國王進行請願，不應對此起訴，否則不合法；除非議會同意，否則在和平時期不得在國內建立或保持常備軍；必須自由選舉議會議員；在議會有發表演說或辯論的自由，不得在法院或議會之外進行追究；沒有議會的同意，不能強迫任何人支付任何貸款、禮物和稅收；反對任意監禁以及在和平時期利用軍事管制等。

(三)成文法

成文法 (Statutes) 是議會在各個歷史時期通過的立法，以及在母法下的附屬法。在憲法的構成中，成文法最重要，成文法中又以憲法性的法律最重要，其範圍包括：涉及國家立法機構的構成和立法權力的法律、涉及中央政府的構成和作用的法律、涉及英國三島下屬的或已發展的立法機構或行政機構的構成和權力的法律、法院的等級和地位、個人自由及個人權利的限制、政府與個人之間的關係、公民的法律及僑民的地位、某些國家機構的地位，如武裝力量、教會等、中央與地方政府之間的關係、英國與它的殖民地以及與英聯邦的關係等。它們是憲法成文因素的主要來源，最重要的立法有，如1679年的人身保護法、1689年的權利法案、1707年的與蘇格蘭聯盟法 (Act of Union with Scot-Land，1707) 1832～1884年間的各項選舉改革法 (Reform

Act，1832），把男公民權擴大到中產階級、1911年和1949年的議會法、1918年和1928年的人民代表法（Representation of People's Acts），確立了成年人的選舉權，保證了婦女的投票權、1925年的司法法，保證了法官的獨立、1931年的西敏寺法（Statutes of Westminster Act），結束了對自治領的控制，承認加拿大、南非、澳大利亞和紐西蘭等國的獨立、1936年的退位法（the Abdication Act）、1937年的國王的大臣法（the Ministers of Crown Act）、1944年的教育法、1947年的印度獨立法（Indian Independence Act），把印度分開並把全部權力交給印度和巴基斯坦。此外，還頒布了一系列其他的法律，如1888年、1924年、1933年、1972年等重要的地方政府法，以及一些有關自治領和殖民地的種種立法等等。總而言之，從數量上講，這些成文法只佔了整個憲法的一小部分。

㈣判例法

法院，尤其是高等法院的一些判決和解釋，一向具有很大的憲法上之重要性，這種判決約束著下級法院。此外，1670年建立的司法獨立與1678年維護了法官的某些豁免權都是在對案件的判決中引伸出來的。這些判例法（Judicial Decisions）在憲法法上具有很大的重要性，因而構成了憲法的一部分。

㈤習慣法

習慣法（Common Law）為憲法法律的一個來源，然而在數量上已減少了，因為它已被各種成文法所取代，但仍為一個重要來源。它是一種所有規則和重要原則的集合，同樣是歷史的發

展與累積的產物，建立在社會的一些習慣和傳統的基礎上，並得到法院的承認。這些規則包括很多政府和法律制度上的重要特點，如國王的特權，包括對大臣的任命、簽訂條約、赦免權、解散議會、宣布戰爭狀態、給予榮譽等，司法機構的審判權、言論和集合的自由、糾正政府官員不正當行動的權力等，幾乎都建立在習慣法上。此外，還包括司法上的一些決定，很多憲法性的法律是由法院在特殊案例上的判決所形成的，這些案例一般在上訴法院中出現，但大多數是在上訴法院、在上院的上訴、在關於歐體立法的法院、甚至在樞密院中的司法委員會中來自英國海外領地的上訴。

㈥權威性的著作

權威性的著作（Eminent Works）在對憲法的描繪和作用方面具有一定的權威，有些著作由於憲法學者（作者）的身分以及著作具有一定的重要價值，因而受到特殊的重視，在沒有成文法或其他成文來源的情況下，作者的聲明常被假定作為司法裁決的證據而引用，因此，倘若不與正常的理由相違背，一般都被接受。一些力圖描寫憲法的人也常引用名家的著作。法院在提引這類書籍時是很謹慎的，就像遵循成文法那樣，例如，關於皇家特權在國外行動的範圍，以及保衛國家的行動範圍，上院不得不求助於迪塞（A. V. Dicey）和梅特蘭（Maitland）的著作。描寫憲法的大致輪廓也必須參考憲法學者的著作。十九世紀有權威的重要作者有迪塞、約翰·奧斯汀（John Austin），二十世紀著名的作者有艾弗·詹寧斯、胡德·菲利普（Hood Phillip）、韋德（E. C. S. Wade），以及肯尼思·韋爾（K. Wheare）等。重

要的作品有《議會實踐》（Parliament Practice）、《法律和憲法》（Law and Constitution）、《對英國憲法的評論》Commentaries on English Constitution）等。

㈦公民投票

長久以來，公民投票並沒有被看作是英國所有，它與議會的至尊也不一致，然而卻已被多次應用，進而在事實上被確立為英國憲法的一部分。迄今，公民投票一直與憲法密切聯繫在一起，例如：1910～1911年間要求改革上院，1979年3月對蘇格蘭和威爾斯的放權問題等。政府中在某個重大問題上出現嚴重分歧時，有時也採用此法作為解決問題的一種政治手段，如1975年關於重新加入歐體的問題。不過在有些問題上，如：如何發展它的程序，舉行公民投票應附加什麼法規，如何計票，以及何種比例才被認為是大多數等，尚待進一步發展和確定。

布賴斯勛爵（Lord Bryce）總結了英國憲法的來源和本質說：「它是記憶人民腦子裏的一些先例的累積、或是用文字記錄下來的、律師和政治家們的聲明、習慣、理解和信念、一些成文法與習慣，以及所有法律上的規定、政治習慣發展的混合物」❷。

第二節　憲法的特點

英國的不成文憲法與西歐大陸諸國的成文憲法相比，有著很大的特點，大致反映在如下幾點：

㈠成文與不成文的結合

這是英國憲法的第一大特點。通常說，英國沒有成文的憲法，但確切地講，一部分是成文的，另一部分是不成文的。說它不成文的主要原因有二：(1)成文的部分少，不成文部分多，而且也沒有彙編成一部完整的法典；(2)成文部分也不是在某一時候寫成的，而是若干世紀來歷史的累積，每當頒布一項新法，就爲成文法增添新的內容，並不是要改變整個憲法。事實上，正如前文中所述，英國憲法的基本原則和法規都是成文的，儘管並不容納在一個法典中。英國的憲法是成文法與不成文法的結合，因此，英國憲法的結構與西歐其他國家的成文憲法有著很大的不同，反映了它容量複雜、範圍廣、時間範圍大的特點。

㈡法律規則

法律規則（Rule of Law）是英國憲法的又一個特點。英國並沒有頒布一項規定公民基本權利的立法，但這並不意味著英國人民就享受不到任何權利，實際上，人民是透過法律規則取得他們各種權利的，這些都包含在議會的各種立法、司法的裁決和習慣法之中。無論是公民、政府官員、國王都得服從法律規則，這一點跟美國、法國都有明文規定不一樣。

法律規則基本反映了三個明確的概念：(1)在本國的法院中，除非有明顯的犯罪行爲，否則任何人不得受到懲罰，或被判以遭受體罰及遭受財產損失，即使犯法，也只能在法院中按法定程序審理。這就表明了個人的權利是受到保護的；(2)任何人不能超越法律，不管他的地位和條件如何，必須服從王國的法律和法院的

判決，即使是政府首相或大臣也只能在法律允許的範圍內行動，並服從法院的判決，法院的判決不應受政治壓力的干擾；(3)憲法裡充滿了法律規則，特別是根據習慣法，法院保護個人的權利，如個人自由的權利或參加公共集會的權利等。此外，法律規則能使國家兩個基本的、但似乎又相互矛盾的要求之間達到大致的平衡，即政府的權力一方面要受到經濟的監督，另一方面又會衝擊個人的權利，必須保持治安，以確保社會所需要的安定。別的國家則靠成文憲法和權力的嚴格分離來達到這種平衡。正如奧格 (Ogg) 所作的評論：「初看起來，英國並不像其他國家那樣個人利益受到保護，但無論在法律上和實際上卻一點也不少，畢竟在這種事情上並不是靠紙面上的裝飾來確保這一結果，而是傳統、原則和公眾輿論的一致」❷④。

㈢議會的至尊

1689年的權利法案確立了議會下院的最高權力，隨著政治的發展，這一權力得到了更大的確認和加強。英國的議會由女王、上(議)院、下(議)院三部分組成，任何一部分都不能獨立地制定法律。今天，女王的作用已只剩下一點形式，上院的權力也只有一點溫和的延擱權，真正的立法權在下院，如今所說議會的至尊 (Parliamentary Sovereignty) 就是下院的至尊——具有至高無上的權力，正如馬里奧特 (J. A. R. Marriot) 所說：「從任何一個觀點來看，英國的議會是最獨立的、最有權力的機構，也是最老、裁決權最廣的機構，它的權力是無限的」❷⑤。

議會的至尊表現在以下幾個方面。在法律上，議會可以制定任何它所希望的法律，而且只要有需要，它還可以修改、甚至廢

除上屆議會頒布的一般法律，乃至具有憲法性的法律。因爲在英國的憲法中，憲法性的法律與普通法律之間沒有明顯的區別，如：取消了1946年的工會爭端法和修改了1911年的議會法等；在憲法上，由於英國沒有成文憲法，所以，具有憲法意義的法律同樣由下院制定、修改或取消，沒有特別的程序予以限制，也沒有專門的法定機構來處理，一切都在議會中決定，不像有成文憲法的國家對憲法的修改都有複雜的程序，而且很困難。以美國爲例，首先必須要在衆議院取得三分之二的多數通過，然後又必然得到四分之三州立法機構的同意，才能修改憲法；議會的立法沒有最高的司法審查。在有成文憲法的國家裏，通常都有一個最高法院或相應的機構被授權來審定議會的立法是否符合憲法或超越權限，倘若有違於此，可予以駁回，使之不能成立。但是，英國並無這種機構，也不授權某一法院來行使這一權力。法院、法官只能對議會的立法作出解釋並無條件地執行，不具備任何進行挑戰或擱置的權力，更不能判決議會的某項立法是越權而無效。當然，從政治上講，要制定、修改或廢除任何普通法律，尤其是憲法性的法律，並不總是一帆風順的，而是一定會在社會中經過一番激烈的政治辯論，甚至是長期的辯論，如1832年的改革法和1911年的議會法都是如此。儘管這樣，並不表明絲毫有損於議會的至尊。

議會的至尊政治還意味著議會可以授權，也可以收回權力，最明顯的是，1920年議會通過立法，授予北愛爾蘭有限的自治權，但在五十二年之後，議會在1972年又通過立法，停止執行1920年的立法，重新恢復中央對北愛爾蘭的直接統治。

議會的至尊還反映在行政和財政方面。在行政上，議會下院是行政權力的最高來源，組織政府以及繼續執政都取決於某一政

黨在議會中能否取得大多數的席位和信任。換言之,下院是通向執政和政治權力的必經之路。在財政上,議會下院控制著國家的經濟命脈,根據1911年的議會法,所有財政法案,都必須由它提出,上院最多只能將其延擱一個月。

　　最後,議會的至尊還涉及到它自己的行動上,沒有任何法院可以干涉它的程序。

　　上述情況反映了英國憲法存在著一些特點:在理論上,議會的至尊使英國缺乏有成文憲法國家的那種憲法上的保障,而且也不可能建立起這種保障,因為議會不可能制定一項它不能予以廢除的成文法,或者是可以廢除,但必須服從於一定的程序。換言之,議會不能修改或破壞它自己的至尊。法院和法官的權力來自於議會,法官們並沒有被任命作為維護憲法的「衛士」,也沒有像美國的同行所擁有的那種堅定不移的憲法地位,這就說明,對議會的至尊缺乏正式的法律上的監督。

　　實際上,議會的至尊並不意味著它在立法上可以為所欲為,沒有絲毫顧忌,它畢竟受到某些方面的約束,如議會必須服從選民的選舉,從這一點講,選民掌握著國家的根本權力;議會的至尊並沒有任何憲法性的文字規定,它僅是一種習慣的表示和人民對它的默認。但是,英國的政治現實是,議會在行使它的最高權力時,要受到許多習慣和人民道德法的約束,即議會不能制定任何違背英國國情的法律;議會受公眾輿論的約束,它不能通過一項違反人民意志的法律,如柴契爾政府的人頭稅那樣;議會不能通過與國際法相違背的任何法律,自英國加入歐體後,歐體的立法就成為英國法律的來源之一,只要不退出歐體,英國議會就不能通過與歐體的立法相衝突的法律。所以,乍看起來,議會在制

定法律上享有不受限制的權力，事實上，它既受國際法的約束，又受國內輿論和傳統的限制。

㈣憲法是長期、逐漸演變的產物，是「智慧和機會的結晶」

英國的憲法是世界上現有各種憲法中最古老的憲法，它的結構就表明，它包含了從1215年的大憲章起到本世紀各個時期的不同內容，是以一種以新去舊、逐步累積、不斷完善的方式向前發展，在過去的幾個世紀中，並沒有經歷革命的徹底修改或取消，除了在十七世紀中期克倫威爾作護國公短暫的六年之外，英國並沒有發生如1789年的法國大革命和1917年俄國革命那樣急風暴雨式的演變。因此，英國的憲法沒有在某一時期經歷突變，儘管期間有一些小的變化，但未能使政治發展的主流轉向，正如弗里曼 (E. A. Freeman) 所說：「過去和現在之間的紐帶在任何時候都沒有出現任何割裂，英國人從來沒有在任何時候坐下來把全新的憲法彙集在一起使之服從於一些眩耀的理論」❷⑥，而且，作為一種規則，「政治上許多變革一向是逐步的、在習慣上是尊重各種傳統的、牢牢地堅持在習慣的形式上發展著，這是根深柢固的。英國憲法的歷史表現出來的這種連續性是任何其他國家所無法比擬的」❷⑦。

㈤靈活性

從本質上講，英國的憲法是很靈活的，如前文所述，由於英國的普通法律與憲法性的法律沒有什麼區別，它的制定、修改，乃至廢除，都取決於議會，程序也完全一樣。由此充分顯示出了英國憲法的靈活性，它比任何國家的成文憲法都更加隨時準備適

應國內外環境的變化和形勢的需要，這一點同樣符合英國政治上一貫的求實作風，不拘泥於刻板、教條的形式，重在按事情最有利的方面處理，求其實效。憲法還隱含著，在憲法沒有作任何修正之前，或是在沒有先例可循的情況下，允許政府的某些行動作適當的變更，久而久之便形成慣例。因此，人們常說：「英國往往是先有行動而後有規則。」在這種情況下，從英國憲法沒有作多少重大的變更就可以理解了。英國憲法的這種靈活性也可以從另一個側面部分反映了英國政治上的穩定性。

㈥不明確的三權分立是英國憲法最重要的特點

十七世紀，英國資產階級理論家洛克（John Lorke）在他的一本著作中寫道：「人的最大特點也許是要抓權。對於同樣有權制定並執行法律的人來說，這些人不會服從於他們自己制定的法律，而是要使法律適應於他們自己的利益」❷⓼。這裡初步含蓄地提出了權力集中的危險。十八世紀，法國法學家孟德斯鳩（Montesguieu）更明確指出了權力集中的危害，他認為：「當立法權和行政權都集中在同一個人或同一個行政官員組織手裏，那麼（人民）就不會有自由……；如果司法權不與立法權和行政權分開，也不會有自由，司法和立法權假如聯合在一起，那麼人民的生命和自由就交給了專橫的控制，因為那時法官就成了立法者；如果司法權與行政權結合在一起，那麼法官就可能會行使暴力和壓迫。於是，一切也就都完了」❷⓽。他提出了三權分立的必要和原則：即同樣的政府官員不應組成政府三個權力機構中一個以上的部分；政府的一個權力機構不應控制或干涉其他機構的工作；政府的一個權力機構不能行使另一個權力機構的作用。

英國的情況雖然基本上符合了這一理論，但是並沒有完全接受權力分立的理論。英國認為，分立的權力有可能導致僵局，甚至公開的衝突，如美國經常發生的那樣。因此，它雖有三種不同的權力機構，卻並沒有像美國那樣明確的分立，而是以稍許不同的方式發展了一種互相監督和制衡的制度，如議會的立法機構分成上、下兩院，內閣的權力由反對黨的批評來制衡，文官的行為管理由法律來審查等等，這種做法在政府的效益上，在阻止出現暴政上，同樣發揮了重要的作用。

英國不明確的三權分立具體反映在如下的幾個方面：

行政與立法

英國行政與立法的聯繫最為密切，兩種權力幾乎完全融合在一起。首先是個人的多重作用和責任，女王在名義上參與了立法、行政和司法的三種作用。大法官（Lord Chancellor）是上院的議長（立法）、內閣的一名重要成員（行政）和司法機構的首腦，集三種權力於一身。此外，根據憲法慣例，大臣（包括首相）必須是議會議員，又據1975年的下院無資格法（House of Commons Disgualification Act）規定，下院的大臣數限定為九十五名，倘嫌不夠，則必須來自上院。這樣，政府大臣全部由立法機構中成員擔任。其次，作用的重選，行政行使立法的作用，最實質性的領域是授權立法。根據權力分立的原則，立法應完全是議會的權力，但英國的議案大都是由政府各部大臣提出來的，立法權基本上控制在政府，尤其是內閣的手裏，加上政府在下院擁有多數，這就使行政機構在執行政府的作用中，可以利用立法機構（下院）作為它要取得法律上的需要和變化的一種工具。另一方面，議會還授權大臣和地方政府制定各自有關的法規、命令、規

則等。十四世紀時，國王就曾這麼做，直到十九世紀，議會才正式行使這一權力，但開始只是局部性的，到本世紀，由於政府活動的大量增加，立法的範圍、數量及技術的複雜性等方面都有了很大的發展，在這種情況下，倘若事無巨細、一切立法都由議會包攬，顯然不切實際，無論在時間、有關訊息的收集、議員個人的精力和各種知識等方面，議會都滿足不了這種要求，於是便發展了授權立法。與美國不一樣的是，英國議會授權政府立法的權力是不受限制的，目前，更贊成廣泛的授權立法，只要有可能，授權立法的原則都規定在議會的立法中，大臣、地方政府根據授權，有權執行那些原則。但是，為了防止濫用授權，議會有一定的程序進行控制，一種是議會監督，形式有議會調查和議會質詢。另一種是法院嚴格控制授權立法的範圍。第三，控制問題。在法律上，下院最終控制著行政機構，因為它可以把一個得不到它信任的政府趕下台。但是，執政黨領導人可以憑藉其在議會中的多數，以及透過其議會黨團中的黨鞭來控制本黨議員的投票，在一般情況下，議會已很難搞垮政府。另外，反對黨議員都希望能繼續執政，如果不支持他們的政府，就將導致另一次大選，可能造成權力易手。所以，只要政府得到議會的信任，它在立法中就能控制議會；雖然下院在立法上享有至高無上的權力，但是，下院的時間表控制在政府手裏，下院立法的各個階段也都在政府的控制下進行。總之，在英國，實質上是行政立法，下院只是批准立法。這與美國的情況有著明顯的區別。在美國，行政與立法的關係是明確分開的，總統和他的內閣成員都不能參加國會的投票，沒有直接提出議案的權力，或是讓某一議案在國會中通過，總統只可以在他向國會提出的國情諮文中推薦立法，但不能強迫國會

注意他的推薦。

司法與立法

英國的律師可以競選議員，但一旦被任命爲法官，便不得再任議員。因此，所有全日制的法官均不得爲下院議員。作爲司法界首領的大法官可以參加議會的立法事務，但不得以政黨的身分參加，在議會的辯論中，他的發言僅限於法律的改革和懲罰的政策；在司法與立法的關係上，女王只有在上、下兩院共同的請求下方能將高級法官解職。實際上，自十八世紀以來，議會只有一次行使過這種解職權；法院無權審查立法的有效性，但法官裁決的影響卻可以由立法機構（下院）來改變。因此，在憲法上，法院受議會立法的約束，但不受議會任何一院決議的約束；在立法與司法的關係上，議會的每一院都有權執行各自的特權，以及懲罰違反這些特權的人。

行政與司法

司法機構本應獨立於立法和行政機構，尤其不受國王的干預。但是，英國司法的獨立僅表現在高級法官任期的安全，即只有在上、下兩院的聯函請求下，女王方准予免職，政府無權干預；免於刑事和民事的責任；免於下院和輿論的批評。所以，英國司法的獨立並不很徹底，具體表現在以下幾個方面：法官都由大法官和首相推薦，然後由女王任命，不像美國那樣，總統對最高法院法官的提名還必須得到參院的調查和確認，並可以遭到拒絕；在地方治安官的任命中，雖由大法官推薦和女王任命，但大法官接受由政黨佔支配地位的地方顧問委員會的忠告，而大多數被任命的人都具有一定的政治服務背景。因此，這種任命存在著實際上的政治影響或控制；司法機構的成員有的參與了立法，或參與

了行政，或兩者都參與了，尤其是大法官，他集立法、行政、司法三種作用於一身，實際上行使著司法大臣的作用；政府有時利用法官來服務於額外的任務，尤其是把諸如安全服務、工業爭端等有很大爭議的政治性問題交由法官調查，為政府的政治目的服務，取得一個公正的輿論，卻置法官於輿論及議會的批評之下，進而有悖於法官不參加政治鬥爭和免於議會批評的憲法常規；還有許多爭端並不交給法院或行政法庭處理，而是由政府的有關部門和大臣去解決，並建立公開的調查程序，以保持一定的公開和公平的水準。因為，這種裁決還需要充分考慮政府部門的政策，所以，有些事情仍要服務於有關部門或大臣的決定。事實上，到底由法院、行政法庭，還是由政府有關部門或大臣來作出裁決，這中間有時也很難畫出一條清楚的界線。不過，大致可以這樣認為，如果要作出獨立於政治影響的裁決，應交給法院或行政法庭，而涉及大臣要向議會負責的決定就交給政府有關部門去處理。

以上情況表明，由於英國沒有成文憲法，對三權分立並無明文規定，出現了不是很明確的權力分立：行政與立法之間的關係最密切，而行政與司法、司法與立法之間也都存在著不同程度的穿插關係。因此，在考察權力分立的每一個方面時，完全的或絕對的分立，無論在理論上或實踐上都不存在。據認為，如果這種分立意味著每一種權力的行使完全獨立於其他兩種權力的話，那麼，即使美國也不存在這種情況。英國以其特有的方式並不把權力僵硬地分成三部分，而是提供了一定程度的相互穿插又互相制約的獨特方式，這種靈活、實用的安排有其歷史的傳統，又不完全脫離分權的原則，同時允許在不同的機構中有權力的漲落，從而實現了其政府的效率和政局的穩定。

第三節　幾點看法

英國對於它的不成文憲法歷來感到很自豪，認爲只有在政治上不成熟的國家才需要成文憲法，英王喬治三世曾把英國的憲法描寫爲人類最完美的「構成物」。在十九世紀，評論界也一致讚揚在社會不斷發展以及變化的情況下它是個「有生命力的有機體」，是「靈活的」，「有生氣的」，「在統治者與人民之間、在政府各部門之間創造了一種平衡，體現了十九世紀對『均勢』傳統的信奉。直至本世紀，仍被譽爲全世界羨慕的目標」 ❸⓪，因爲它的「實質性部分已很好地爲這個國家服務了好幾百年」 ❸①等。

確實，英國的憲法經歷了幾個世紀的演變，雖然沒有一部成文的憲法，但是，它卻能在這麼長的時間內持續、有效地維護了資產階級的統治和資產階級的議會民主而不變，從而有效地保持了其社會的長期穩定和發展，儘管在速度上尤其是本世紀來已趕不上其他資本主義國家。同時避免了西歐大陸諸國發生的種種災難，較好地維護了盎格魯——撒克遜民族的習慣與傳統。因此，英國的憲法確實對社會的穩定和經濟的發展有所貢獻。

憲法的靈活性給人深刻的印象，無論是它的制定、修改乃至廢除都取決於同一機構和同一程序，並沒有成文憲法國家那種特別的程序和特別的機構，這就爲使憲法及時適應變化的環境和國內外形勢的需要提供了有利條件，不僅可以節省大量的時間、人力乃至財力，更重要的是保證了政府工作的成效和效率。在有成文憲法的國家裏，往往礙於一定繁瑣的程序和某種具體要求，有時對有關的爭議一拖幾年不決，即使實現了原定目標，但已付出

了很大代價；英國憲法的靈活性中貫穿著一個實用性，這恰恰符合英國的民族性，它不相信理論，英國統治階級所喜歡的、始終堅持的一個宗旨是，每一個問題都應該獨特地按其在當時最為有利的方面來處理；在憲法演變的過程中還反映出，政府的政策可以允許有某種變動，甚至在短時間內可以作很大的改變，但是，對於機構間權力的轉移或消長，卻只有前進的道路而幾乎沒有後退的餘地，在國家整個權力的演變過程中，如國王的權力轉移到議會、上院的權力向下院轉移、政府又逐漸接過下院幾乎所有重要的權力，直到內閣成為政府的權力中心等等，這些都是不可逆轉的，1689年的權利法案、1832年的改革法和1911年、1949年的議會法，以及後來的選舉法等，這些關於權力轉移的憲法性法律，從來都沒有什麼修改過，更不用說廢除。這同樣表明，英國政府統治者在權力上的保守主義是根深柢固的，在這一點上甚至比有成文憲法國家的權力還要牢固和一成不變。因此，在憲法的靈活性中又有著牢固的穩定性，即權力的轉移不可逆轉。

從另一個角度看，由於沒有成文憲法，對政府（內閣）、首相等的權力沒有明確的法律規定和限制，理論上，至少在阻止他們濫用權力方面出現了漏洞。隨著英國社會和政治的發展，政府與首相的權力不斷地擴大，戰後以來尤其明顯，其最大的特點是，既無法律可循，更無常規或習慣法可依，而是出於一種政治需要，甚至可以說是根據首相個人的需要。這種權力的增加同英國歷史上經常出現的現象是一致的，就是先有行動而後有法律，甚至沒有法律，這種行動一經出現，既不用獲得議會的確認，也不用向議會解釋，更沒有那一種政府機構可以行使監督或予以否決，這樣，久而久之，便成為一種習慣而得到大家接受和繼續應用。但

是，必須指出的是，議會對政府、首相和大臣進行監督的辯論和質詢，很少集中在對他們權力的增加上，反對黨也很少予以追究，其原因是，一旦反對黨上台執政，也可如法泡製，何必自己讓自己步上絕路呢？更何況議會的質詢同樣存在著很多缺陷。這樣，在一定程度上，首相幾乎享受了一種任意增加自己權力而不受議會監督的豁免權。

由於立法與行政的密切結合，政府官員全部是議會中的議員，而執政黨在議會（下院）中一般都擁有多數，加上黨紀的約束和議員們希望掌權的心理，使政府在管理國家的事務中可以透過議會（下院）制定它所需的法律，議會的至尊又使它不受任何其他機構的約束，在這種情況下，要想不使政府走上邪路，就只有靠政治家們高度的政治素質和社會責任感，同時也要求他們具有明智的自我約束力，否則，正如柴契爾首相所說：「一個政府永遠做好事的能力是有限的，但是，做壞事的能力卻是無止境的」㉜。實際上，這就是議會（下院）立法地位至尊的一個明顯缺陷。然而，議會的這一地位迄今沒有受到任何嚴重的挑戰，但從另一角度又反映了它有著難得的穩定性和可行性。

沒有成文憲法，政府中許多重要的政治制度大量依靠常規和慣例，這樣便使英國的憲法具有一定程度令人捉摸不定的因素，因為一個先例並不是那麼容易就能被廣泛地接受而得到確立，對常規的服從有時也是有條件的，不如成文憲法那樣嚴格和一絲不苟。當然，在通常情況下，憲法上絕大多數的常規都能得到遵守，尤其是在國家經濟形勢較好的時候，如果蔑視這些政治性常規，就會造成混亂並威脅到政治制度的效率和社會的穩定。但是，常規畢竟不是法律，戰後以來，打破常規的事也常有發生，例如，

1960年麥克米倫首相任命貴族霍姆勛爵（Alec Douglas-Home）為外交大臣，引起工黨的一片嘩然，因為外交的重要性，必須對下院負責。1979年，柴契爾首相又任命卡林頓勛爵（Lord Carrington）為外交大臣，都打破了政府中重要大臣，尤其是各部門的主管大臣必須是下院議員的慣例；甚至柴契爾夫人本人任首相都打破了二個半世紀來首相必須是男人的慣例，這表明，沒有任何保證來使常規一定能夠得到遵守和服從。事實上，常規的力量或權威取決於被遵守的程度，如果一個常規被持續地打破，就會削弱它的力量或權威，甚至不再成為常規，同時在政治上產生嚴重分歧時，對於究竟什麼是常規，人們也會產生模糊認識，工黨政府在1975年就重新加入歐體的問題舉行公民投票就打破了內閣集體負責制的常規，1977年決定採用直接選舉歐洲議會議員的選舉制度，同樣打破了常規，七〇年代出版了克羅斯曼的《一個內閣大臣的日記》更是對內閣團結常規的嚴重破壞，因為該書暴露了大臣的意見和內閣中的分歧。對常規的打破或許並不一定馬上會造成政治上的混亂或影響政府的效率，但不可避免的是增加了令人捉摸不定的因素。

　　當然，歷屆政府、歷代的政治家對於絕大部分不是法律的常規、慣例的嚴格遵守、服從，幾個世紀來持之以恆，這並不是沒有理由的，其理由大致有兩個方面。一個是常規已經受到長時期的、不斷變化的環境考驗，證明是一種行之有效的實踐，它已根深柢固，因而在英國的政治上得到實際應用，正如芬納（H. Finer）評論道：「沒有再比不成文的憲法更能充分地表達生活的意義的要求了。因為人類的想象力，即使是最聰明的，仍然會遠遠落後於現實」❸。另一個是，常規得以遵守的力量是建立在全

體的輿論一致之基礎上的，而不是靠武力或行政權力。

　　鑑於上述憲法上的種種缺陷，英國確實存在著要對憲法進行改革的議論和要求，例如，改革選舉制度，改革議會，尤其是要有一個權力法案，來限制議會的立法權力、限制政府權力等。要求改革憲法最終目的在於增加議會對政府的監督和控制，而沒有哪一屆政府會對限制自己的權力感興趣，這就是目前憲法改革的主要癥結所在。所以，迄今爲止，憲法改革並不是英國政府眞正願意考慮的問題，更談不上是個緊迫的問題。

　　再者，在對待憲法的態度上，國內基本上分爲贊成和反對的兩種，但擁護的力量要遠遠大於反對的力量，即使贊成改革的人，他們的目標也不盡相同，如有的希望透過憲法改革來促進對其他方面的改革，尤其是經濟政策，這是由於七〇年代經濟不景氣所引起的；工黨中一部分人主張部分修改憲法的結構，更重要的是尋求政治改革，以便確保在現行的機構裡使權力有一個再轉移，也就是限制首相的權力；還有的如自由黨支持一項更加綜合性的權力下放計畫，以便限制中央過多的權力，改革選舉制度，使公民有較多的機會參與到決策過程中去；有的要求促進政黨間，尤其是在它們的政策上有更大的一致等。從以上種種態度和要求看，對憲法改革的價值、利益和目標上都有分歧，難以統一。但是，英國絕大多數人民的基本態度始終是保守的。1912年，休・塞西爾（Hugh Cecil）在《保守主義》一書中正確地反映了英國社會的基本態度：「爲什麼拋棄安全的已知事物而去追求可能有危險的未知事物呢？沒有人會瘋狂到不經周密調查研究就冒風險的地步。這意味著困惑不解，精疲力竭，思想混亂，意氣消沉。爲什麼不聽之任之呢？爲什麼不安之若素而自討苦吃呢？爲什麼

不保持安全距離而要倉促地臨危涉險呢」？所以，看來即使要
改，很可能還是典型的英國式的，也就是零星的、漸進的和累積
式的，同歷史上的發展一樣，不可能對整個憲法的基本原則進行
改革。總之，在兩大政黨對憲法的改革沒有明確一致的態度之前，
只會繼續維持現有的憲法結構，並彌補以不斷出現新的常規和成
文法來適應新的環境，以便有效地維護社會的穩定和發展。

第3章

獨特的司法系統

　　英國雖然是一個統一的中央集權制國家，但它卻沒有全國統一的司法機構組織系統，其中英格蘭和威爾斯為一個系統，蘇格蘭是另一個系統，北愛爾蘭又是一個系統，三者之間是互相獨立的，這是英國司法中的一大特點。不過，這三個系統中的律師和法官都是合格的，都適合於被任命到特別法院和法庭中工作，在全國都有司法權，也可以被任命到歐體的法院中去任職。這一點在全國是統一的。

　　英國的司法制度歷來就很複雜，有些問題正變得日趨尖銳，歷史造成的法院布局與實際需要脫節，司法裁決的重選，以及法院中的職員缺乏標準化的服務等等。為了使司法制度能更好地適應並有效地服務於當前社會，議會任命了一個比奇勛爵為主席的皇家巡迴和季審法庭委員會進行了調查，在調查報告的基礎上，議會於1971年通過了法院法(Courts Act)，於1972年1月1日生效。據認為，該法是本世紀以來在司法管理上的最大改革，對上述存在問題有了初步的解決。但是，歷史的弊病並不是一朝一夕就能消除得了的。

　　英國三個系統的司法制度在以下三節中詳述。

第一節　不統一的司法系統

㈠英格蘭和威爾斯

英格蘭和威爾斯的司法制度已有相當長的歷史，它的起源可追溯到1066年諾曼人入侵之前。在很多國家裡都有一個民事和刑事法典，而在英格蘭和威爾斯，法律的兩個主要來源是建立在先例上的習慣法和議會頒布的成文法基礎上的。法院的組織是根據1872年的司法法（the Judicatue Acts），以及1925年的修改法建立起來的，即民事法院和刑事法院兩種。

1971年進行了司法改革，使法院法大大簡化了過去繁瑣的法院制度和重選的裁決權力，在英格蘭和威爾斯建立了兩級刑事法院，一為巡迴刑事法院，審理較為嚴重的刑事案件。兩級民事法院，即郡法院和高等法院。

刑事法院

地方法院（Magistrates' Courts）

英格蘭和威爾士劃分為671個小法庭區，每一小區都有一個地方法院（倫敦和一些大城市除外），都由地方治安官主持，目前有兩萬五千餘個，他們由每一個地區的地方委員會推薦，然後由大法官任命。他們來自社會中各個階級及各種職業，但大多數是中產階級，並不領薪俸或只領微薄的津貼。

地方法院主要有三個作用：審理並裁決簡單的罪行，一般不超過十四天的拘禁。比較嚴重一點的案子就由兩個治安官或領薪的地方法官組成法庭審理，審理的案子不得超過五百英鎊罰款，

特殊的案子可判處五百英鎊罰款或六個月監禁，在有兩起案件以上者則可判監禁一年、罰款一英鎊。在面臨超過三個月監禁的案件中，被告可要求陪審團參加審理。大約98%的刑事案件都在地方法院中審理；對案子進行預審，以確定是否有充分證據，使被告可以到上一級法院中去審理；地方法院並審理十四～十七歲青少年的案子。除了這些司法上的作用外，地方法院還承擔著頒發各種許可證的責任。

由於地方治安官很少接受過司法方面的正規訓練，因此，在判決的標準上，不同的地方之間存在著很大差距，寬嚴不一，進而引起很多批評，批評者建議由職業律師來主持。但是，任用從事各種職業的地方治安官這一作法已有了很長的歷史傳統，自十四世紀以來就已經存在，很多人都不願取消。

巡迴刑事法院

根據1971年的法院法，起源於十三世紀古老的巡迴法院和季審法庭被取消了，由巡迴刑事法院取代。在舊制度下，英格蘭和威爾斯的每一個郡裏都有季審法庭，在93個自治市、大倫敦和倫敦城中同樣存在。新的巡迴刑事法院制度把英格蘭和威爾斯畫分六個巡迴區，這六個區及其行政中心分別是：東南區——中心是倫敦；中區和牛津——中心是伯明罕；東北區——利茲(Leeds)；威爾斯(Wales)、切斯特(Chester)和卡的夫(Cardiff)；西區——布里斯托爾(Bristol)；北區——曼徹斯特(Manchestes)。

巡迴刑事法院由巡迴法官和高等法院的法官主持，審理和裁決包括所有嚴重的罪行，如武裝搶劫、綁架、謀殺等。根據1971年的法院法規定，有巡迴刑事法院的城鎮被分為第一、二、三級

中心，在第一級中心、高等法院和巡迴法官都審理刑事案件，高等法院的法官同樣審理民事案子；在第二級中心，高等法院和巡迴法官只審理刑事案子；在第三級中心，就只有巡迴法官審理刑事案子。作為一個巡迴法官，必須要有十年高等律師的資歷或至少五年首席法官的資歷才能擔任。

巡迴刑事法院有一個由12人組成的陪審團，巡迴刑事法院也是地方法院的上訴法院。

1983年有77個高等法院法官和350個巡迴法官。此外，還任命了470個業餘的首席法官。巡迴刑事法院在英格蘭和威爾斯的90個中心開庭審理案子。

刑事上訴法院 (a Court of Appeal)

刑事上訴法院是1907年建立的，它所取在刑事陪審中陪審團的裁決，在這以前，沒有這種上訴，現在則作為被告的一種權利。在地方法院中被判刑的人可以向刑事上訴法院上訴。以便推翻或減輕地方法院的判決，有些案子可以向高等法院上訴。來自刑事上訴法院的上訴可向上訴法院（刑事部分）呈送。上訴法院（刑事部分）由三個高等法院法官組成。刑事上訴法院的判決是終審的，除非在極少的情況下，可以由上訴法院向上院提出上訴。但原告在任何情況下都不得上訴。

民事法院 (a Civil Court)

英格蘭和威爾斯的民事法院是郡法院和高等法院兩級。由高等法院法官主持的巡迴刑事法院也審理民事案件。巡迴法院被取消之前，它在審理完所有案件之後，也受理一些民事案件。地方法院對民事案件也有一些有限的裁決權。

郡法院

郡法院最早是在1846年根據議會的成文法建立的,英格蘭和威爾斯現在大約共有337個。每一個法院通常都有一個巡迴法官主持,並有一名負責登記的人協助法官。法院的審判權完全限於民事案件,它是民事案件中最低一級法院,其審理範圍包括違反契約的行為和民事侵權行為,處罰不超過五千英鎊,如果爭端雙方願意,也可以不受此數額的限制。另一種是有關財產事務,不超過三萬英鎊,如果雙方願意,同樣可不受此數額的限制,並都可以有一個陪審團參加審理,但實際上很少有這種陪審團參加。此外,還審理一些屬於財產糾紛,如分期付款、租金、租賃糾紛等民事案件。破產案可在倫敦以外的一些郡法院中審理。郡法院對案子的審理和裁決比高等法院既快又便宜。大約有一百多個巡迴法官在郡法院中開庭,每年大約要審理數以萬計的案件。但大多數都是在法院之外處理的,初級律師和高級律師都可出庭。

郡法院的法官是由大法官從一個至少已任職七年的律師隊伍中挑選,他們的任命和解職均由大法官提名,再由女王批准。大部分案件由一個法官審理,沒有陪審團。但在誹謗案中,雙方都可要求有一個陪審團參加審理。值得注意的是,郡法院並不是任何郡機構的一部分,它的裁決權範圍只有一個區。

高等法院

高等法院是郡法院的上一級法院,分兩部分,一為高等審判法院,一為上訴法院。1983年有77個高等法院法官,由大法官提名推薦,女王任命。

高等審判法院又分三部分,它們是:

(1)大法官法庭(Chancery):由大法官主持,並另有五名法

官協助，大多數財產糾紛都在此法庭審理，如信託、合夥契約、鄉鎭規畫等案件。

(2)王后法庭（Queen Bench）：由英格蘭的首席大法官主持，並由20個其他法官組成，民事訴訟就提交此法院，審理如契約、民事侵權行爲等。這一部分還包括一些商業法院，審理保險、銀行等業務；選舉法院（the Election Court），裁決大選和地方選舉中的爭端，以及海軍法院等。

(3)家庭法庭（Family Division）：包括遺囑檢驗法庭、離婚法庭、海事法庭。由一個主席主持，另有七名法官協助，審理全部受保護的離婚案子，遺囑檢驗及海事糾紛。

上述所提到的法官可以參加任何一個法庭的審理工作，爲了某種特殊目的，可由二或三名高等法院法官同時參加審理案件。

現在，在高等法院審理民事案件中，一般已不再應用陪審團，儘管在某種特殊的糾紛中仍然有這種可能。高等法院設在倫敦，但也可以設在其他地方。

上訴法院

上訴法院受理來自郡法院和高等法院兩方面的上訴，上訴只能在對法律產生疑問，而不是對事實的疑問提出上訴。當然，也可以向上訴法院申請對案子重新審理一遍。

上訴法院由保管案卷的法官和其餘八名法官組成。在上訴法院中不要求有證人，也沒有陪審團。上訴法院設在倫敦。上訴者如不滿意上訴法院的裁決，還可以向（議會）上院提出對法律疑問的上訴。

上院作爲一個法院的作用

上院不僅是立法機構的一部分，而且還是個司法機構。在英

國，無論是民事案件和刑事案件都可以到上院結束，上院對民事和刑事法院判決的案件有著最後的審判權，所以是終審機構。

上院有一千多名貴族，但並不是每一個貴族都可以參加司法工作，這是個常規。不過，曾經是或已經在高等法院中任職的貴族可以參加，主席是大法官。呈送到上院的上訴，包括民事案和刑事案，只由大法官和其他九名上院高級法官審理，並在上院最終的了結案件。這十位高級法官是在首相的推薦下由女王任命，都是終身貴族，但不一定是世襲貴族，他們有很高的司法榮譽，他們以上院的名義在任何時候都可以開庭審理和判決，無論議會是否處於休會期間。他們的法定人數必須是三個，但常常是五個爲一組，偶爾也有七個在一起。這樣，刑事案的審理層次是：地方法院→巡迴刑事法院→上訴法院→上院。民事案的審理層次是：郡法院→高等法院→上訴法院→上院。

此外，上院的裁決約束著所有的下級法院，並同樣約束著上院本身。但在1966年，大法官在所有法官的同意下發展了這樣的聲明，即上院將考慮它本身能擺脫它以前任何裁決的約束，當它認爲這樣做是正確的時候。同樣，所有高等法院的裁決也約束著各自的下級法院。

㈡蘇格蘭

1707年以前，蘇格蘭一直是個獨立王國，其司法制度的某些方面不同於英格蘭和威爾斯。自1707年的蘇格蘭聯盟法頒布之後，蘇格蘭便與英格蘭和威爾斯結合在一起，因此，議會後來的許多立法才同樣應用於蘇格蘭。這就意味著，英格蘭和威爾斯的一些法律與蘇格蘭的不完全一樣，在法院的組織上和程序上的區

別仍然很明顯，有時候，某項法律存在於英格蘭和威爾斯，卻不適用於蘇格蘭，反過來，蘇格蘭有的法律也不一定應用於英格蘭和威爾斯。

蘇格蘭的司法官員同北愛爾蘭的司法官員一樣，通常只參與司法工作，不參與行政工作，並有可能參加下院的議會，但不一定必須參加。

民事法院

蘇格蘭的低級民事法院相當於英格蘭和威爾斯的郡法院，它的裁決並不受任何罰款數額的限制，基本上可以審理所有的案子，並可以向蘇格蘭的高等民事法院提出上訴。

蘇格蘭的高等民事法院對全蘇格蘭的民事案件都有裁決權，它是在1532年建立的，由十五個法官組成。高等民事法院分兩部分，一是外庭，另一個是內庭，前者為初審法院，後者主要是上訴法院，也可向上院上訴。

刑事法院

小的刑事案件，如破壞治安等，可以在自治市的警察法院（a Police Court）（由城鎮議員主持）和郡里的治安法院（由法官主持）中審理，但大多數刑事案子由郡法院審理，案子嚴重的由陪審團參加。

高等司法法院（High Court of Justice）

是蘇格蘭的高等刑事法院，它是根據1975年（蘇格蘭）區法院法建立的，由三名或三名以上的法官受理上訴。法院設在愛丁堡（Edinburg），法官同樣要外出巡迴。值得注意的是，不能進一步向上院提出上訴，也就是說，上院在的刑事案件中沒有司法權。大法官在蘇格蘭同樣沒有裁決權，蘇格蘭事務大臣負責蘇格蘭內

部事務的廣泛責任。

㈢北愛爾蘭

北愛爾蘭沒有相當於英格蘭和威爾斯的法院系統，即北愛爾蘭高等法院、郡法院和地方法院。

民事執法權由高等法院和上訴法院行使，也可以由高等法院的法官來行使，這兩個法院組成北愛爾蘭的高等法院。

刑事司法權由刑事上訴法院行使，高等法院中的所有法官都是其成員。中間一級的民事和刑事司法權由郡法院和地方法院行使。

北愛爾蘭巡迴法官的民事和刑事案都可以向上院提出上訴。

特別法院

英國司法制度除了涉及民事和刑事司法權的法院之外，議會有時還組織一些特別法院，完全由高等法院法官組成，或是包括法院及民間成員，來處理一些特殊問題，如，根據專利法建立的專利法院；根據就業保護法建立就業上訴法庭，聽取來自工業法庭（Industrial Tribunals）的上訴，如要求反對雇主不合理的解雇，該法庭由二個以上的法官——由大法官提名英格蘭高等法院中的法官組成，以及至少有一名來自蘇格蘭高等民事法院的法官；根據限制貿易活動法(the Restrictive Trade Practices Act)建立的限制貿易活動法院(the Restrictive Practices Court)，該法院由五名法官（其中三名來自英格蘭高等法院、一名來自蘇格蘭高等民事法院、另一名來自北愛爾蘭的高等法院）和不超過十名其他成員組成，他們都具有工業、商業和政府事務的經驗等。這種法院，不管其名稱是什麼，可以在英國的任何地方開庭審理。

樞密院司法委員會（Judicial Committee of Privy Council）

這是個處理來自英國殖民地法院、某些自治領法院上訴的最後上訴法院，同樣也是英格蘭基督教會法院的最後上訴法院。它是一個向女王提出忠告，利用它的特權在來自上述法院的上訴案上發揮影響的機構。該委員會是在1833年根據議會的立法建立，其成員有大法官、前任大法官、上院的九名高級法院、樞密院院長、樞密院成員（擁有高等司法地位）等。總之，樞密院由二十名法官組成，但是，司法委員會的工作實際上由大法官和九位上院高級法官負責。

嚴格來說，樞密院司法委員會並不是一個法院，它並不進行審判，也不提出裁決，海外來的上訴直接呈送司法委員會，由委員會向女王推薦，或接受上訴、或拒絕上訴。委員會的推薦（忠告）女王一律都接受，其實這種推薦或忠告就是一種判決，司法委員會的這種推薦也就意味著終審裁決，不能再上訴了，在這種意義上，它是個終審法院。因此，司法委員會裁決的領域要比世界上任何其他司法機構或準司法機構有著更大的地理範圍。

樞密院與上院不盡相同，區別在以下幾個方面：樞密院還包括一些來自英國殖民地或自治領的法官，而上院就沒有這種法官來使它組成一個法院；樞密院不宣布它的判決，只向女王提出忠告，換言之，它是個顧問性質的機構，不是個純司法機構。上院則是所有司法意圖和目的之法院；上院受它以前重要裁決的約束，而樞密院不是這樣，它可以改變它的觀點；樞密院向女王提出的忠告是完全一致的，並不提任何少數人的意見，而上院就可以在它的判決中提到少數人的判決。

還應當注意，並不是所有在殖民地或自治領出現的案子都可

以呈送到英國的樞密院司法委員會來上訴，根據1931年的威斯敏斯特法規定，任何自治領都可以排除這種上訴，而只有出現在長時間嚴重錯誤的管理或審判嚴重不公的情況下，方可向樞密院司法委員會上訴。

第二節　獨特的陪審團制度

英格蘭是陪審團制度的發源地。在英國的司法中實行陪審團制度由來已久，已經歷了幾個世紀，至今仍在應用著。

在英格蘭和威爾斯的刑事審判中，如被告已面臨六個月以上的監禁，一般都有12個（蘇格蘭爲15人）普通公民組成的陪審團參加審訊，現在只限於應用大的刑事案件中。在民事案件的審訊中已很少應用，一般只用在誹謗罪中，如一個團體或政黨的信譽受到嚴重損壞。在審案中，法官決定法律問題，陪審團決定事實問題，裁定被告究竟是否有罪。在1967年刑事司法法頒布以前，陪審團的裁決必須完全一致，之後便改爲在某種情況下可以由大多數決定，即在12人的陪審團中有11人同意即可，11人的陪審團中有10人同意，但在十人陪審團的情況下就必須有9人同意。當給予大多數的裁決時，陪審團至少要仔細考慮兩小時，陪審長必須在法院中公開聲明陪審員同意與反對這一裁決的人數。根據1971年的法院法，這一原則已擴大到民事案件中，在郡法院中，8人的陪審團必須要有7人同意。在民事案中，只有在這種情況下才可以接受大多數的裁決，即陪審團已作了一段時間的仔細考慮，也正如法院認爲，已合理地考慮了案件的本質和複雜性。倘若陪審團不能作出有效的裁決，便要另外組織一個陪審團對案子重新審理

一次。不過，這種情況很少發生。

陪審團完全獨立於司法和行政機構。

凡年齡在18至65歲之間，沒有前科的英國公民都有資格作陪審團，13歲時移居英國並連續在英國居住5年的外來移民亦可充任。陪審團不是律師，也無需特殊的資格要求。1972年前，作為陪審員有一條財產上的資格規定，據此，登記的選民只有22%合格，1972年頒布了刑事司法法後，取消了這一規定，並在年齡上作了相應的調整，由原來最低年齡21歲改為18歲，最高年齡由原來的60歲改為65歲。如果一個人曾被判刑5年或5年以上者，就終身不得在陪審團中服務，在前10年中被監禁3個月以上者也無資格。

公民服務於陪審團制度是強制性的，如果沒有適當的理由而拒不參加服務，就要受罰款處分。但按規定，貴族、議員、法官、治安官、初級和高級律師、醫生（包括牙醫）、軍人和牧師等人，都免於這種服務。陪審員不領薪資，完全是義務性質。1949年的司法法規定，陪審團已可得到一定的津貼，如差旅費，生活津貼和誤工津貼之類。

幾個世紀來，人們對實行陪審團制度褒貶不一，各執一詞。支持者認為，由12人組成的陪審團參加審訊，可以使案件在事實充分的基礎上，得到公正、明確的裁決。還由於不受行政和司法機構的干預，保證了案件的獨立審判。但是，持批評態度者認為，陪審團的概念已經過時；陪審員沒有受過司法上的訓練，難以勝任工作，尤其在案件涉及複雜的技術問題時，陪審員便更難適應，應該由專家們來代替他們；陪審員有時有偏見，或是自覺的，或完全是無意識的，如：倘若要陪審團來對損失作出評估，就容易

出偏差，如果它傾向於原告，就會要求賠償「相當大」的損失，但是，對「相當大」一詞的解釋，大部分就取決於陪審團人員的構成，以及他們的生活水平，而且陪審團通常都偏向於被告一方。此外，陪審團還可能偶爾會受到犯罪團體的威脅和恐嚇而產生動搖等。

總而言之，公衆對陪審團制度還是有信心的。過去，實行這種制度是對受壓迫者的一種保護，而今則有助於保持法官的獨立，確保對案件裁決的公正、公開和公平。由於取消了陪審員的財產資格，大大擴大了陪審員的隊伍和社會的階級結構，更重要的是，幾個世紀來，陪審團制度爲一般公民提供了普及和提高司法觀念、積極參與政府事務的機會，同時也有助於社會的安定，增強公民的社會責任感。

第三節　行政法庭

在西歐大陸各國，一般都有兩種不同的法律和法院，在行政法院中應用一般法律，審理民間的民事和刑事案件。英國一直沒有單獨的一套行政法院，它的習慣法認爲，政府官員行動與普通公民的行動之間沒有什麼區別，所以，所有的人都應服從同樣的法院以同樣的法律來裁決。

本世紀尤其是戰後以來，由於福利國家和混合經濟的發展，政府對人民生活和工業活動的干預大幅度增加了，因此，大大增加了政府的作用，這不可避免地擴大了政府機構與人民之間的爭端，爲了更有效地處理這種爭端，英國發展起了一套行政法庭（Administrative Tribunals）制度，並構成司法機構的一個組

成部分。但這種發展大部分是零散的，每當需要時，便建立起某種行政法庭，而在有些案子上，單獨某一個法庭可以服務於全國，但通常只在地區或地方有一個聯繫網。

大多數行政法庭是根據議會的立法或成文法的授權建立的，精確的稱呼應爲「法定的法庭」，不是一般的法院，因爲它們的作用既有行政方面的，又有司法方面的，不過主要還是司法方面的。

英國出現行政法庭有兩個原因：(1)當代政府造成的許多爭端不能用具體的法律原則或標準來解決，它完全取決於公共利益所需的一種社會政策。(2)法庭比法院的工作更有效，因爲它可以避開一般法院嚴格的程序，而這種程序並不適合社會保障計畫等工作所需要的良好氣氛。同時在這種法庭中，不需要法庭代理人，證人也可以很自由地發言，法庭還可以制定自己的程序進行實地調查，使案件的審理既便宜又迅速。而一個費時較長、花費昂貴的法院審理，如若沒有必勝的把握，就會嚇跑那些在小事情上的重申訴者。法庭的裁決更加專門化，可以聘請一些專家來處理具有高度技術性的問題，如：具有農場經驗的人可以在農業土地法庭中任職，使裁決更準確。一個具有廣泛司法權的法院就不一定具備各方面的專門知識。再說，如果把這些爭端都交給法院去審理，那麼，法院肯定承擔不了。還因爲很多爭端都比較瑣碎，不值得把它們交給領取高薪的法官來處理。此外，據左派人士反映，法官對行政法有一定的偏見，不適宜處理尤其是社會保障計畫中的爭端，等等。基於上述種種理由，公民們更加願意接受行政法庭。

在法庭理事會 (the Council on Tnibunals) 的監督下，每

年都要公布一批行政法庭的名單，據該會1980～1981年度的報告指出，在英格蘭和威爾斯列舉出41個法庭範疇，儘管如此，這些數字仍然不很確切。還應該說明的是，「行政法庭」只是一個總合名稱，實際還包含著各種法院、委員會之類的法庭。根據各種法庭所審理具體事情的不同，大致可分成以下幾種類型：

社會與福利法庭

審理國民保險、津貼、家庭補貼和國民保健等案件。國民保健服務法庭組成了一個複雜的聯繫網，允許向大臣提出上訴。社會安全法庭也有著同樣的系統。

稅收法庭

凡涉及所得稅和所有其他形式的稅收爭端，都可以向該法庭起訴。

土地法庭

處理有關地方當局的稅率評定，地方當局強制購買目的之評價。這些法庭的成員包括專業律師、地主和檢定人。

工業法庭

原來處理從1963年頒發的雇用契約法和1965年頒發的過多支付法中產生的爭端，自1975年的反性別歧視法、1976年的種族關係法、1975年、1978年的就業保護法頒布以來，法庭的重要性增加了，裁決權包括審理不公平的解雇，以及就業上的各種歧視等。

賠償法庭

很多法定的法庭可以在某種領域裏裁決與賠償有關的事情。外事賠償委員會 (the Foreign Compensation Commission) 和刑事傷害賠償委員會 (the Criminal Injuries Compensation Board) 的存在完全是爲了決定適於個人的賠償，如英國在國外

僑民財產的損失等方面。刑事調查同樣如此。

租金與住房法庭

它們的裁決權自1958、1965、1977年頒發的各種租金法之後增加了，尤其在裁決房東與房客之間的租金爭端方面。

許可證法庭

涉及公共服務、貨物運輸、交通、移民及軍事服務等各種許可證等等。

由此可見行政法庭種類之繁多。正如法默（J. A. Farmer）所說：「事實上，在人類活動的領域裏，很少有哪一方面會不存在著行政法庭，社會服務方面尤其多……。實際上，哪裏有政府的規章，法庭就會增多」❸❹。

然而，英國各部分的行政法庭並不都一樣，因為它們各自的市鎮法的發展並不同步進行。

據認為，英格蘭的行政法比蘇格蘭和北愛爾蘭的行政法具有更廣泛的重要意義，因為，整個英聯邦的行政法都建立在英格蘭行政法的基礎上，而不是其他島的行政法。蘇格蘭的行政法更為獨特，在很多方面與英格蘭的法律原則無法相比，特別是在行政的賠償方面。

行政法庭常常由民間的公共機構中成員組成，有來自雇主或雇員的組織或集團，但有些則是法庭所必需的專門人才，如醫療、土地評價等方面的人員，主席人選的資格有法律規定。成員由有關的大臣或大法官、或大臣與大法官聯合任命，根據1971年的法庭和調查法（Tribunals and Inquiries Act），三分之二的法庭主席是大臣從大法官擬定的名單中挑選的，有些是律師。成員有一定的任職期，要解雇已列入法庭名單中的成員，只有在大法官

的同意下才行，雖然在他們的任期屆滿之後可能不會再被聘用。法庭主席及大多數成員是領薪的，並有旅行開支，但有些並不領薪，完全是自願提供服務。

行政法庭成員的多少，沒有一定之規定，根據各種法庭的性質不同而有所差別，如運輸法庭就有5名成員，其中一名是律師主席，兩名是在技術上有經驗的人，另兩名是有財政經驗的人，而且不能保證每一個行政法庭都有一名合格的具有律師資格的成員，儘管可以保證有在技術上合格的人員。

法庭成員構成的一個特點是，它經常採用一種「平衡的法庭」的形式，即法庭的主席是獨立的，通常在司法上也是合格的，他手下的2名或4名成員（均成雙數）將從所代表兩個不同利益的組織或集團的名單上進行選擇（他們不是由政府部門雇用），例如：在工業法庭中，除主席是獨立的外，一個（或兩個）成員代表雇主，另一個（或兩個）成員就一定代表工會。同樣，一個農業土地法庭除獨立的主席外，再由對等的成員分別代表地主及佃戶組織。經驗表明，以這種方式選出來的成員很難表現出對他們所代表的一方利益的偏見，這種制度的優點是可以保證在行政法庭上每一方都有平衡的代表，更有利於法庭的裁決達到公平和公正。

行政法庭的程序並不像法院那樣嚴謹和規範，而是因法庭的種類不同各有所導，如：運輸法庭就有一個正式的程序法規，因而它的裁決對工業生產具有很大的意義。其他法庭在決定自己的程序上就有相當大的自由處理權，如房租法庭的安排就要非正式得多，不過，普遍都遵守著一些重要的原則，如：應讓公民充分了解他有利用法庭的權利；除某些屬於私人的細節外，審理應公

開進行；在調查之前，盡可能讓申訴人知道有關部門的政策，以便確定他的要求；在所有法庭中，要允許有法律上的代表；裁決理由要充分，並要移交爭端雙方等。

行政法庭同樣存在上訴，上訴的渠道很多，沒有一個固定的模式，可以從一個法庭向另一個法庭上訴、法庭向大臣上訴、從法庭向法院上訴、大臣向法院上訴等。上訴的範圍是對法律問題或事實，或對兩者都可提出上訴。但有時並無正式上訴程序來反對某種行政法庭的裁決，在這種情況下，申訴人就只能向管理當局發出申訴，或與議員接觸，或是努力使事情在報紙上予以揭露。即使有可能進行上訴的地方，也只能向各種當局之一進行上訴，或是郡法院、特殊法院、上訴法院等。

行政法庭還享有多方面的獨立性，具體如下：(1)大臣不能干預行政法庭的裁決，正如他不能干預法院的裁決那樣；(2)行政法庭的裁決不服從行政的干預，這是議會的授權，如果受到任何形式的外來影響，裁決就無效；(3)大法官或有關大臣在任命法庭主席或成員中，只能選擇政府之外的人，不能有政府官員或應服從於政府的人，如文官。為確保行政法庭的獨立，通常有一個名單制度，名單上的人都是大法官或大臣同意的，在審案中由誰去出庭就由法庭主席選擇，大法官只負責司法上的資格，但他也負責某些案子中非司法上的成員，如租金評估委員會通常由大法官和環境大臣（或有關大臣）提供名單上的人組成。

儘管行政法庭擁有上述種種獨立性，但它們仍然有必要置於一定的控制之下，因為它們的工作大多數都是日常工作，不可能吸引報紙的監督，因此，控制就更加不可缺少。這種控制權由法院和法庭理事會來行使，具體有以下幾個方面：(1)得到承認的法

庭一定要予以登記，後加入這一名單的行政法庭要得到大法官的批准；(2)行政法庭的裁決必須受法院的審查，同時必須在有限的範圍內和規定的程序內進行，否則將受到禁令的阻止，或者將案件從行政法庭移到高級法院審理，並取消行政法庭的裁決；(3)作為下級法院的行政法庭，必須服從高級法院的控制，同時必須遵守「自然公正」的原則（the Rules of Natural Justice），否則它們的裁決將被擱置。

法庭理事會對行政法庭行使的監督權有著深遠的影響，表現在：(1)約束行政法庭的行動程序、規則要得到理事會的同意；(2)某些法庭成員的任命要由法庭理事會推薦；(3)可以在將來的法庭和調查制度上發揮直接影響等。

儘管如此，人們對行政法庭仍有一些批評，主要反映在：(1)行政法庭並未能徹底擺脫政府部門的影響，政府官員也始終未能同意它的完全獨立；(2)很多行政法庭的主席和成員是由有關大臣任命的，雖沒有明顯跡象表明政府試圖要影響法庭，但必然會成為一種懷疑的根源；(3)法庭成員普遍缺乏法律上的合格資格，畢竟對法庭的裁決不利；(4)法庭程序各式各樣，造成種種弊端，尤其是一些私營的法庭，它們是一種當事者雙方私了形式的法庭，並不登記，有時秘密審理，裁決理由不公開，沒有司法上的代表，不提供上訴機構，也不服從法院的審查；(5)在國民保健服務上的案子只能向大臣上訴，這裏面就難免有偏見，應該使行政法庭的程序標準化；(6)有些法庭的獨立不明顯，有關部門的文官有一定的參與；(7)整個制度是建立在一定程度的妥協基礎上的，所以，裁決不可能像法院的判決那麼準確；(8)基金有限，公眾利益常常必須要置於各方面平衡的基礎上等等。

對行政法庭的批評導致建立了「行政法庭和調查委員會」(Committee on Administration Tribunals and Enguiries)。1957年該委員會在奧利弗・弗蘭克斯勛爵 (Sir Oliver Franks)為主席的領導下，發表了一份調查報告，提出了近百項建議，其中的四分之三被政府接受，並且作為政策執行了。1958年，議會通過了「法庭和調查法」，後經修改、補充，於1971年重新頒布了「法庭和調查法」，並建立了「法庭理事會」，對各種行政法庭進行監督。政府接受弗蘭克斯委員會的推薦主要有：(1)法庭理事會向大法官提出關於英格蘭和威爾斯法庭的總監督、法庭程序和調查的忠告，並向議會報告它的工作；(2)法庭的主席和某些案件上的陪審團成員，通常由大臣從大法官任命的陪審團中挑選；(3)法庭的主席通常要經過法律上的培訓；(4)如果任何團體上法庭，可以允許有法律代表，在法庭審理之前，全部事情要向所有團體公開，對這種審理要給予充分注意；(5)審理要公開進行，除非涉及政府秘密，或個人的隱私及財產，或專業能力及名譽之類；(6)如果要求，必須給予裁決的理由；(7)建立受理上訴的法庭，有選擇地公布它的裁決作為下級的指導等。

第四節　司法制度的特點

英國司法制度上的一些特點非常引人注目，茲羅列如下：

㈠沒有司法部

司法系統是管理社會的一個重要部門，很多國家都有一個司法部來管理司法系統，英國卻沒有。1918年政府機構委員會曾提

出建立司法部的建議，但司法部始終沒有能建立起來，司法職權在英格蘭和威爾斯由大法官和內政大臣行使，在蘇格蘭就由蘇格蘭事務大臣等行使。

㈡極其嚴格的資歷要求

司法上的任命尤其是高級法官的任命始終必須具有一定的資格，這種嚴格的要求保證了法律的有效執行和裁決的質量。根據成文法的規定，司法上的任命都有一定的最低要求，例如，高等法院法官必須是已任職10年的律師，上訴法院常任法官必須有15年的律師資歷或已經是高等法院法官，才能到英格蘭的上訴法院中去任職。對下級的司法部門也有一定的規定，如市、鎮的首席法官，必須有10年資歷的律師或初級律師，一個巡迴法官同樣必須有10年的律師經驗，或作爲市、鎮首席法官5年的資歷。儘管有這些最低資歷的規定，但在實際的任命中一般都超過了這些要求。在司法任命中反映出來的一個特點是，司法上的任命並不是作爲對被任命者的政治服務的一種「報酬」，儘管並沒有任何機構或制度來防止這種任命。在英格蘭和蘇格蘭，政治活動並不成爲一個合格律師或法官任命的標準，這既保證了法官的質量，也保證了法院裁決的質量。

㈢司法裁決的高質量

英國一向以其高質量的司法裁決而自豪，上面提到對各級法官超標準的任命就是一種保證。此外，法院嚴格的程序法規也是一種保證，它不是由議會制定的，而是由一個特別的法規委員會負責制定的，它由大法官及10名其他在法律上造詣很深的人組

成，這就保證了程序法規的嚴密性，爲案件的審理，迅速移動及最後的裁決質量提供了保證。當然，這並不完全排除個案的嚴重拖延。總而言之，英國司法裁決的質量受到西歐大陸各國的好評。

㈣法官的任命制

在有些西歐大陸國家裏，從事法律生涯的人從一開始就接受這方面的訓練，一直到成爲一個法官。英國的情況不同，法官是從律師隊伍中任命的，如上述，而且是一種行政任命，而不是法律界中的晉升，如地方法官、巡迴法官由大法官推薦，女王任命，高級法官由首相推薦，女王任命。在蘇格蘭有其自己不同的制度，即法院的法官是在蘇格蘭事務大臣的忠告下由女王任命。但是，從職業上講，他們都是合格的，即使是最年輕的法官也都已有至少10年的律師資歷。

對地方治安法官的任命還經歷了一個從強調政治到經濟的轉變過程。本世紀初，一個皇家治安官選擇委員會提出報告，指出由於負責推薦對治安官任命的一位勛爵本人保守的政治觀點，郡範圍內被任命治安官大都也是保守的。大法官接受了該委員會的批評和建議，在各郡和自治市建立了顧問委員會，從此，對治安官的挑選才有了廣泛的基礎。但在很長一段時期內，大部分治安官是由某一政黨提名的，後來才取得了政治上的平衡。據1976年發表的一分報告對1971～1972年間任命地方治安官的社會背景來看，在性別上已更具代表性，婦女佔37.7%但是，這一職業已越來越被上層社會和經濟地位較高的人士所控制。

理論上，只要沒有前科，任何人都可以作地方治安官，在倫敦和一些比較大的城市中也有全日制的領薪地方治安官，他們單

獨開庭，倫敦有37名，其他城市11名。但絕大部分並不領薪，或只領微薄的津貼。所以，只有中產階級以上的人士才能承擔因工作而造成的經濟損失，一般來說，退休的醫生、法官不少，在鄉下，鄉紳作爲治安官幾乎成了一種等級的標誌，大部分都是地方政府中或「公共生活中」的有名人物，對他們的任命又常常被當作是一種社會榮譽。

自1966年以來，要求新任命的地方治安官必須參加司法方面的訓練，在正式主持法院的工作之前，要有一個觀察、實習階段。儘管如此，他們仍然要依賴於地方法院秘書的指導，因爲秘書是律師，被任命作爲司法顧問，絕大部分秘書是全日制的。

㈤司法審理中自然公正的原則

這是司法審理中一條最重要的原則。自然公正的要求是習慣法中不成文的規則，在很多事情上，它們都體現在已頒布的法律中，大部分透過中心法院對低級司法機構實行控制，這類控制不僅涉及治安官，而且還與他們的某些權力有關。

自然公正的原則同樣也應用於仲裁者、自發組織的協會和職業機構等。隨著政府影響個人財產和活動權力的發展，自然公正的原則就更加重要，一方面用來補充立法中的不足，另一方面政府機構在發揮它們的行政作用時，同樣必須服從這一原則，如一個大學生不能無故被剝奪高級學位，或是受到強行懲罰而不被告知對他的指控是什麼、也不給予他申辯的權利。基於同樣的理由，工會也不能隨便開除一個會員等等。

㈥司法裁決上的約束制

其規則是這樣，上一級法院的裁決便對下一級法院的裁決有約束力，如上院的裁決約束上訴法院，上訴法院的裁決又約束高等法院，高等法院的裁決再約束地方法院。上院的裁決也約束著它本身，但後來這一規則已有所變化，不過重要的先例還繼續適用。上訴法院同樣受其以前裁決的約束。換言之，下級法院法官的裁決如果存在明顯不公正的話，要受上一級法院的審查，其標準之一就是應用自然公正的原則：一個是任何法官不能在涉及自己的案子中擔任法官，這就是司法上的迴避制度；另一個是法官必須聽取爭議雙方的觀點。

㈦司法審理的公開性

在原則上，所有的民事或刑事審理都在法院中公開進行，並可在報紙上充分報導。只有少數例外，如保守工業程序或發明的秘密等。

上述種種情況表明，在不同的歷史時期，隨著社會的發展，政府與人民之間的關係也處在一個不斷變化和調整的過程之中，在新的情況下正取得新的平衡，同時使社會得到穩定和進一步的發展。這種關係的調整具體反映在國家的憲法上和法律上。幾個世紀來，英國的歷史表明了這一點，尤其戰後以來，英國出現大規模的調整與平衡及其取得的社會效應就是很好的說明。因此，英國的司法機構，連同它所執行的各個時期的法律對英倫三島的穩定和發展作出的貢獻，這一點是西歐大陸諸國所望塵莫及的。

但是，儘管法官享有免於議會批評的豁免權，卻不能免於社

會中的批評。正如安東尼‧桑普森（A. Sampson）所說：「法律是深深地陷入保守主義和神秘性泥坑最明顯的職業例子……，但是，毫無疑問，它已處於要改革的壓力之下」㉟。

對法官的批評集中在他們根深柢固的保守性。從社會的階段構成來看，法官們幾乎都來自一個很狹窄的社會背景，即中、上層階級，據1970年對359名法官的一份調查表明，其中81%上過公立學校，76%畢業於牛津或劍橋。人們常常懷疑英國的司法質量是否受這種近乎排他性構成的有限影響，即導致對工人階級的歧視而有利於資產階級。而且他們往往是老法官的兒子，最容易因循守舊。在訓練時，他們主要受習慣法原則的支配，這種原則在不干涉主義作爲一種被接受的哲學時就建立起來了。因此，許多法官沒有或沒有充分注意到當代福利國家所引起的種種關係的變化。此外，法官的年齡也在一定程度上的助長著他們的保守態度，1959年實行了高級法官75歲，低級法官72歲退休制，地方治安官雖規定爲70歲退休，但多數原來已是退休人員，這同樣表明法官隊伍也有高齡化的一面。強調司法上的連續性導致保持了過時的許多機構，不願意接受改革，強調司法的獨立，又鼓勵了一部分法官的排他性態度，使他們不願意接受批評。

民間的、非專業性的地方治安官也同樣遭到批評，因爲在這個隊伍中，同樣缺乏工人階級方面的代表，儘管大法官已意識到這一問題，並力圖扭轉這種不平衡的局面，但成效甚少。而且，缺乏法律知識的大多數民間地方治安官依賴於具有律師資格的秘書的指導或忠告，這似乎有點本末倒置。

司法判決中存在的拖延現象很嚴重尤其是巡迴刑事法院。據反映，1982年在倫敦，一名被告到中心刑事法院中去聽審要等25

週，在押的拘留者要等15週。在伯明罕和布里斯托爾，上述兩種情況都得等12週。事實上，令打官司的人更為苦惱的是，對法院究竟在哪一天審理案子往往捉摸不定，即使在決定了臨時性的日子，也會因前面的案件拖的時間比預計的要長，或是要求法院向上訴法院進行刑事上訴而被廷遲。所以，誰也不能準確估計一件案子要拖多久。近年來已努力試圖固定審訊日期，也只是略有進展，尚未取得滿意的結果。

打官司的代價昂貴。它涉及到由法院提供的設備和預備工作，以及呈遞案件，一般來說，這一費用由敗訴的一方支付。不過，法院為把費用減少到最低限度，有些費用就需要由勝訴的一方負擔，因為審理工作要涉及到雇用有很高技術的人，聘用高級律師比初級律師花費更多，如果要上訴，還需額外開支。因此，有人評論道：法院尤如豪華的旅館，是向有錢人開的。

值得注意的是，打官司的拖延和高代價產生了兩個重要結果：(1)某些機構如保險公司等，就力圖繞過法院，使協議（契約）中有些條款可由專家出面仲裁，這樣，雙方都方便，而且氣氛反好，解決爭端快速便利。(2)為防止因昂貴的代價而阻止窮人尋求法律的保護，1949年建立了一項法律資助計畫，這是一項由大法官制定的計畫，並由法律協會（Law Society）負責管理，窮人在得到初級、高級律師委員會的批准之後，便可以從法律協會得到資助，自己負擔少部分費用。此外，還有一種由法律界自願提供服務的制度，無需審定窮人的條件。這兩種辦法對窮人固然有利，然而究竟有多少窮人了解並能享受到這種待遇也很難說。但這種法律資助對中產階級不起作用，他們不能像窮人那樣得到這種資助，在付不起昂貴費用的情況下，有時寧可以不利的條件來

解決爭端，也不願去法院（這一法律資助計畫並不適用於行政法庭）。

對法官的任命有一定的行政控制，由上述的情況反映出，英國的法官，從低級到高級，均由行政任命，女王的批准不過是一種形式，大法官或首相的推薦和忠告才是實質性的，而且並無議會的調查和確認，這表明司法上的任命存在著一定的行政控制，更缺乏立法機構的監督。而地方治安官的任命和解職也是在大法官的推薦下由女王批准，大法官又接受地方顧問委員會的忠告，這個委員會的構成是秘密的，完全由大法官掌握。實際上，在地方顧問委員會中政黨佔支配地位，討價還價都是在政黨之間進行，得到任命的大多數治安官都有一定的政治背景。因此，對地方治安官的任命同樣存在著不同程度的行政控制。

英國的司法獨立只能表現在以下幾個方面：

司法職位的安全

高等法院的法官享有高度的職務安全感，這種任命是終身的，只要他們有良好的職業行為，就可以一直工作到退休。這種安全來自十八世紀初的一項立法，以及1981年的高等法院法（Supreme Court Act），即只有在議會上、下兩院共同的請求下，女王才能將其免職。如1971年保守黨政府頒布了工業關係法，並建立了工業關係法院，法院對工業爭端的裁決遭到機械工人混合工會的激烈反對，結果後者以蔑視法院罪被罰款10萬英鎊，此舉導致工黨180餘名議員聯名提出動議，要求撤掉約翰·唐納森勛爵（Sir John Donaldson）的高等法院法官職務，但下院議長雖裁決法官的判決錯誤，並未對法官本人有任何責難。歷史上解除法官職務的事極少發生，除非因法官的過錯而導致犯罪。下級法

院的法官就沒有這麼強的安全感，大法官可以由於他們的不稱職或不適當的行為而予以免職。地方治安官就缺乏法定的保護。蘇格蘭的法官在理論上同樣適用於英格蘭的情況，不過，實際上罷免一個蘇格蘭法官比罷免一個英格蘭的法官更困難，除非發現他無能力、不負責和行為不端等。如果需要解職，女王同樣必須得到議會兩院的支持。

司法上的豁免權

一個法官在行使司法權過程中，他的言、行不負法律責任，但惡毒、腐敗的言行不在此例。高等法院與低級法官之間原來是有區別的，低級法官如果越權裁決，就要承擔責任。後來上訴法院取消了這一區別，認為，任何法官只要真誠地在他的職權範圍內工作，就可以享受豁免權。1947年頒布的君主程序法（Crown Proceeding Act）更加強了法官的這種豁免權，但這種豁免權並不庇護法官本人的工作能力。

民事與刑事豁免權

在法律的某一領域裏，這種豁免權不僅涉及法官，而且擴大到目擊者和辯護律師。但不適用於地方法官的非司法性能力，如頒發許可證等。司法判決同樣擁有豁免權，這種豁免權不僅適用於高等法院，而且同樣適用於郡法院和地方法院。

免於議會的批評

在議會的辯論中，不能批評法官的司法行動，除非在向議會提出罷免他的職務的動議中。1980年底，上訴議長規定，把一個法官看成是「保守黨的法官」，這是不對的，因為這就把政治偏見歸罪於法官，等於在批評他。對法官的批評這一打破常規的行動就相當於蔑視議會，也就相當於蔑視法院，要受到懲罰。故法

官受蔑視法的保護。辯護律師的豁免權是有規定的，只涉及與法院中案件有關的行動上進行的辯護。此外，法官在判決案件中，不必擔心會遭到報復，不管是來自行政機構、富有的財團、強大的工會，還是一小撮恐佈分子。

第4章

責任內閣制

第一節　內閣的起源與發展

　　英國國王很早就有顧問，被稱為國王的「親信」，由他們組成國王的私人顧問委員會，即樞密院。自從議會形成之後，他們便把國王的希望與要求傳達給上、下兩院。十七世紀初，國王與議會之間，在權力的協調問題上引起了各自的重視。當下院建立了一定程度的自信和取得一些合法權力之後，便不再總是執行國王的政策，而是有它自己的政策，樞密院的官員便試圖從中予以指導。開始，樞密院僅由20個左右具有不同政治傾向的組成，幾年之內增加到30～40人，國王查理二世認為這一機構太大，不適合於保密，於是決定，所有重要政策都在小型顧問團的協助下制定，發揮這一作用的就是樞密院中的「外交委員會」，這一名字後來逐漸失去了魅力，不斷用「內閣」、「理事會」，或「秘密政治集團」等名字取而代之，其成員的條件就是願意為國王服從並具有服務的能力。

　　1679年，查理二世解散了他的老樞密院，隨即組成了一個有

33人的新樞密院，但其中大多數人曾是國王的反對者，查理二世一開始就不喜歡它，因此又組成了一個9人「情報委員會」，考慮所有重要的事情，國王經常出席其會議。所以，它是在新名字下的舊「外交委員會」。1681年，查理二世撤換了「情報委員會」中不支持他的人，由此，直到結束他的統治，他便一直依靠與他志趣相投的一個小型顧問團進行統治，這個顧問團就是後來所稱的「內閣理事會」或「內閣」，以及「外交事務委員會」等名稱。從十八世紀起，內閣便逐斷成了權力的中心，也是立法的唯一源泉。

喬治一世正常地參加內閣會議，至少維持到1721年。但是，他對英國的情況不了解，對政治不感興趣，又不會講英語。喬治二世在1733～1745年間正常地召開內閣會議。之後，國王便漸漸地不再出席內閣會議了。

1784年，喬治三世是出席內閣會議的最後一位國王。到十九世紀，現代內閣制的基本框架便大體形成了。

總之，如英國的許多機構一樣，很難確定建立內閣時的精確日期，它的發展只能用許多事後的認識來解釋。在最近一個世紀內，為了適應政治環境的變化，內閣在它的行動、結構、構成及地位等方面都有所發展，這種發展被西方學術界人士稱之為「對政治民主化的一種適應」，或是「內閣的民主化」。

在內閣的發展過程中，出現了兩個顯著的變化。一個變化是，貴族在內閣逐漸失去勢力。在十九世紀的五〇、六〇年代，內閣中貴族成員與下院議員大體上是平等的，格雷斯頓（W. E. Gladstone）利用輝格黨的貴族來平衡激進的下院大臣，在1892年後的幾屆內閣中，貴族的人數已減少到不足三分之一，在索爾茲伯利

和鮑爾弗（Arthur James Balfour）的內閣中還剩下8～9名，1906年以後，貴族的比例進一步縮小，到柴契爾政府中僅只有2～3名。

變化之二是在內閣中形成內閣，或稱「閣中之閣」，「櫥房內閣」。本世紀以來，自勞埃德・喬治（David Lloyd George）第一次有其「櫥房內閣」以來，就出現過一連串的試驗，如用「超級大臣」來管理大的部門、由最信賴的同僚組成「核心內閣」或「部分內閣」。「部分內閣」不同於「核心內閣」，後者是內閣制度的一部分，前者則是一個常設的特殊委員會。「核心內閣」由首相主持，在非常時期或秘密情況下，它可以詳細地準備政策，有時甚至用不著事先與內閣磋商便可作出決定，在正常情況下，要讓內閣知道並要與其磋商。在1923～1924年，麥克唐納的核心內閣為「六巨頭」，1930年為「五巨頭」，1938年內維爾・張伯倫（Neville Chamberlain）的為「四巨頭」，艾德兒（Clement Attlee）的「核心內閣」只有2～3人，在歐內斯特・貝文（Ernest Bevin）和克里普斯（Stafford Cripps）兩人去世之後，也就消失了。艾登（Anthony Eden）和麥克米倫都沒有「核心內閣」，威爾遜有3人，1967年便放棄了這種做法，以後便改為建立首相的智囊團和政策小組，直接為首相服務。

今天內閣已成為擁有國家行政和立法大權的機構，往往被看成是對「國家行政的最高控制」、「政府的重要工具」、以及「大多數立法和行政主動性的來源」等。總之，它是國家的「行政之巔」。它由首相、樞密院大臣和一些高級大臣組成。內閣成員的挑選完全是首相的權力，按慣例，女王接受首相的這一人事安排。首相必須完全在議會的兩院中挑選本黨議員組織內閣，與美國總

統可以從社會各界和其他政黨中挑選他的內閣成員不一樣。英國絕大部分內閣大臣都是職業政治家，一般都在議會中服務了相當長的時間，如在1970年的希思政府中，其成員在議會中平均已工作達13年，其中46.4%以前曾擔任過大臣的職務，在柴契爾政府中，相應的數字為11年和47%。不過也有個別例外，如在第二次世界大戰中，丘吉爾首相把工會領導人歐內斯特・貝文吸收進了他的戰時內閣，任勞工大臣。首相在組閣中，1914年之前，幾乎所有大臣都是內閣成員，本世紀以來，政府的規模擴大了一倍，在1914～1980年間，領薪的大臣已從50名增加到近百名，由於大臣數量增加，大臣便分成了等級，即內閣大臣和非內閣大臣，這樣，相當數量的大臣就被排除在內閣之外，現在能入閣的只有一些重要部門的大臣，如外交、內政、財務、環境、教育與科學、能源、政務、社會服務、就業、貿易與工業、運輸、農糧漁等部門大臣，以及大法官、分別負責蘇格蘭、威爾斯和北愛爾蘭事務的大臣、蘭開斯特公爵郡大臣，掌璽大臣等，共20人左右。

內閣的規模也由首相決定，但大小必須適中，如果太小，就可能會把許多著名而又能幹的大臣排除在外，使政府有被享有高度特權的集團所霸持之嫌，要是太大，也有礙於迅速、有效地決策。在十九世紀，內閣人數一般在12～15名之間，1900年增至19人，兩次世界大戰中組成了小型的戰爭內閣。一次大戰時，勞埃德・喬治首相的戰爭內閣是5～7名，二次大戰時，張伯倫和丘吉爾首相的戰爭內閣為8～9人，柴契爾首相在1982年的福克蘭戰爭（Falklands War）中的戰爭內閣為5人。在兩次大戰的間歇期間，人數在20～30名之間，戰後以來又有所減少，1970年希思的內閣為18名，同年改組後又減少一名，這是戰後以來最小的內閣

之一。威爾遜、卡拉漢及柴契爾政府的內閣均為22名。一般來說，保守黨政府內閣要略小於工黨政府，貴族也多一些。

第二節　首相與內閣

　　首相奉女王之命組織政府（內閣），並成為內閣之首，他的講話最有份量和權威，不管內閣討論什麼事，都由首相作最後決定。因此，他領導內閣，但是他並不操縱、也決不能操縱內閣，正如麥克米倫政府中一位高級閣員所說，首相對內閣的領導是靠思想和判斷上的高出一籌。他必須與大臣一起工作，不能向他們下命令（戰時緊急狀態除外），而且必須與他們磋商，並要尊重他們的意見，以便取得他們的支持與合作，如果經常拒絕高級大臣要求討論的問題，這就很不明智。因為首相儘管擁有很大權力，但並不擁有一切權力，更何況他的權力必須與內閣的支持和合作結合起來，方能發揮有效的作用。此外，他還受到來自各個方面的要求與壓力，如政府內部、議會、反對黨、社會上的各種壓力集團和其他組織。丘吉爾戰後個人很高的威望並沒有使他免遭1945年大選的慘敗，麥克米倫的兩位財政大臣主張實行緊縮政策，因而他不得不放棄自己的主張，威爾遜曾致力於對工會的改革和立法，但卻得不到內閣的支持。

㈠組閣

　　今天，首相掌握著上百名大臣的任命權，包括內閣大臣、非內閣大臣、低級大臣和其他領薪議員的職位。內閣是由首相從本黨議員中挑選一批精幹的高級大臣組成。第一批閣員的任命在很

大程度上是可以預料的，它將幾乎完全是首相在議會中的支持者，或者是原「影子內閣」的班底。此外，由於現代政府的複雜性，首相在組閣中出現了一個重要的變化，也就是任命一定數目的協調大臣，有幾個內閣職位並不負責某一個政府部門，首相可根據需要委派他們負責協調工作，這些職位有掌璽大臣（Lord Privy Seal）、蘭開斯特公爵郡大臣（Chancellor of the Duchy of Lancaster），以及樞密院院長（Lord President of the Council）等。

首相在組閣中對內閣大臣以及政府全體成員的挑選是完全自由的，艾德禮首相也持這一觀點。但實際上，事先他都要與他的高級同僚進行不同程度的磋商，對政府中的中、低級大臣的任命，在很大程度上依賴於黨的首席黨鞭的建議，因爲首席黨鞭比任何人都要了解更多的議員。

任命的標準一般有以下主要幾點：(1)重要的是對首相在政治上的忠誠。在威爾遜政府的第一任期中，包括了一些二流大臣，原因在於他們很忠於他，在內閣中不會影響他的地位。在威爾遜政府的第一任期中，同樣包括了一些很忠於他和他的政策的人，如杰弗里·豪(Geoffney Howe)、約翰·比芬(John Biffen)、基思·約瑟夫（Keith Joseph）等人；(2)能力的標準在某種程度上是因爲工作不同而有不盡相同的要求，如：作爲下院領袖就需具備各方面的才能，擅於交際、掌握議會的程序、懂得領導議會的藝術，而財政大臣要能掌握經濟政策；(3)作爲一個政治家必須要有口才，而他們的「政治份量」和名聲也能有助於對他們的任命；(4)不可忽視的代表性，在任命中，首相一定要考慮到他的內閣要盡可能代表黨內主要派別和利益，無論是保守黨或工黨內

部，都有各種派別，所以，首相在組閣中還必須考慮保持黨內各派的平衡，決不能成爲清一色的內閣。同時還不能忽視黨內相對立的潛在領導人，或是易製造麻煩者，與其讓他在政府之外成爲不同政見的中心，向首相發難，還不如把他拉進政府或內閣，委以一個部門的工作，用內閣的集體負責制和大臣的個人責任制，以及官方秘密法來約束他，如1945年艾德禮首相把比萬（Aneurin Bevan）納入內閣就是這個理由，而且被看作是一個成功的例子。

在內閣中，首相與外交大臣的關係最爲密切，不過形式和重點常常會發生變化，正如鮑爾弗所說：「首相與外交大臣不發生衝突是最稀罕的事……，但是，要首相不干涉外交事務又是不可能的。」如果首相與外交大臣之間有著強烈的不同政策觀點，如柴契爾首相與卡林頓、弗朗西斯・皮姆（Francis Pym）在解決福克蘭群島危機上的分歧那樣，肯定要發生衝突，如果這種情況經常在內閣發生，那麼，這屆政府就無法幹下去。解決這一矛盾，一般有以下幾種模式：(1)首相在主持外交事務中，聽話的外交大臣給予一定的幫助，如道格拉斯・霍姆作希思首相的外交大臣那樣，因爲他很明白，在保守黨中，反對首相是不可能的。(2)首相與外交大臣之間有著比較完美的和諧與默契，能幹的外交大臣得到首相充分信任，如艾德禮首相對歐內斯特・貝文那樣。(3)外交大臣僅作爲首相的一種顧問或代理人，如艾登在丘吉爾政府中所扮演的角色。戰後以來，首相與外交大臣之間的衝突不斷發生，程度各有不同，但以柴契爾政府中的紀錄最爲突出。

鑒於財政大臣作用的重要和地位的特殊，他與首相的關係同樣很密切，如果財政大臣的經濟戰略失敗，其影響不可避免地要

反映到首相身上，在內閣的辯論中，他肯定要指望得到首相的支持，因爲在制定政府預算中，財政大臣只能與首相磋商。但是，他有時也會被首相拋棄，從而獲得「在內閣中最孤獨的人」的老頭銜。保守黨的財政大臣還可以考慮本黨財政委員會的意見，但工黨財政大臣就不大尊重本黨後座議員的意見。預算案擬好後，財政大臣便向首相報告，這不過是他們兩人之間幾次交換意見的結果。在向議會下院宣布之前的很短時間內，才把預算的摘要交給內閣，此舉的目的主要是防止洩密。艾登曾說過：「一個財政大臣，如果他與首相分擔責任，那麼他是個聰明人；很清楚，他不能與全體內閣分擔這一責任」❸。稅收和經濟政策的政治影響是巨大的，是經過了相當長的時間之後才慢慢形成的。而財政大臣就負有監督作用。在第二次世界大戰中，財政大臣的責任進一步有所增加，如監督國家經濟的正常發展、投資水準、就業、物價和國際收支等，在選擇緊縮政策或英鎊貶值、物價和工資政策方面，首相仍有權進行控制。

㈡改組

內閣改組是英國政府中經常發生的事。在任何一屆政府中，內閣組成之後並不會一成不變，相反，由於種種原因，內閣的成員或大臣的職位會不時地發生變動，如內閣大臣的病故，個人健康欠佳而辭職，或因決策失誤造成嚴重影響而引咎辭職或改任他職。此外，大臣的晉升或降職等等，由此造成職位空缺並由首相設法填補，這便是過去意義上的內閣改組。在每一屆政府中，大臣職位變化的範圍和比例較大，如1951年保守黨政府38名中、高級大臣和36名低級大臣，任職達10年之久的各只有10名，1964

～1970年間，工黨政府除首相外，只有3名大臣從頭至尾在同一個部門中任職。每一屆政府改組內閣的次數也不一樣，威爾遜首相從1965年12月至1969年10月改組內閣不少於6次，希思首相就很少改組，如果不計有限的變動，在1970～1974年間，他僅改組一次，從一開始的18名閣員到政府垮台時仍有16名，故人們稱希思的手太軟，而麥克米倫又太狠。總之，現在內閣大臣每2～3年就要更換一次職務。但是，現在大多數的內閣改組並不主要是上述原因引起，而是首相主動採取的一項行動，這也是首相的重要權力之一。改組內閣的原因已集中在以下幾個方面：(1)政府需要加強力量而吸收新鮮血液，(2)改變政府形象而重新調整內閣班子、把內閣中與首相政策相左或屢屢向首相發難的「叛逆者」清除出閣，這些已成為當今改組內閣的主要原因，而且已成了柴契爾政府的一大特點，在她執政剛4年後，22名閣員只有8人還在原來的位置上。

艾德禮首相曾說過，首相必須是一位好的「屠夫」，能夠解除那些不稱職的大臣。政府中需要不斷補充有生力量，對此似無多大爭議，因為新政府的第一屆內閣大都是影子內閣的班底，往往還有一些裙帶關係，或是為本黨奪得大選勝利而立下汗馬功勞的人，任用他們出於一種政治報酬，並非完全出於其工作上的能力。但是，對內閣改組的範圍和如何改組這些問題，就存在著很大異議，始終沒有定論，更無在這方面形成尤如其他方面的習慣或常規而得以沿用。政府中的中、低級大臣和執政黨的後座議員都翹首以待得到晉升，倘若改組幅度太小或間隔太久，往往會增加不同意見的院外活動，影響執政黨內部的團結。如果經常變動而且幅度又大，這種改組也會付出一定的政治代價，它不僅會造

成高級文官在制定政策上的影響明顯增加，尤其在政府於困難時期，又容易給人造成這種印象，即首相利用大臣的升降、調動為手段，使大臣成為政府政策失誤的代罪羔羊，或是分散人們批評政府的注意力，這麼做不僅達不到預期目的，反而會弄巧成拙，例如：1962年7月，麥克米倫首相一下子解除了7名內閣大臣之職，成為有名的「七月大屠殺」，不但沒有達到原想提高政府聲望之目的，反而大大損害了他的聲譽，成為促使他提前下台的一個重要因素。此外，大臣職位的經常變動是否會影響政府和大臣的工作成效，同樣存在著不同的看法，以理查德‧克羅斯曼為代表的一種意見認為，一個大臣需要化18個月的時間才能真正熟悉、掌握他的主管部門，而以伊諾克‧鮑威爾 (Enoch Powell) 為代表的另一種意見則相反，認為一個大臣在18個月內應該已做了他所能做的事，這是顯示大臣能力的有效時間。

(三)辭職

從憲法上講，一位大臣如果失去議會下院的信任，就會受到要他辭職的壓力。實際上，也確實有基於大臣個人責任的理由而迫使大臣辭職的情況，不過，這種情況並不經常發生。戰後以來，一個典型的例子發生在1954年，湯瑪斯‧達格代爾勛爵 (Sir Thomas Dugdale) 在克里切爾當事件 (the Crichel Down Affair) 上被迫辭去了他的農業大臣之職。克里切爾當是在多塞特郡 (Dorsetshire) 的一片土地，二戰前不久被空軍徵用，後來這片土地的責任權從空軍轉到農業部，而農業部在決定如何使用這片土地上沒有考慮到該地的原主，在施加了強大的壓力和經過調查之後，他才不得不承認犯了錯誤，並重新予以糾正。這一事件被

普遍認為是大臣由於不知道他的主管部門採取了不適當行動而辭職的典型例子。

據芬納（S. E. Finer）所作的調查，在1855年至1955年的一百年間，由於大臣個人負責制的原則而導致大臣辭職的僅20例。但是，實際情況並不完全如此，戰後以來發生過多起重大責任事故都沒有因此而導致有關大臣的辭職，如1947年的燃料危機、1956年的蘇伊士運河危機、1960年放棄「蘭劍」導彈計畫、1964年發現獵狗或導彈的超額利潤，1967年威爾遜政府曾多次堅決聲明英鎊不貶值，結果還是貶值了，作為財政大臣的卡拉漢提出辭職，但威爾遜首相並沒有馬上接受，而是勸他改變主意，改任內政大臣，由羅伊‧詹金斯（Roy Jenkins）接替他的財政大臣之職。結果這一整個事件被描寫為威爾遜內閣在政治上的團結而不是某個大臣的失職。

對大臣最嚴屬的懲罰是免職，其他的還有首相私下的指責，或向議會認錯，但較常用的辦法是「光榮退休」。一般大臣或內閣大臣的辭職是在他的重要建議遭到內閣或首相的拒絕之後，他就會憤而辭職，如柴契爾政府中的前國防大臣邁克爾‧赫塞爾廷（Michael Heseltine）對於政府處理韋斯特蘭直升飛機公司一事，非常不滿政府的政策，以及後來的財政大臣尼爾‧勞森（N. Lawson）和副首相杰弗里‧豪的辭職等。也有被迫辭職的，如外交大臣弗朗西斯‧皮姆在1983年大選後突然被柴契爾首相踢開，這也是政治權力殘酷的表現之一，不過這種情況難得發生。表示反對政府政策而辭職的情況比較多，據統計，在1900年至1976年間發生60起這類的辭職，其中20次在1945年之後。但是，大臣因不同意政府政策而主動辭職的，並不一定會影響他今後的政治生

涯，如赫塞爾廷又在梅傑政府中任內閣大臣，不過有冒政治自殺的危險。

㈣內閣會議

內閣會議一般每週召開一次，事情多就再加一次，如有必要還可增加次數。總之，並無一定制定期的內閣會議是對政府政策進行回顧、審查和制定，要是週末召開內閣會議，那只有在緊急狀況下才有可能。一年之內，內閣全體會議的正常次數大約在90～100次之間，會議地點，十八世紀時一般在私人房間召開，自十九世紀中期至今，基本上都在唐寧街 (the Downing Street) 10號舉行，有時也在下院的首相辦公室內召開。內閣會議的座次按官職的高低排定，不得僭越。

內閣會議的議程雖由內閣秘書與首相商定，但完全由首相控制，他可以改變議程或更換議程次序，或臨時加入他認為重要的事情。列入議程的事一般要符合以下幾個標準：(1)是否是政府的新政策；(2)是否涉及議會或大家有爭議的實質性問題；(3)是否會使政府在國內外造成尷尬的處境；(4)內閣的建議是否會遭到一些大臣的反對；(5)是否涉及其他部門等。因此，會議的內容主要有外交大臣的報告、下週議會要做的事、關於歐體和北愛爾蘭的報告等。但是，一個重要例外是，正如前文所述，關於政府每年的預算是不在內閣全體會議中討論的。

內閣會議由首相主持，在首相不在的情況下，可由一位高級大臣代替。在內閣會議上，首相的決策方式值得注意。在十九世紀，首相按大臣對某一政策的贊成與反對的人數來決定，本世紀以來，一般已不以投票方式決定政策的取捨，一旦出現意見分歧，

便由首相進行總結，在重要問題上，首相掌握著贊成與反對的比例，並作出他個人對優勢觀點的評價，或提出自己可以爲大家或大多數接受的建議，倘若爲了節省時間，又是在不太重要的問題上，才予以投票表決。盡量不用投票的決策方式幾乎成了戰後以來一條不成文的規定或慣例。艾德禮首相曾十分強調「不要進行投票，不要，永遠不要」。希思首相也這樣說：「在我任首相時，作爲一個內閣，我們從不投票」。他還回憶說：「在艾登、麥克米倫或道格拉斯‧霍姆當首相時，沒有一個以投票方式決定的。」據認爲，投票表決有損於內閣的集體感，且會使內閣中的分歧表面化，更難以取得一致。首相的總結是權威性的，很少有人向這種權威挑戰，他的總結就是內閣的決策，這也正是內閣中不用投票表決的原因所在。在掌握內閣會議的進程上，不同首相也各有特色，艾德禮首相爲阻止大家不必要的交談，他常常提出這樣的問題，如「對這個備忘錄你沒有什麼要補充的了吧，是嗎？」然後再問「內閣成員有誰反對的嗎？」這就阻止了有人試圖重覆話題。在討論中，他要求大家能在法律上作出貢獻。相比之下，丘吉爾首相就好囉嗦，有時允許很長時間的討論，致使大臣們常有所抱怨。柴契爾首相對內閣的決策辦法已近乎一種專斷，引起大家的不滿，她根本不願意讓大臣在內閣會議上充分發表他們的觀點，更不用說展開辯論。在她上台執政之前，有一次在回答如何管理她的內閣時，她要有一個「令人信服的政府」，「作爲一個首相，我不能把時間浪費在內部的爭論上」。所以，在內閣會議上，往往總是由她一個人說話，其餘大臣很難對她的觀點提出不同意見。她還給內閣會議規定了一個4分鐘發言的制度，大臣在內閣會議上一次發言必須在4分鐘之內結束，否則就會被她打斷。至

於召高級文官來談有關問題時更是如此，除非是她感興趣的問題可不受此限制，否則便有冒不得晉升的危險，以致內閣會議成了一個沒有爭議的場所。白金漢宮的一位高級官員也承認，「如今，我們不再有內閣政府……，我們有一種總統政府的形式，在這裡面，她尤如在她宮殿中的國王」。據粗略統計，自1979年以來，柴契爾首相平均每週也難得召開一次以上的全體內閣會議，一年也就在40～45次之間，而艾德禮、丘吉爾執政時一週就有兩次。

當然，柴契爾首相也決不能獨攬一切，有些重大的事情，如在福克蘭群島危機中派遣遠征軍問題，以及英軍的登陸問題……等，她也必須與全體內閣磋商，以致一些觀察家認為，典型的內閣政府又復活了。總之，她在有些事情上很重視與全體內閣磋商（佔少數），但在另一些事情上（佔大多數）就不一樣。

還有一個例外，戰時內閣與和平時期的內閣在處理事務上有很大區別，尤其是在世界大戰中，首相不可避免地要採取更多命令式的態度，議會也授予他緊急權力，尤其是首相主持著各政黨的聯合政府，很多戰時的決定，包括機密的決定，不能在全體內閣中討論，有的甚至都不能在幾個人中間討論。戰時首相在絕大部分時間裏要作為一位總司令以及國防部的總參謀長，如在第二次大戰時，丘吉爾任國防大臣，主持聯合參謀委員會會議，該會直接向各總司令發布命令，海、陸、空軍三大臣的權力已縮小，直到1946年通過國防部法，成立國防部，國防大臣為內閣成員，從此，海、陸、空軍三大臣就不再入閣。戰爭內閣在戰爭持續期間也變得大權獨攬，獨斷獨行，只向議會籠統地負責，實際上，在很大程度上是獨立而不負責或很少負責，因為，此時的議會已非往昔的辯論場所，戰爭造成了各政黨間暫時的政治休戰局面。

第三節　內閣的作用及其特點

㈠責任內閣制的作用

　　如同首相的權力一樣，內閣的作用並沒有法律的明確規定，完全是政治發展的需要。英國政治作家約翰‧麥金托什（John Mackintosh）把政府內閣比喻是一個「票據交易所最終的上訴法院」，確切地概括了內閣的作用既是多方面的，也是重要的。作為政治權力的中心，內閣已集行政與立法作用於一身。隨著權力的發展和轉移，內閣的作用同樣有一個發展和削弱的過程，有的作用削弱或消失了，新的作用又有所發展，但歸納起來，不論在任何時期，有幾項主要作用始終是存在的。

內閣是政治權力的中心

　　內閣作為政府最高決策機構這一作用，自十九世紀以來一直沒有變。內閣決定著國內外的許多重要政策，如內政、外交、國防、社會、科研……尤其是經濟政策、政府預算等。但本世紀以來，內閣在決策方面發生了兩個重要變化：(1)決策過程較過去更加分散和複雜化。由於社會的發展，政府職能增加了，內閣的任務愈益繁重，無力對各種問題進行深入的調查研究，因此，更加依賴於建立各種內閣委員會（Cabinet Committee）。內閣的決策還要受到社會上各種壓力集團和輿論的影響，尤其在經濟政策、收入政策及工業關係等方面；(2)有關涉外方面的政策，內閣的決策在一定程度上要受到某些國際組織的牽制和束縛，如北約、歐體、國際貨幣基金組織（IMF）、關貿總協定（GATT）

等。內閣不僅在廣泛的政策領域裏進行決策，而且對政策的執行實行著控制和監督，這意味著，作爲行政的最高領導，內閣對議會負責，大臣對政策負責，文官對執行政策負責，而議會對行政的控制就是對首相、大臣進行議會質詢以及在議會中對政策進行辯論。總之，內閣的決策是一個繁重而又複雜的過程，內閣不僅要作爲決策和指揮機構，而且是行動、反應和響應的機構，它要適應不斷變化的政治環境和社會環境。

內閣的立法作用

管理國家的種種法律，尤其是具有憲法性的法律，都由內閣起草，或在內閣的監督下進行，如果議案只涉及某一部門，就由該部大臣負責，或由常務次官 (Permanent Under Secretary of State) 負責起草，倘若不明顯針對某一部門，通常便在內閣中成立一個特別委員會來完成一起草工作。現在，在準備議案中，已同樣越來越多地使用內閣委員會。在立法過程中，政府 (內閣) 同樣要受到外部有關壓力集團的影響，因此，從另一個角度來說，內閣在決策和立法上的權威和作用，由於國家形勢的變化，已越來越受到外界種種壓力的影響。七〇年代，內閣受國內最大的壓力反映在各屆政府要求勞資雙方都同意政府的經濟政策、收入政策等方面，這從工會與希思政府的衝突，威爾遜政府對工會的妥協和讓步，才平息工會的罷工等等，便可得到清楚的說明。

內閣的協調和促進作用

本世紀尤其是二〇年代以來，由於政府工作的壓力加大，政府部門也相應地增加了許多，內閣的作用便有了新的發展，其中之一便是協調各部門和各內閣委員會之間的工作，調解部門之間產生的政策分歧，特別是各部門的預算開支都要經財政部批准，

如果部際間的雙邊談判達不成協議，便提交內閣仲裁。各部門所有重要決策都要向內閣報告，非內閣大臣在採取重大步驟時，要被召到內閣報告並作出解釋，審查後再行定奪。如果某一部門工作落後，如1946年工黨政府的運輸大臣沒有為鐵路的國有化及時作好準備，內閣便可建立一個委員會專門來推動其工作，甚至限期完成。在處理各部門提出的議案建議時，如果委員會的討論達不成協議，也由內閣作最後裁決。隨著形勢的發展，內閣的這一作用目前已更多地轉移給了內閣委員會。

對政府的政策進行監督

尤其是對財政的監督權，早在1869年就正式建立起來了，由內閣向各部門發出通知，財政上如有任何變動，必須事先與財政部取得聯繫。1872年，財政部又任命會計逐個部門檢查其預算開支的細節。在監督各部的開支上，財政部常常與內閣發生矛盾和衝突，如1886年，丘吉爾由於他的預算案遭到內閣的否決而辭職，1894年在同樣的問題上格累斯頓辭職，1958年內閣拒絕了桑尼克羅夫特（Lord Thorneycroft）預算中的一些削減建議，他便率全體財政部大臣辭職等。儘管如此，由於稅收和經濟政策的政治影響巨大，監督作用始終存在。不過，有些政策的執行並不能受到很好的監督，因為有的地方政府並不受中央部門的直接控制。也有人批評內閣沒有很好發揮這一作用。但是，由於許多內閣大臣也是重要部門的大臣，如內政、外交部等，他們都肩負雙重的職務和責任，部門工作的壓力過重，限制了內閣大臣來考慮其他部門的全面政策。

提供政黨的領導

首相也是執政黨的領袖，內閣大臣都是執政黨的重要領導，

這樣，他們不僅是政府的核心，實際上還構成了執政黨的領導集團，內閣除了對國家、政府進行行政上的領導外，同時也對其政黨行使著領導權，如討論、決定黨的競選宣言、黨的策略等，在議會和公衆中爲其政黨的政策、行動進行解釋和辯護等。

內閣之所以能發揮上述種種重要作用，主要是內閣在政府中具有很高的權威，這種權威來自於它得到議會大多數議員的支持。執政黨在議會擁有多數或絕大多數席位，實際上已削弱了議會對內閣的控制與監督能力，內閣（政府）的壽命與議會黨團是一致的，希望長期執政的共同願望使他們（尤其是保守黨）能較好地支持內閣（政府），一個有較強凝聚力的政黨就會使它的內閣具有很大的權威，實際上，上述種種內閣獨具的、任何其他政府機構都無法取代或挑戰的作用就是它權威和力量的表現。

但是，由於內閣決策的分散、內閣委員會的廣泛使用，加上首相建立新的政策小組等措施，已導致內閣的權力在一定程度上又處於不斷的削弱之中。

㈡責任內閣制的特點

英國的責任內閣制反映出如下一些特點：

內閣受各種力量的相互制約和監督

內閣與議會互相制約，不全使內閣的權力過於集中。一次大戰之後，議會的一些重要權力就已逐漸轉移到內閣，使內閣擁有立法與行政雙重權力，但議會仍可透過一定的程序來制約內閣，其程序如下：

1.質詢：議會有固定的程序來對政府的政策或不明確的問題向首相或大臣提出質詢，後者必須負責解釋，倘有爭議，便可改

在議會進行盤問，反對黨可趁機發現缺漏，對政府進行攻擊。

2.辯論：議員如不滿於對所提質詢的答覆，便可提出動議，將質詢案改爲辯論案，一旦動議成立，便在議會進行辯論，向政府施加壓力。

3.批准立法：批准立法，尤其是對政府的預算案和治理國家的其他種種議案，沒有議會兩院的批准便不能成爲法律。

4.倒閣：議會中反對黨若對政府或某一重大政策不信任，可在議會中提出不信任動議，即使是以一票之差獲得通過，內閣就得辭職，解散議會，重新大選，如1979年卡拉漢政府的垮台那樣。這是議會制約內閣（政府）最有效的手段。不過，戰後以來，這種情況很少發生。

然而，由於內閣的權力很大，絕大部分議案都由政府中各部門的大臣提出；執政黨在議會擁有多數或絕大多數，加上黨紀約束著它的議員，一般來講其議案都能通過，得不到政府支持的私議案往往很難成功；解散議會是內閣制約議會最有力的手段，在一屆議會的5年任期之內，內閣可在任何時候解散議會，提前大選。決定一經作出，議會只得服從，不能拒絕。這一權力原屬國王，後來基本上由內閣集體討論決定，報國王批准，但自1918年以來，這一權力已爲首相所控制，在與幾位高級大臣磋商之後便由他作出最後決定。所以，內閣與議會是互相制約的。

決策過程既集中又分散

內閣大權獨攬，決策分散。十九世紀中期，政府中所有重要決策都在內閣中討論決定，既使是內閣委員會的決定也要交內閣批准。本世紀以來，政府的任務已大爲增加，過去完全集中在內閣的決策權已不能適應新形勢的需要，於是，內閣的決策便發生

了變化，廣泛授權於內閣委員會。

充分發揮內閣委員會的作用

（詳見第四節）

文官不可缺少的貢獻

在現在政府的決策中，文官的作用日益顯示出重要性，如提供各方面大量訊息，為內閣、大臣的決策準備充分依據，大臣對此的依賴也越來越深；參與決策和立法：由於文官的終身制，對本部門的工作擁有豐富經驗，這對於流動性較大的大臣來說是必不可少的貢獻；與社會上各種不同的壓力集團進行協商、談判，協助政府做好調解工作或傳遞訊息，為減少或緩和社會矛盾及衝突發揮作用（詳見第七章）。

內閣集體負責制與大臣個人負責制相結合

內閣集體負責制是從十八世紀初期開始的，到十九世紀中期，集體負責制的原則便被納入了不成文的憲法常規中了。內閣大臣都是政黨的領導人，如果領導人互相攻擊，或公開把觀點強加於人，都會削弱他們的領導和政黨。內閣集體負責制的原則意味著，內閣成員必須作出妥協，決定一項大多數人能接受的政策，這一原則既約束大臣，也約束著首相，它是建立在這樣的基礎上的，即政府是從議會中產生並向議會負責，只有得到議會中大多數議員的支持，政府才能繼續存在下去，因此，政府必須對議會顯示出一個團結的形象。內閣要為它的各種政策和行動承擔集體責任，政府中任何成員尤其是內閣大臣，倘若不能接受這一約束就必須辭職。1969年4月，威爾遜首相在內閣宣讀的一個聲明說得很明確：「政府在任何問題上的政策在決定之前，大臣有權在內閣為自己的觀點辯護，但一旦作出決定，集體負責制的原則要求

每一個政府成員在任何情況下，那怕是某一個大臣沒有參加討論或事先不知道，都要贊成它，保衛它，無論是以個人身分還是集體的形式」❸。卡拉漢首相也曾在1978年12月重申了這一原則：「如果大臣不能把對內閣負責與對工黨全國執委員會負責一致起來，那麼他只有兩條道，或是辭職，或是被解職。」在早些時候，內閣的集體負責制一向意味著，每一個內閣大臣都有權參與內閣的討論並受決策的約束，但現在這一含義變了，對不同意首相決定的大臣，或是辭職，或是被迫接受，在一定程度上，內閣集體負責制的概念已被用來封住內閣中與首相有不同政見的大臣的嘴，這一點在柴契爾政府中非常明顯。在充分利用內閣委員會的今天，政府的許多重大決策往往是在由首相主持的委員會中作出，它同樣約束著政府的全體成員。這一原則同樣也應用於反對黨的「影子內閣」。

集體負責制還表現在，如果某一部門工作沒做好，據查又確非主管大臣工作不力，純繫客觀造成，在這種情況下，首相和其他主要大臣要支持這位大臣，並協助他在議會度過難關。戰後以來，集體負責制的唯一例外是，1975年就英國對歐體的去留問題進行公民投票，鑒於工黨政府內部分歧嚴重，內閣通過決議，凡不同意政府推薦留在歐體的大臣，在公民投票中可自由投票，但不得在議會或選民中宣傳自己的不同觀點。現在，內閣的集體負責制實際上已延伸到議會的私人秘書，他們雖不領薪，也沒有官方的任命，但是，他們在不同意內閣的政策或立法時，便會遭到被迫辭職或被解職的威脅，1949年艾德禮政府就解除了5名反對政府關於愛爾蘭議案的議會私人秘書，1967年威爾遜政府解除了7名不同意英國加入歐體的議會私人秘書，1977年卡拉漢政府同樣也

解除了5名。但是，也有人批評內閣集體負責制使內閣在某種程度上戴上了「假面具」，不公開暴露內部的分歧，不洩露內部的秘密。

大臣個人負責制是加強大臣個人責任的一項重要制度，它包括兩個分開而又密切相關的方面：即政治責任和法律責任。一方面，大臣協助政府制定政策和草擬議案；另一方面，主管大臣對於部門的一切工作和活動都負有不可推諉的責任，他不僅向首相負責，同時要向議會負責，如果文官在執行大臣的政策中擅自行動而出現嚴重失誤，主管大臣不管事先知道與否，都要負責，倘屬前者，除承擔政治責任外，還將引咎辭職，嚴重的還要承擔法律責任。對大臣的個人負責制，現在也有不同的看法，認為這種概念已使大臣轉化為首相的僕人。1962年，前外交大臣道格拉斯·霍姆勳爵在一次談話中說：「在某種意義上，每個內閣大臣已成為首相的代理人或助手，這一點是毫無疑義的，內閣成了首相的內閣，內閣所做的一切由首相一人向女王負責」❸。

但是，內閣集體負責制和大臣個人負責制之間的界線，有時也不很清楚，就如1967年11月英鎊貶值一事，它既可以說是大臣個人的責任，也可以說是內閣集體的責任，因為英鎊貶值之前，政府曾一再堅決聲明不貶值，更何況英鎊貶值也決非大臣個人的責任，也不是個人所能挽救得了的。

重視政策、資源等的協調

由於內閣的決策分散，其本身的作用也有所發展，已更側重於協調各部門和各內閣委員會的工作，因為各部門的主要決策都必須向內閣報告，這樣，在一定程度上內閣扮演了仲裁者的角色，這也是當代內閣的一大特點。

當前，這種協調工作基本上反映在三個方面：

1.政府各部門之間的協調：第一次世界大戰前，政府部門少，規模小，政府中幾乎沒有什麼協調工作可做。此後，這兩方面都有了很大的發展，各部門之間的矛盾和衝突時有發生，這時，協調工作不僅必需，而且與執政黨的成敗、信譽密切相關。例如：戰後初期，英國百廢待舉，政府各部門尤其對建築材料的需要都非常迫切，在供不應求的情況下，丘吉爾政府為了確保兌現每年要造出30萬套房屋以解居民的燃眉之急的大選諾言，內閣不得不經常調解、協調各部門之間由此而引起的矛盾和衝突，有時甚至不得不由首相親自出面。現在，政府中除沒有協調大臣外，內閣中還有一些不專門主管某一部門的掛名大臣，如前文中提到的掌璽大臣等，首相可根據需要，隨時委任他們領導這一工作，處理不了的再交內閣或首相裁決。

2.政府與社會之間的協調：由於對國家權力的爭奪早已獲得解決，這就是協調工作的前提。長期以來，英國政府除對外實行擴張侵略外，對內的專政職能不如西歐大陸諸國那麼突出，工人階級的鬥爭在政治上主要是爭取選舉權，並不以奪取政權為目的，在經濟上側重於要求增加工資，提高福利，因而，國家的專政工具和法律大部分都重在協調和調解社會各方面的矛盾和衝突。

3.國內外的協調：戰後以來，世界形勢發生了巨大變化，置身於這日益複雜多變而又無現成規律可循、更不能如過去那樣獨立對付的國際環境之中的英國，不得不注重與國外的協調，尤其是與美國、歐體，以及各種國際性的政治、經濟組織之間的種種協調。因此，這一工作已成為當代英國政府的一項重大議事日程。

從上述種種協調的範圍和任務來看，從技術性和科學性方面來衡量，協調工作已遠遠不是一項權宜之計，而是已成爲一項具有一定戰略意義、綜合性很強的工程。

第四節　內閣委員會

內閣委員會的設置與政府作用的不斷發展密切相關。本世紀以來，政府作用的不斷增加、決策範圍日趨擴大，已遠非上個世紀中政府的單調作用可比。第一次世界大戰前，中央政府工作主要涉及一些最基本的活動，如稅收、治安、國防，以及外交事務。政府承擔一部分社會福利作用是1906～1914年自由黨政府改革之後的事，但這種改革還只是採取了一些有限的措施，如保健和失業保險，學校的午餐、老年人的撫恤金等，此時，管理國家的經濟事務尙未提到政府的議事日程。在第一次世界大戰中，政府才開始對基本工業以國家計畫、指導和控制等形式來予以更多的干預。第一次大戰結束後，許多企業界和金融界人士希望恢復戰前「正常」的政策。然而，爲了對付傳統工業的衰落——因戰爭失去了戰前的出口市場，造成了大量的失業，政府發揮了更多的干預作用，自由貿易被逐漸拋棄了，政府建立起了市場委員會來干預合理分配短缺的工業資源，如鋼鐵、煤、棉花等。在第二次世界大戰中，戰時聯合政府在經濟中進行了全面的干預，這是中央政府作用的又一次大發展，標誌著政府作用的一個新時期的開始。戰後以來，歷屆政府都接受了國家管理經濟的作法，期望達到充分就業這一目標。政府部門的增多和政府大臣的增加，正是出於這種形勢的需要。

內閣委員會在十九世紀就出現在內閣，委員會工作的最早記錄是1854年起草的一個「改革法」。1855年在克里米亞戰爭（Crimean War）中就正式建立起來了，這些早期建立的內閣委員會是用來解決特殊問題的，包括起草立法。十九世紀後半期，內閣委員會的作用增加了，第一個內閣常設委員會是在1903年建立的「帝國防務委員會」（Committee of Imperial Defence），在第一次世界大戰中，內閣委員會這一形式得到了廣泛應用，尤其是在建立了小型的戰爭內閣之後。雖然在1918年之後，內閣委員會的數目較前減少了，但仍被廣泛地應用著。在第二次世界大戰期間，其數目又有所增加，直到1945年，艾德禮首相就牢牢地建立起了今天的內閣委員會制度的基礎。

　　內閣委員會原本是英國政府為了減輕內閣工作壓力、為內閣做一些預備性工作而設置的，作為內閣的一種輔助性機構，後來由於它發揮了越來越重要的作用，才為歷屆政府所沿用，並逐漸形成制度，成立了不同形式的各種委員會。後幾經改革和發展，又提高了它的權力。迄今，許多重要的政府決策都在內閣委員會中作出，它已成為完善內閣政府的一個重要組成部分。

　　內閣委員會雖然存在了將近一個世紀，但是，由於歷屆政府對它的存在都守口如瓶，因此，公眾對它並不甚了解。戰後以來，學術界和一些政界人士對此作出了鍥而不捨的努力，每隔幾年就有一本書或一篇文章出版或發表，逐步對這方面的情況進行不同程度的揭露，這些書和文章包括：能源大臣托尼‧本（Tony Benn）的議會私人秘書，所寫的《秘密憲法》；喬爾‧巴尼特（Joel Barnett）的回憶錄：《財政部的內幕》；1962年，休‧道爾頓（Hugh Dalton）發表了《高潮及其之後》，反映了當時公

衆對艾德禮政府的了解與後來揭露出來的事實之間所存在的相當大的差距。此外，還有理查德・克羅斯曼的回憶和巴巴拉・卡斯爾（Barbara Castle）的日記，以及道格拉斯・赫德（Douglas Hurd）根據保守黨的「標準」所作的透露。但是，威爾遜和希思政府時期在這方面的披露工作仍留下「空白」，迄今無多大進展。

對卡拉漢政府中兩個重要內閣委員會的披露完全是出於一個偶然的機法斯會，在費邊社（Fabian Society）一次對白金漢宮改革研究的討論會上，卡拉漢首相的助手加文・戴維斯（Gavyn Davies）披露了處理重大經濟政策（包括貨幣政策和國際經濟事務）的內閣經濟事務委員會和處理極端敏感的國防政策的內閣防務委員會──它研究北極星洲際彈道導彈可能的後繼者。

根據已公開的資料，內閣委員會基本上分三類：

1.重要問題的常設委員會：如國防、內政、外交、經濟、情報、立法等，這種委員會在任何時候總有20～25個。出於保密考慮，不同政府的常設委員會有著不同的代號，而不同的常設委員會也有不同的代號，正如一位前經濟顧問所說，在談話中，這種代號有助於文官把新上台的官員與已下台的官員區別開來。如柴契爾政府中經濟委員會的代號為EY，來是「經濟戰略」這一名字，被規定為內閣的第一小組。還有一個相應的經濟委員會，代號為EI，它執行EY制定的經濟戰略。此外，還有一些不太重要的常設委員會，如QF，專門負責女王的演說稿，RJ負責處理50週年紀念活動等；

2.半永久性的特殊問題委員會：如六〇、七〇年代的羅德西亞（Rhodesia）問題、權力下放問題，設置這類委員會的制度也

隨首相的更選而予以更新，並在不同的首相下有不同的代號，如在卡拉漢首相執政時，標以GEN，在威爾遜政府中則標上MISC，希思政府又改爲GENN。特別委員會的數目較多，最多時可達一百多個；

　　3.涉及各種問題的臨時性委員會：如調查、研究、或協調各部門之間的問題、政策、草擬議案等。後兩種委員會，一旦任務完成，或內閣認爲已無存在必要，便告解散。總之，完全根據實際需要設置。

　　內閣委員會的成立、成員的選擇、主席的任命等都由首相決定。現在，重要的委員會大部分由內閣大臣組成，並由首相親自主持。據1982年《經濟學人》雜誌透露，柴契爾首相主持了經濟、外交、國防、情報等6個委員會，其餘由內閣大臣主持，次要的也可由非內閣大臣掌握。

　　委員會的成員除內閣大臣外，還包括主管部門大臣、非內閣大臣、一些中、低級大臣和高級文官，在部際間的委員會中，文官的人數多一些。此外，還有一些有關問題的專家、學者以及企業界人士。嚴格來講，文官和專家等並不是內閣委員會的正式成員，但實際上，他們常常出席內閣委員會的會議。一般委員會的人數在10名左右，重要的委員會僅3、4名。

　　內閣委員會的作用：內閣委員會對內閣負責，不對議會負責，工作保密，並同樣受內閣集體負責制原則的約束，委員會的文件中，倘有不同意見，不得在全體內閣中傳閱，當年的歐體委員會文件從未提交給內閣，就是因爲其中有認爲加入歐體有損於英國外貿的爭議。

　　內閣委員會的作用大致有以下幾個方面：

分擔內閣工作

如前文所述，內閣擁有行政與立法的權力，戰後以來，由於福利國家的發展和政府對經濟的干預日益增加，18～23人的內閣承擔不了如此繁重的工作，設置研究各種問題的內閣委員會可以使許多問題在提交內閣之前，就作好了準備，使內閣從繁重的事務中解脫出來，著重考慮、研究重大的或戰略性問題。

參與決策、草擬議案

有些政策或議案不一定針對某一部門，或內閣只有一個大綱，甚至是某種目標，沒有具體細節，內閣委員會便可與有關大臣、專家、文官等一起研究、協商，予以充實和完善，然後交內閣完善。1946年艾德禮政府決定製造原子彈，1956年艾登政府決定侵佔蘇伊士運河等，就是在內閣防務委員會討論後作出的決定。不過，這兩件事都是報告了內閣並得到內閣批准的，而柴契爾政府撤銷政府通訊總部中工會的決定，完全是由內閣委員會一手泡製，其餘大部分內閣成員事先對此都一無所知。

進行深入細緻的技術性、專業性很強的調查研究工作，在事實和理論的基礎上作出判斷，為內閣的決策提供可靠的依據戰後，由於國民經濟的迅速發展，內閣在對國家事務的管理方面，面臨著技術性和科學性很高的要求，內閣大臣基本上都是政治家，不可能對這些工作有很多知識，更不是各種問題的專家，委員會的工作正好彌補了內閣的不足。

研究、制定長期計畫這是現代內閣無法做到而又是必不可少的一項工作。永久性的內閣委員會由於人員、組織穩定，可以對政府的下一個5年執政期中的多種計畫或政策目標進行研究，提出帶戰略性的報告，如柴契爾政府中的各種改革計畫和目標，均委

託不同的內閣委員會去準備。

內閣委員會同樣有協調和促進各部門工作的作用、監督作用，首相倘若不怎麼信任某一大臣或其主管部門的工作，可使委員會，尤其是大臣組成的部際間委員會予以監督。

此外，在某種程度上，內閣委員會的工作還可以使首相避開內閣中的分歧，柴契爾首相就是這麼做的，利用內閣集體負責制的原則，用內閣委員會的決策約束全體內閣，尤其是對某一政策有不同意見、甚至是反對意見的內閣大臣。

設置內閣委員會的好處是多方面的。首先它可以使內閣擺脫大量繁瑣事務的糾纏，減輕工作壓力，能及時、迅速地決策。若有一些複雜問題需要同時解決，可設置若干委員會同時工作，在當前變化多端的國內外形勢下，內閣必須具有在幾條線上同時進行活動的應變功能，方能抓住時機、擺脫被動。

內閣委員會的設置、解散，機動靈活，甚至在一次會議解決問題之後便可撤銷，既提高工作效率，又不致使政府機構臃腫龐大，還可減少政府財政開支。

充分、合理地使用內閣委員會並不削弱內閣對整個決策的監督和控制（但在柴契爾政府中已有所削弱），非閣員大臣、低級大臣，以及文官、專家、學者參與決策，不僅可提高決策的科學性和可行性，彌補內閣大臣知識和經驗的不足，同時決策適當分散，使有些決策更接近於下層，可避免重大失誤，減少官僚主義，還增加了選民的參政機會。

一個具有很好計畫、結構的內閣委員會，能夠促進政府工作的進程，同時減少部門之間的磨擦，從而提高工作效率。

但是，內閣委員會同樣存在著一些明顯的缺陷，如它是秘密

的，在內閣辦公室之外基本上無人能對當時它的結構有一個完整的了解，現在之所以能爲大家知道，乃是各種渠道的披露，並不是政府自願公開的，這種情況歷來如此，這一點確實反映了英國封閉性政府的特點。正是由於它的秘密性，才引起了公衆的擔心。1973年5月3日，《泰晤士報》發表了題爲〈白金漢宮之不需要的秘密〉的社論，這是英國第一次公開表達對內閣委員會制度的憂慮。內閣委員會的秘密性既包括了它的組織，也包括它的成員，即使是內閣大臣，除了他本人參加的委員會外，對其他的也很少了解，一般只知道那個委員會幹什麼，但不知道誰在裡面。人們曾要求柴契爾政府的內閣秘書約翰‧亨特勛爵 (Sir John Hunt) 說明保持內閣委員會成員秘書的正當理由，他含糊其辭地回答說，如果成員公開的話，就會使他們「屈服於某種壓力」。

另一個缺陷是，有的大臣或內閣大臣參加某一內閣委員會純粹是出於組織上的原因，如威爾斯事務大臣和蘇格蘭事務大臣是由於地區上的含義，財政部的首席秘書則由於政府開支的含義，更突出的是，參加廣播方面委員會的大臣沒有一個對廣播感興趣，而感興趣的幾位大臣卻一個都不在裏面。

這種秘密的內閣委員會制度還存在著某種危險，這種秘密削弱著英國的代議制民主，同時造成了委員會成員的獨斷獨行。原因在於，今天的首相擁有很多、很大的權力，內閣有成爲他／她一人統治之局面，首相有權任命和解職委員會中的成員，從而可以任意排除不同政見者參加內閣委員會。還因爲在四〇、五〇年代，內閣委員會的決定仍需提交全體內閣會議批准，但到六〇年代，威爾遜首相又作出了嚴格的規定，提高了內閣委員會的權力，使它的決定具有內閣決定的同等權威。這樣，在內閣集體負責制

原則的約束下，2～3人委員會的決定就可以約束整個政府。此外，內閣委員會中如有分歧而達不成一致意見，必須得到主席的同意才能提交內閣，這就在一定程度上限制了內部不同意見的發表和引起正常的辯論，因此，這種做法本身就潛在著一種危險，更何況首相的這一權力排除了來自政黨或政府有效的調查、監督和其他壓力，大臣個人的獨立愈少，他們所擁有的、公認的權力也就愈少，從而更有可能加強內閣委員會成員的獨斷獨行的本質。這種情況在柴契爾政府的內閣中尤其突出，她的政治風格就是扼殺內閣中的辯論，從而遭到許多大臣的反對，也正如有些大臣私下的證實，戰後以來，沒有哪一屆政府有如她這樣依賴於她的內閣委員會，不過，柴契爾首相比她的前任有一個小小的進步，她主動透露了四個主要的內閣委員會，但是，她還是沒有說出誰在這四個委員會中、討論了什麼、如何決策或如何達成協議等。以往的歷屆首相則根本不承認有這種組織的存在。

第5章
高度的中央集權

第一節　首相政府之爭的由來

　　英國政府的演變大致經歷這麼幾個過程，即國王任命首相和大臣並組織政府的稱之爲「國王政府」；在國王的權力衰落並向議會轉移後，便從議會產生政府，並受議會控制，稱之爲「議會政府」。據調查，在十九世紀四〇年代到六〇年代的六屆議會中，每一屆議會至少要罷免掉一屆、甚至兩屆政府，這清楚表明，議會控制著政府的命運，政府的更選取決於議會中的投票，這便是被稱爲議會政府的「黃金時期」，議會挑選它所喜歡的人，解除它不喜歡的人，一屆政府取代另一屆政府無需解散議會，如在1852年、1855年、1858年和1866年等；之後，隨著兩黨制的確立與發展，議會的權力又逐漸削弱，與此同時，行政權力得到了不斷的增加，進而又發展到由首相挑選大臣、組織政府，因而被稱爲「內閣政府」，並集體向議會負責。戰後以來，在政府環境不斷演變的過程中，首相的權力也相應地不斷有所增加，中央集權進一步加強，到六〇年代，在英國的政界和學術界便出現了關於「內閣

政府」正在向「首相政府」（或總統式政府）過度的爭議，有的甚至認爲英國已出現了「首相政府」，並由「選舉產生獨裁」，從而產生了對英國會不會走向獨裁政府的憂慮。

　　「首相政府」之議的出現是建立在以下一些事實基礎上的：首相已處於行政權力金字塔的頂端，佔據著支配地位，他控制著政府（內閣）的人事任命、建立內閣委員會來服務於他的政策目的與要求、控制內閣乃至議會的議事日程、干預重大決策等。此外，內閣辦公室、首相的私人秘書等基本上填補了沒有首相部的空缺。現在，內閣委員會和政策小組權力的發展已使得內閣的權力又大爲削弱。所以，除非首相個人或政策上有嚴重失誤之外，首相可以得絕大多數議員的支持，從而大大提高首相的地位和權力。

　　六〇年代英國出現的這場爭議，其根本原因在於首相的權力已高度集中，主要反映在任命權和決策權兩個方面。從十九世紀三〇年代到六〇年代末，在這段時間裏，首相與他的同僚必須密切合作，很難區分誰是政府中最重要的成員，沒有內閣的支持，首相不能要求他的大臣辭職，以及何時解散他的內閣，重要決策必須在全體內閣中討論決定。從十九世紀六〇年代末到第一次世界大戰前，許多重要的爭論和決策仍在內閣中進行。但本世紀來，政府部門增加了，內閣及其決策範圍也擴大了，首相對內閣委員會、政策小組的秘密任命和授權，導致決策者的範圍越來越小和越來越分散，逐漸脫離了內閣集體決策的原則，有時甚至繞過內閣，但卻仍堅持內閣集體負責制的原則。

　　在這種情況下，人們對「內閣政府」提出了異議。長期擔任內閣大臣的理查德・克羅斯曼把內閣委員會的發展看作是「內閣

政府正在消失」的一個因素，因爲「決策權正在永遠地向下轉移到內閣委員會，向上則轉交給了首相」❸。他認爲，英國朝「首相政府」發展的趨勢是不可抗拒的，而且會予以更好的制度化。而約翰・麥金托什在他《英國的內閣》一書中認爲，首相的權力已超過了內閣的權力，一位首相如果健康良好，又得到內閣同僚的支持，那麼，在大選間歇期間是不可能被換掉的。因此，他聲稱，現在英國政府可以精確地描寫成爲「首相政府」，而不是「內閣政府」。黑爾什姆勛爵 (Lord Hailsham) 進一步明確指出：「在今天的議會制度中，權力已更多地集中在政府，在政府中權力已更多地集中於內閣，在內閣中，權力已更多地集中於首相」。這的確也是事實。不過，他還沒有因此而認定英國正在發展爲法國式的或美國式的總統政府。工黨左翼議員托尼・本在1979年就毫不隱晦地指責：「英國首相無論以首相，還是以黨的領袖名義，他的權力範圍很大，現在則太大了，以致侵犯了選民的合法權力，破壞了議會必不可少的作用，篡奪了一部分內閣集體決策的作用和權力」❹。簡言之，現在中央權力集中到首相一個人手裡已走得太遠了。

　　矛盾的焦點集中在首相的權力上是有其原因的。英國首相源出於十八世紀喬治一世統治時期，由於他不會講英語，對英國的政治也不感興趣，不經常參加內閣會議，由財政部第一勛爵羅伯特・沃波爾 (Robert Walpole) 接替了他的主席位置，因此被看作是「平等中的第一位」❹。首相一職的頭銜到1905年才得到官方承認，如果以工資的形式則出現在1937年的「國王的大臣法」中。今天，首相掌握的權力已使昔日「平等中的第一位」之說成了歷史。1979年柴契爾首相執政後，她的一系列行動超出了常規

的程序，加快了對多元民主的侵犯，在加強中央集權及其個人權力方面確實出現了許多嚴峻的現實，尤其是毫不留情地削弱那些依賴於中央財政支持的機構原有自主權，從而把「首相政府」之手引入了高潮。

英國首相權力的不斷增加有其主、客觀的原因：

歷史的發展與累積，事實上，首相今天擁有衆多權力並非一朝所獲，而是長期逐漸發展和累積的結果，尤其戰後以來，各屆首相的權力或多或少都要比前一任首相有所增加，這種發展趨勢既沒有遭到內閣反對，也沒有遭到議會的異議或限制，先例一經建立，就被相繼沿用，慢慢被尊爲常規。在英國，常規的約束力有的甚至不亞於成文法；由於通訊發達，國際間最重要的事情都在各政府首腦之間進行商討、處理，從而提高了政府首腦的影響和作用，英國的首相成了事實上的國家首腦，以及公衆輿論的中心；首相擁有授予官職的很大權力，這不僅支配著政府，而且控制著本黨的議會黨團，因爲他們希望繼續任職的話，必須支持首相；在某些重大決策上，首相擺脫內閣、向議會保密等現象，並非現在才有，自十六世紀便時有發生，現在也不過是處在重覆的階段之中，柴契爾政府中更不乏這方面的例子，原因之一就是爲保密，因爲事情一到內閣，秘密往往就很難保住。當然，對柴契爾首相來說，更重要的原因是爲了擺脫內閣的阻力，以便貫徹執行尤其是她的貨幣主義經濟政策。據統計，當她把事情拿到內閣會議上時，她遭到的失敗次數遠遠多於戰後以來任何一屆首相；柴契爾首相本人的家長制作風更助長了對「首相政府」的爭論。一般都認爲，是她的意志而不是內閣的意志在政府中起主導作用，她說「我們中的許多人考慮」不過是意味著「我考慮」，或

「杰弗里・豪和我考慮」。這表明，今天政府的權力集中到首相及其一兩個親信內閣大臣手裏已到了何等地步，內閣已遠遠不是原先意義上的內閣了。

第二節　首相的權力及其發展

現在，英國首相是全國最高的領袖、兼文官的首領，財政部首席大臣和內閣主席，同時也是執政黨領袖，這樣，他既是行政領袖，又是政治領袖。首相的權力和作用並沒有正式文件或法律規定，同樣是在歷史的發展中逐步形成和發展起來的，並得到議會的默認和內閣同僚的尊重。主要有以下幾項：

㈠政府首腦

他處於英國政府權力結構的頂端，代表內閣向議會作總的政府工作報告，其他大臣只報告與本部門有關的事情。他注意所有重要的議案，提交議會討論的議案必須先交由他審閱。決定內政、外交的一切重大政策，各部門所定的政策必須經他同意才能付諸實施，各部門之間的矛盾由他最後定奪，並監督各部門的工作。

㈡控制內閣議事日程、主持內閣會議

在早期的內閣中，首相與其同僚處於平等的地位，有時甚至很難說得上平等，因爲在呈送國王的內閣備忘錄名單上，他的名字常常出現在很低的位置。1827年，由於坎寧（Prime Minister Canning）的去世，內閣會議曾一度沒有主持人。直到十九世紀中期，任何大臣都可以召集內閣開會。到了阿伯汀政府（Aberdeen

Government) 時（1852～1855年），召集內閣開會就要先報告
首相，這已成了習慣，1870年格雷斯頓便建立起只有首相才能召
開內閣會議的權力，這也是他作爲首相的唯一權力。此後，首相
的這一權力就得到了尊重，到1894年達到最高峰，他決定，在他
外出度假時，禁止在他不到會的情況下召開任何內閣會議，這樣
便完全確立起首相對召開或批准召開內閣會議的絕對權力，即使
是大臣非正式的會議也被認爲是對首相這一權力的侵犯。今天，
當首相出訪或生病時，可以指定一位高級大臣主持內閣會議，內
閣會議偶爾也可以在首相不出席的情況下召開，但首相必須知道
或不反對才行。所有內閣會議的議事日程均由首相控制。

㈢掌握著重大的人事權

　　本世紀前，首相在任命大臣和組織內閣時，都要事先與他的
同僚進行商量，本世紀以來，有幾位首相便逐漸放棄了這種做法，
如1902年的巴爾福（Arthur James Balfour）、1905年的坎貝
爾‧班納曼（Sir Henry Campbell-Bannerman）、1908年的阿
斯奎斯、1924年的拉姆齊‧麥克唐納等。從勞埃德‧喬治起，對
政府低級大臣的任命權也從高級大臣轉到首相之手。十八世紀，
人們擔心，越來越多的大臣來自於議會，議會的獨立就要受到削
弱。後來通過一項立法，限制任何一屆政府中的大臣數目，在1957
年的一項確實立法中規定，在一屆政府中，高級大臣爲29名，總
數爲70名。但在1964年和1974年，威爾遜首相新設置了許多大臣
的職位，這樣，大臣數增至91名，後來又增加到95名，並取消了
高級大臣的數量限制。首相還任命主教和教士，以及提名並由女
王冊封新貴族。此外，他還掌握著高級文官的任命，有權增設或

合件政府部門，以保持對文官的控制。

(四)改組內閣

首相解除大臣職務的權力是在十九世紀八〇年代末確立的，也就是索爾茲伯里在1887年重建他的內閣時便牢牢地建立起來了，根據形勢和政策等的需要，解除不稱職和不同意他的政見的大臣，吸收支持、忠於他的大臣入閣。

(五)控制國家預算

前文提到，國家預算基本上完全在首相和財政大臣兩人之間討論決定，內閣很少也很難參與，只有在向議會公布之前才讓內閣知道，但已無重大變動的可能。

(六)解散議會，提前大選

1841年至第一次世界大戰，每一屆政府的辭職，議會的解散，都是在內閣集體討論後決定的，在此後的幾年中發生了重大的轉折，1918年以來，正式確立了對憲法具有重要意義的原則，即由首相向國王提出解散議會的建議，不再由內閣集體討論決定。不過，在解散議會的時間上，首相會爭求少數高級大臣的意見，但決定權在他。解散議會同樣是首相的一項重大權力。在內閣地位不穩時，解散議會的自由度很小，只要在內閣地位穩固時，首相就可以選擇對他及其政黨有利的經濟、政治時機，提前大選，以便爭取連任。

㈦宣布緊急狀態

　　根據1920年《緊急狀態法》，在全國正常物質生活受到威脅的情況下，首相可以透過內閣提請女王宣布全國處於緊急狀態，即在出現大罷工或暴力事件時，政府有權在全國採取緊急行動，接管或控制全國的電力、煤氣供應，實行食品配給制、控制物價、管制交通運輸、徵用車輛、工地和建築物，甚至調動軍隊進駐電力供應站，運送重要物資等。「緊急狀態」的宣布由內閣決定，女王批准，7天內得到議會確認後實施，有效期為28天。如果28天後仍需維持「緊急狀態」，這套手續再重覆一次。戰後以來，英國一共宣布過9次「緊急狀態」，都是政府在工人罷工中宣布的。1948年和1949年碼頭工人罷工，使全國港口癱瘓，工黨政府兩次宣布「緊急狀態」。1955年的鐵路工人罷工和1966年的海員罷工也使兩黨的政府訴諸緊急狀態法。七〇年代希思政府任內有5次宣布全國處於「緊急狀態」。採取這種措施雖不得人心，卻給予政府以類似戰時才有的權力，使首相得以應付危局，度過難關❷。

　　戰後以來，首相權力又不斷有所增加，並逐漸形成高度的集中，這點不僅議員們有所反映，甚至前首相都毫不隱晦地承認，威爾遜這樣寫道：「在和平時期，每一位首相都能比他的前任取得更多權力，因為在整個時期，各屆政府已行使了更多權力並發揮了更大的影響」❸。

　　還有一些重要因素促進並加強著首相的權力。在當代國際環境中，外交和國際首腦會議的發展已意味著，英國首相是比世界大國時參加更多且越來越頻繁的各國首腦會議，如兩年一次的英聯邦首腦會議，一年數次的歐體首腦會議，而突發的外交危機一

般都需要首相積極參與，如1965年威爾遜首相負責與羅德西亞的談判、1967年的英鎊貶值、1982年的福克蘭群島危機，英國取得了勝利，從而大大提高了首相柴契爾夫人的威望等。但是，1956年英國入侵蘇伊士運河的失敗，便很快迫使艾登首相辭職。

當今傳媒的各種報導也日益趨向於把焦點集中到首相身上，從而增加著首相的重要性，不管是報紙、電台或電視都無一例外。據統計，在過去的25年中，《泰晤士報》對首相的報導，大大超過對政府中三個高級大臣報導的總和，即外交大臣、財政大臣和下院議長。

此外，首相還有很多機會來使他成為政府的化身，如在傳播媒體中，在外交訪問中，首相幾乎被當作是內閣政策的權威發言人，柴契爾首相就很隨便地在電視上「制定政策」，或是在與人交談中，即席制定政策。不過，這些在事先都告訴了內閣，如關於1980年的「工業關係」和「越南難民問題」，以及1981年關於歐共體預算問題上的聲明等，也都是如此。

以上這些情況表明，早先首相與內閣成員處於平等地位已不再是內閣政府的特點了。

戰後以來，首相增加的權力比較重要的有以下幾個方面：

㈠內閣控制內閣委員會

內閣秘書處。它起源於本世紀初。原來只有一個秘書，僅負責保管帝國國防委員會的文件，第一次世界大戰爆發後，秘書處便與內閣建立了密切的聯繫，1916年首相勞埃德·喬治正式創建了內閣秘書處，為首相服務，是首相最高的官方顧問、政府事務的協調者，並監督各部門執行內閣政策的情況，同時為內閣和內

閣委員會服務。戰後以來，它幾乎成了首相的永久秘書和重要助手，不僅爲內閣準備議事日程，還在政策上、內閣委員會的結構上，以及建立或取消內閣委員會等事情上提出它的建議。

聘請、任命政府之外的專家、學者、企業界人士作爲首相和政府部門的各種顧問，決策出現非政府化趨勢。威爾遜首相執政期間，首先創立了這種做法，儘管當時曾遭到批評，但還是逐漸被大家接受了。之後的卡拉漢政府（一共任命了20～30個這樣的顧問）和希思政府都把這種政治任命引進了政府部門。很明顯，這種任命對於政府政策的制定和執行都要比以前發揮更大的作用，這些顧問提供了文官所沒有或欠缺的知識和經驗，並提供了某些專門化的訊息，爲首相的決策提供了可靠的依據，也爲知識界、企業界的參政提供了一定機會，同時也是對有關部門的政策建議進行一種有效評價。柴契爾政府也有20餘名不同的顧問。不過，並不是所有的大臣都有這種顧問，一般限於環境部、就業部、教育科學部、財政部、保健與社會安全部、北愛爾蘭事務部、總督導等。值得注意的是，兩大政黨政府聘請的人士各不相同，保守黨政府聘請的顧問主要是經濟或企業界人士，著重在提高經濟效益和節約方面，而工黨政府的顧問側重於政治方面的學術界人士，旨在發揮政治上的作用。

(二)建立智囊團

智囊團（Central Policy Revien Staff）是希思政府在1971年初建立的，其目的正如希思首相所解釋的，主要是繼續審查政府的中、長政策和戰略，並正規地對政府各部門的利益和文官的忠告提供一個平衡。它主要有幾種活動：計論戰略性的活

動、對跨部門、長期性的有關問題，進行深入調查研究，如能源政策、各種社會政策、英國汽車工業等。它不受某一部門觀點的束縛，也可以提出政策或問題、廣泛協調部門內部及部門之間的活動。此外，還考慮日常問題，並把戰略考慮貫徹到決策過程中去等。其成員是臨時性的，有15～20名，來自文官隊伍之外的各種專家，職員來自政府內外，內部的為高級文官，外部則包括企業界、金融界，以及大學中的專家、學者等。該智囊團為全體內閣服務。1983年被柴契爾首相以「它的目的現正以其他方式實現」為理由而取消，結果此舉被納入了關於內閣政府還是首相政府的爭論之中。

㈢建立政策小組

希思首相的另一個重要發展是在內閣辦公室建立政策小組（Policy Unit），第一個便是「歐洲小組」，透過內閣辦公室就英國加入歐體的談判問題協調政府各部門的工作。在其他問題上同樣建立各種政策小組。1974年，威爾遜首相就延用了希思首相的辦法。這是首相本人的智囊團或「思想庫」，只有對首相本人負責，不對內閣負責，這種非官方的小組由文官、大臣和相同政治傾向等人組成，並沒有冠以任何內閣委員會的頭銜，但很有權力，受首相直接控制，它可以自由閱讀內閣文件，審查超越部門界限的問題，特別是加強對中、短期政策問題的研究，幫助首相寫演說稿，對政策和各部門的報告提出意見，並協助首相加強與政黨的聯繫。無疑，政策小組的建立起到了進一步削弱內閣的集體責任制，以及內閣對整個決策的控制與監督；

首相還有一個私人辦公室。主要由他的私人秘書和4個助理私

人秘書組成，他們都是文官，分別負責內政、外交、經濟事務和議會等4個領域裏的政策。首相私人辦公室協助首相為議會的事務、問題作準備，以及把各部門的情況簡要報告給他。

以上首相加強權力的種種措施，從積極的意義上說，它有利於決策的靈活、方便和更加有效、彌補政府、內閣中各種專門人才和知識的缺乏、經驗的不足，既可擺脫官僚機構繁瑣程序的束縛，又符合英國政治上一貫的求實作風，同時使決策接近於下層，減少官僚主義和政策上的失誤。但不可避免的是在一定程度上削弱了內閣的權力，卻相應地加強了首相對政府權力的控制和高度集中。

第三節　柴契爾政府進一步加強中央集權

柴契爾首相執政以來，在英國的政壇上已建立起了一系列新的記錄，除了她是英國第一位女首相外，她領導保守黨連續3次奪得了大選勝利，而且在議會中始終佔有絕對多數席位，並曾雄心勃勃地要爭取第4次連任，甚至更長時間。她已成了戰後以來執政時間最長的首相。在執政的10多年中，她的政府無論在內政、外交上都取得了引人注目的成就。這一連串的成就不僅鞏固了她作為首相和保守黨領袖的地位，同時也使她變得更加堅定、自信、武斷，甚至一定程度的跋扈，對擋她道的大臣，她會毫不客氣地踢開，如前外交大臣皮姆和前國防大臣赫塞爾廷等人，令她的同僚感到敬畏。柴契爾首相的這種風格給她的同僚留下了這樣一種印象：「在柴契爾夫人腦子裏想到的東西會及時地成為法律」❹。這種說法或許誇張，但是，凡是依賴於中央財政支持的地方機

構，柴契爾首相都毫不手軟地削減它們的自主權，這一點卻是嚴峻的事實。

據評，英國首相的風格大致可分為動員型和妥協型兩種，前者強調決策、任務的執行和改變現狀，關心目標的實施；後者則重於維持一個集團的內聚力，更關心反映不同的利益，願意妥協，如果必要的話，甚至可以犧牲某個政策目標。從執政10多年來的情況看，柴契爾首相對許多現狀的不滿和對新政策毫不猶豫的支持，並大刀闊斧地改革和大膽的領導，恰好說明她是屬於動員型風的首相。她的這種風格來源於如下幾點堅定的信念：(1)市場經濟是發展、促進經濟的最好手段、政府的干預可能會起反作用；(2)國家應當富強，尤其必須有強大的國防和可靠的安全；(3)人民應該自己解決自己的問題，而不是依賴政府，強調個人的責任和自由；(4)正確的政策、計畫比對弱者、失業者和病者的同情更有用；(5)政府要持久地做好事的能力是有限的，但是它有很大的能力來做壞事等等。這套信念是建立在她過去的經驗上而不是什麼抽象的理論，這一點又恰好體現了保守黨一貫重實踐、輕理論的傳統，在這些政治信念的指導下，柴契爾首相在執政過程中不斷加強著中央的權力，以便更有效地貫徹執行她的政策，具體措施如下：

㈠進一步降低內閣的作用和權力

柴契爾首相曾直言不諱地說：「我是內閣的叛逆者」❹。戰後以來的歷屆首相雖充分利用內閣委員會，但基本上並不擺脫內閣集體決策原則，在內閣委員會中的決定仍必須拿到內閣全體會議上予以批准或認可，這樣可以保證內閣對整個決策的控制和監

督，因此被稱爲內閣集體負責制的「黃金時期」。但是，柴契爾首相執政以來，打破了這一憲法性常規，在許多重要領域裏的決策幾乎控制在她與少數幾個高級大臣手裏，使首相的權力又向前發展了一步。1981年柴契爾首相與幾個高級大臣便決定了購買「三叉戟」導彈的計畫，引起《星期日泰晤士報》的政治編輯在1981年5月24日寫了一篇題爲〈內閣政府的死亡〉的文章，稱內閣不再問及、也不再堅持在購買這種導彈上提出內閣的集體意見。更值得注意的是柴契爾首相利用內閣委員會來決策，以擺脫內閣中的不同政見，再用內閣集體負責制的原則來約束大家，使她的政策得以有效的貫徹執行。例如，在她執政的頭一年多時間裏，許多內閣大臣都反對她的貨幣主義經濟政策，因此她沒有召開過一次內閣會議來討論她的這一經濟政策，而是利用她主持的內閣經濟委員會來制定政策，這對內閣委員會是一種創新的利用。

此外，1983年取消了希思首相建立的智囊團，其直接原因是它洩露了保健政策使政府尷尬，但主要原因是她不信任這個戰略分析機構，認爲這是大臣和保守黨的事。她寧願更加擴大和依賴於她自己的政策小組，並將其規模擴大到8～9個全日制成員和一個與外部顧問有聯繫的工作網，或由她親自主持，或由她的親信大臣負責，向她提出明確的政策建議，並予以貫徹執行，如，除杰弗里·豪在議會宣布解散政府通訊總部中工會的決定之外，還有如有關地方政府的改革、工業關係法、就業措施等等，同樣是由政策小組提出來的。這種做法不僅排除了內閣集體的監督，卻仍要求內閣承擔集體責任，而且也排除了多數內閣成員的有效參與。即使在內閣會議上，她一反過去常規，總是由她先陳述自己的觀點，並不等待其他大臣發表意見或評論，使他們無法對她說

的觀點提出挑戰。前國防大臣赫塞爾廷在辭職的記者招待會上，直截了當地指責她武斷地拒絕他在內閣討論韋斯特蘭（West-land Affair）直升飛機公司一事，並禁止他重申過去的觀點，卻讓該公司的主席出席以她為主席的內閣委員會會議。她的前外交大臣弗朗西斯‧皮姆嘲笑她的作風體現了「這個時代的專制主義精神」。這確實說出了許多大臣的心裏話。

㈡加強對中央各部門的控制，削弱它們的自主權

柴契爾首相執政以來，對政府各部門的干預大大超過了戰後以來任何一屆首相，她要定期檢查、督促各部門執行某些政策的進展情況。如果大臣要求與首相會晤，就等於接受她對該部門工作進行一次嚴格的全面審查。政策小組提出的政策建議，雖然可為她提供另一種選擇，但也被大臣們看作是對有關大臣工作的一種檢查，更是對他們的一種潛在威脅。

㈢控制地方政府，削弱它們的種種權力

柴契爾政府對控制地方政府有著一整套的步驟與戰略。在1979年的競選宣言中，保守黨就明確表示，要對地方政府實行改革。執政後至八〇年代初，政府便發動了一場宣傳運動，攻擊地方政府不民主、沒有效率、超支、常為極端分子所左右，有的乾脆為一邦「極左派」集團所把持等等，為政府後來一系列政策措施的出現埋下伏筆，以便最終達到削弱地方政府的自治權和加強中央控制之目的。由於地方政府的稅收不足其開支的一半，其餘有賴於中央的撥款。因此，柴契爾首相首先在財政上對地方政府施加種種限制。首先削減中央對地方政府的撥款，把中央向地方

政府提供的開支總額從1978年全國平均水平的61％，降到1987年的46％，其中僅1979與1980年度就減少了3億英鎊。1980年頒布的「地方政府、規畫和土地法」，以及1982年的「地方政府財政法」提出了新的限制撥款措施，建立起標準開支限額，對超標準開支的地方政府，中央不僅要逐步減少對它的撥款，並要予以懲罰，當事者個人還要負法律責任；其次，1984年的稅收法取消了地方政府徵收追加稅收的權力，並實行地方徵稅限額，從而取消了自十六世紀以來地方政府一直享有的權力。1986年的「地方政府法」又禁止用稅收收入來資助政黨的宣傳。1988年的「地方政府財政法」以一種新的稅收——人頭稅，來取代內部的稅收，這一來，地方政府開支的大約75％就要受中央的直接控制，同迫使地方政府把許多服務項目拿出來供大家投標；第三，1985年的地方政府法在取消了大倫敦議會和6個大城市郡之後，把它們原來負責的一些服務項目轉交給較低一級的地方政府或新任的委員會，或由中央負責；第四，由中央提供土地和資金支持，並由中央任命的人員組成城市發展公司，來發展內城地區，並採取由經濟政策取代以往的社會政策來給予政策上的優惠，包括稅收，排除地方政府參與；第五，增加利用特殊撥款的手段來影響地方政府的開支和稅收；第六，由於推行出售有住宅、鼓勵民眾買屋等政策，加強了對資本投資的控制，從而削弱了地方政府在住宅和土地規畫上的權力，並出現了否決地方規畫決定的新趨勢。

㈣削減教育方面的自主權

戰後以來，大學一直享有自主權，與政府的關係比較疏遠，政府也沒有試圖透過財政手段來加強對大學的控制，儘管在七○

年代大學依賴政府資助其四分之三的開支。但柴契爾政府卻從幾個方面加緊了對大學的控制：如透過新的財政委員會直接加強對大學的財政控制，據稱，大學中的科學家在提出了令政府感到尷尬的關於污染問題之後，便發覺越來越難以從政府取得他們所需的科研基金；大學的全部課程要服從於教育大臣任命的委員會所制定的全國課程安排，並要接受委員會的檢查；政府的權力還觸及到學術職位，取消了個別大學中系科設置的佔有權，因此，人們擔心，學術自由也可能要受到損害。後來由於政府接受了議會上院對教育改革的修正案，才使這種不安的心理得到放鬆。但是，政府企圖授予教育大臣對科研成果發表的處理權，再次引起大家的擔心。此外，柴契爾政府先後頒發了6個教育法，如1979年、1980年、1981年、1986年的教育法、1982年的教師薪水和地位法，使本來由地方政府決定教師的薪水、地位，改由中央決定、1988年的教育改革法，取消了內倫敦教育局。1986年中央還繞過地方政府，資助建立城市技術學院，吸收內城的孩子接受技術教育，進一步削弱地方政府的自治權。

(五)對高級文官的任命趨於政治化

英國文官歷來服務於不同政黨的政府，在政治上持中立態度。柴契爾政府上台執政之後，多次攻擊文官為社會中一個特權集團，要對他們進行改革。在任命高級文官時，她一改過去常規，強調以文官的政治觀點為基礎，更重視對保守黨政策的忠誠，這在歷史上是罕見的。《經濟學家》雜誌寫道：大多數重要部門的高級文官現在都知道，是柴契爾首相個人的任命使他們的晉升常常超過了更為高級的候選人。另一位文官說得更明確：「1979年

5月（大選）遠遠不是一次政府的更選，從政治辭彙和經濟哲學的角度來講，那是一場革命」。

㈥加緊對議員的控制

柴契爾首相在加強對權力集中的同時，更加緊了對保守黨議員的控制，對議員的忠誠要進行定期、正規的檢查，黨的督導每年要舉行兩次會議來討論議員的投票記錄和他們的觀點，每當柴契爾首相在作新的任命時，這些記錄都將被認爲檢查和考慮，「什麼也忘不掉，沒有一點會得到原諒」。弗朗西斯・皮姆曾咬牙切齒地咒罵彌漫在政府中的不正常空氣，「忠誠就意味著100%的接受政府的思想，任何不同意見，那怕是表示懷疑就意味著背叛和叛逆」 ❹。

改革工會：早在六〇年代中期，工會在公共部門工資問題上的討論還價就變得日趨政治化。七〇年代，由於工會權力膨脹，鬥爭性加強，許多行動已越來越脫離群眾，如封閉性集團、非官方罷工、大規模的糾察線等，對英國的經濟和政治發揮了不應有的巨大影響，使國家陷入難以管理的混亂狀態，引起了人們的普遍不滿，希思和威爾遜政府都無法把工會活動納入正常軌道，並最終導致希思政府的垮台。這一方面爲柴契爾政府對工會進行改革提供了必要條件，同時也爲改革準備了一定的群眾基礎。

保守黨在1979年的競選宣言中就明確提出，要在三個方面對工會立即進行改革：制定新的法律限制工會設置糾察線的權力；由於封閉性集團而被排除在任何工會之外的工人可上訴法院，並能得到政府的資助；政府資助工會選舉其領導以及罷工前進行內部投票表決的活動等。

1980年、1982年和1984年的兩個就業法和一個工會法都擊中了工會的要害，削弱了工會權力、打擊了工會活動，如規定設置糾察線的人數，不得遠離工作地點設置糾察線或設飛行糾察線，取消工會根據習慣法所享有的豁免權，強迫工會實行內部秘密投票表決，以決定是否進行罷工，民主選舉其領導，賠償由於非法活動所造成的損失等。更重要的是，政府表明，工會領導不再能經常出入唐寧街10號。換言之，他們已不能再像以前那樣參與管理國家了，在難得一次接見職工大會（TUC）的領導人時，柴契爾首相直截了當地對他們說：「我們是在兩個不同的世界」❹，十分嚴肅地明確了工會與政府之間的權力界限。

　　由於政府放棄了任何正式的收入政策，也就沒有了收入的標準或目標，這就使工資問題脫離了政治，政府沒有必要為此與工會領導保持密切接觸，工會領導也不能據此要挾政府，向政府強加它的意志或政策。這樣，在失業大量增加、工會會員迅速減少、政府透過一系列限制工會活動立法的情況下，加上工會內部分裂和工黨在大選中連連受挫對其造成的不利影響，工會與政府的接觸已減少到最低限度，工會運動已明顯陷入低潮。工會領導不得不承認，目前，工會對柴契爾政府來說已無足輕重了。

(七)試圖成立首相部

　　1975年柴契爾夫人當上保守黨黨魁時便提出建議，進行憲法上和機構上的改革是她執政後優先要解決的問題。因此，在她掌權後，加強首相權力和中央集權便成了她的一個重大目標。1982年，她建議把她所有的顧問和唐寧街10號的職員都結合起來，建立首相部，也就是把首相辦公室的4個組成部分，即私人辦公室

(Prime Minister's Private Office)、政治辦公室(Prime Minis-ter's Political Office) 、首相新聞辦公室 (Prime Minister's Press office) 和政策小組 (Policy Unit) ，結合起來組成一個首相部，專門爲首相服務，以便對政府各部門提出的政策有一個可供選擇的方案，其實質是要加強政府對各部門的監督和控制，從而把政府權力進一步向首相手裡集中。在1981年柴契爾首相任命了艾倫·沃爾特斯 (Alen Walters) 爲經濟顧問，其顧問作用獨立於財政部，1982年又任命了外交和國防政策的私人顧問，以及1983年又任命了外交和國防政策的私人顧問，以及在1983年取消了「智囊團」時，人們便加強了這種猜測，並把「首相政府」的爭議引向了高潮。但是，柴契爾首相這一意圖遭到了政府內外的強烈反對，大臣和文官對首相權力的機構化尤其惱火，因爲這對他們的主管部門構成了明顯威脅。1977年前，威爾遜首相曾說過，建立首相部不必要，因爲首相需要建立的一切都已交到了內閣辦公室；從行政上來說也未必合算，因爲這會給首相帶來更大的行政負擔，而且會使首相強加它本身發展起來的部門觀點或態度，這樣，首相便有可能成爲一個「中立」的內閣主席，削弱他與內閣一起決策的能力；首相部的建立同時會使其他政府部門降低地位，增加首相向內閣強加他個人意志的能力。結果，首相部終於未能建立起來。

第四節　對首相權力的限制

　　長期以來，集中在首相手裡的權力已越來越多、越來越大，這一事實導致許多人認爲，首相的權力太大了，實際上已取代了

內閣,決策權已完全屬於首相,「內閣政府」已成爲「首相政府」等。前印度事務大臣蒙塔左（E. S. Montagu）甚至認爲,早在勞埃德‧喬治領導下「內閣負責制的原則就已經『完全、徹底、乾淨』地消失了」。這些既反映了一定的現實,同時也不乏誇大之處。

英國首相畢竟不是英國的總統,美國總統當選與否,跟他的政黨關係不大,他的政黨也控制不了國會。英國首相是政黨的領袖,現在,他的政黨在奪取大選勝利後就能控制議會;美國總統的權力得到憲法保證,英國首相的權力就沒有明確的法律規定,因此,存在著一定程度的伸縮性,不管是內閣或核心內閣,向議會負責的畢竟還是內閣,其決策權,尤其在對外關係上,基本上還是在內閣。因此可以看出,首相的權力雖多,雖大,但決不是無限制的,他受到很多因素的牽制和約束。簡言之,不受約束的權力就不是英國的政治制度,更談不上英國的議會民主。

㈠首相受內閣的壓力

無論在十九世紀首相權力增加之前,還是在本世紀尤其是戰後以來首相權力提高之後,首相仍然在不同程度上受到內閣的約束和牽制。在組閣方面,從憲法上講,首相可以自由地組織他的內閣,但是,在政治上,如前所述,他必須接納本黨議會黨團中的著名人物,他們在黨內甚至在國內外都很有影響,有時他們甚至可以要求某種職位。他的內閣必須容納黨內主要派別的領導人,或是對一些有影響的人進行一定的安撫,這在一定程度上就表明了首相行動自由度的限制。然而,從另一個角度講,這些人又是首相職位潛在的競爭者,實際上,在黨內取得他們的合作和

支持，都是首相賴以成功所不可缺少的因素，否則，也會是他失敗或感到制肘的因素。柴契爾首相的下台主要是由於她的內閣重臣不再支持她了，而梅傑首相在1994年議會內外的眾多壓力面前仍然能繼續維持下去，也還是他的內閣還沒有想要拋棄他，這是很明顯的例證。

在一些重大決策上，首相會不時地受到內閣的牽制或抵制，例如，1889年索爾茲伯里的內閣拒絕接受他要對希臘採取軍事威脅的行動，1894年全體內閣拒絕格雷斯頓削減海軍預算開支的政策；1918年勞埃德・喬治在大選中取得了很大勝利，仍然感到他不能繞過或無視他內閣中高級大臣的意見；1941年8月，丘吉爾與美國總統羅斯福在紐芬蘭談判大西洋憲章時，羅斯福作為美國總統可以他的權威簽字，而丘吉爾則感到有責任將此事提交倫敦的內閣；在六〇年代埃及與以色列的6天戰爭中，威爾遜首相與外交大臣試圖派遣英國軍艦到阿卡巴海灣 (the Gulf of Aquaba) 阻止這場戰爭，結果遭到內閣否決；柴契爾首相在她的第二任期內許多政策和議案都遭到了有力的抵制和反對。今天，在內閣決策的分散、小型化和非官方化等的情況下，內閣的權力雖已受到一定程度的削弱，但未必完全有利於首相權力的加強，更客觀一點說，內閣的結構已演變成一系列邊緣的網狀系統，而這些系統之間的平衡，由於在時間、問題、人員範圍等方面的交叉，又在不斷起著變化。毫無疑問，首相要比其他大臣有更多的機會和力量來經營權力，但是，首相決不是唯一玩弄權術的人，也不可能始終牢牢地控制著，必然會碰到有時甚至是頑強的挑戰，尤其是在他處於不得人心的最低點時，這對任何一個首相來說，在執政過程中都是避免不了的，只有靠他的政績，內閣同僚的團結和支

持，才能擺脫這種不利的地位。從另一個角度說，首相在議會中擁有多數的大小，在黨內所獲支持力量的強弱，以及他的政府得民心的程度，這三個因素基本上決定著首相任職期的長短，也是比較難以控制的三個因素。

(二)首相受議會、議會黨團的牽制

首先，首相受議會的牽制。首相透過本黨在議會中的多數控制議會，不僅基本保證了政府議案的通過，更重要的是保持政府穩定之必需。但是，首相還必須對議會負責，兩星期一次回答議會的質詢，這是首相面臨的嚴峻考驗，為了作好準備，常常要工作到深夜，不僅對已提出的問題作準備，而且還要為可能出現的當場提問，以及沒有估計到的補充問題作準備。據說，麥克米倫首相對議會質詢常耍手腕，到質詢的那一天或臨近質詢日，他便「生病」了。由此可見質詢對首相來說是多麼不易對付。威爾遜首相曾對學術界明確地說過：「如果有哪一位首相不怕質詢，那麼，英國的議會民主也就危險了」❹。在他任首相期間回答議會的質詢（包括口頭和書面）竟多達一萬兩千次，僅在1974～1975年間就多達兩千次。此外，據理查德‧羅斯（Richard Rose）分析，在一年裏，首相還必須平均參加6次辯論，作6次政策聲明，這些都集中在經濟和外交等政府事務上。由此可見，議會對首相的監督是多麼全面和廣泛。

首相受議會黨團的牽制在對議案的表決上，執政黨的議會黨團按總督導傳達的首相命令和旨意投票。但是，首相「不是傀儡，也不是傀儡的操縱者」❹。首相若不願聽取本黨後座議員的意見，他們有時也會違背首相的命令和黨紀的約束，或棄權，或投

本黨的反對票，造成議案的失敗，從而也將在一定程度上影響首相的地位。因此，首相不能忽視本黨後座議員的意見、態度和要求，有時必須作出適當讓步，甚至放棄原來的政策，1940年5月，內維爾‧張伯倫首相就是在議會黨團的壓力之一被迫辭職的，盡管他還有81名支持者；又如丘吉爾首相在執政期間，由於後座議員的反對，在1953年撤消了「律師報酬法」、1954年又放棄了「工業組織和教師退休法」等議案。柴契爾政府在許多議案上同樣遭到保守黨後座議員的反對，如取消富家子弟大學生助學金問題、擴建倫敦附近的斯坦特斯德機場問題、削減文化單位撥款等，在削減公共開支的幅度和給教師加薪問題上，也不得不作出適當讓步。而工黨的首相往往還要遇到國家利益與工會利益之間的衝突，因而受到工黨和工會的牽制，如1931年的麥克唐納首相、1969年的威爾遜首相和1979年的卡拉漢首相。

在奪取大選勝利後政黨領袖便成為首相，現在主要政黨領袖的產生基本上都採用新的程序，即由議會黨團競選產生，不再有如過去那樣由黨的上層領導少數人確定，如果得不到議會黨團的支持，丟掉了黨的領袖桂冠，也就無望首相的烏紗。此舉深得議會黨團，尤其是後座議員的歡迎，這是他們議會民主的又一發展，如果他們不歡迎自己的領袖便可以採取投票的方式把他罷免。

㈢首相面臨決策上的種種限制

如前所述，現代政府的決策過程已相當複雜，訊息來源的渠道也很多，有政黨的渠道、文官的推薦，以及壓力集團及社會輿論的影響，更何況許多政策具有很高的技術性和科學性，首相一人無法包攬。還由於在政策形成的初期階段，首相無法介入，當

大臣向首相提出政策建議時，事先總是與文官或有關人員仔細磋商過，而首相沒有可供選擇的消息來源來對大臣或部門提出的建議和訊息進行有效的檢查、或是對他們的忠告作出很好的評價，這些便是首相在決策上所面臨的限制，難怪柴契爾首相一度想建立自己的首相部，以便能克服上述的種種缺陷。威爾遜在出任首相之前也曾表達過這種觀點，首相需要一個爲他提供簡報的機構，以確保他能像大臣那樣得到充分訊息，而且在討論政策的最初階段，首相就應該參與，儘管後來他又改變了這一看法。當然，即使有這種參與，也只能是有選擇性的，有重點的，不可能面面俱到，因而還涉及到對首相的另一個限制，那就是他的工作量與他的時間、精力上的矛盾，一個由20餘人組成的內閣尚且處理不了大量繁瑣的政務，而不得不委託或授權許多內閣委員會、政策小組去做，首相一個人無論多麼精明強幹，即使有許多行政上的支持，也決不可能承擔全部任務的重壓。事實上，首相只能顧及一些重要、緊迫的事情，尤其是外交、經濟、內政等事務，或是再加上他感興趣的那部分。簡言之，一定是有選擇性的，在今天大政府的情況下，尤其是如此。

此外，首相本人的知識水準、政治素質、領導藝術，以及國家資源的條件等等，也都會在不同問題上、在不同的政治環境中，給首相造成一定的限制和束縛。在英國的政治制度中，一切以實用、有效爲基礎，首相的權力再大、威信再高，也決不可能成爲擺脫任何約束、凌駕於一切的「超級首相」或「絕對的首相職權」。

但是，真正能限制首相權力的作法可以透過限制政府，1979年所制定的擴大議會選擇委員的制度，對政府固然有一定的監督

作用，但畢竟不徹底，對首相權力也不是一種嚴格的限制。工黨左派議員托尼・本的建議比較直接和有意義，那就是通過改革政黨來限制首相權力，即由議會黨團來選舉內閣大臣，並由它任命大臣的職位，再呈送女王批准，這樣將有可能實現真正的分享權力，大大加強政府的作用，也不會削弱議會對政府的監督。這一建議得到一些議員的支持。但是，政黨進行自我限制的改革，畢竟有其一定的局限性，誰都不願意捆住自己的手腳，加上這種改革還必須得到其他政黨的影響，否則，由英國習慣法的作用和影響，這一屆有利於首相發展權力的做法，下一屆也會因襲沿用。根本的辦法還是議會立法，這就針對了所有的政黨，誰都不能例外。

綜上所述，由於英國沒有成文憲法，在不同的歷史時期和在不同的政治環境中，已引起了議會、內閣、首相彼此權力的消長，又由於英國歷來行政與立法的密切結合，執政黨透過黨紀對本黨議員的約束，使議會基本上控制在執政黨手中。因此，在很大程度上，今天的議會已無法控制政府，幾乎總是政府控制議會，只有在少數情況下，議會才有可能控制政府，或者在特殊的政策上政府被迫作出讓步，1979年議會所作小小的改革，在控制和監督政府方面並沒有實質性的作為。因此，在某種意義上，與其說體現了議會的至尊，倒不如說體現了政府在議會中的至尊更確切些。

從內閣方面講，內閣的集體決策已更趨小型化、多樣化，這故然是對現代政府面臨大量決策和立法工作的一種必然反應，但決策過程過於集中在白金漢宮的少數人手裏、決策過於排他性、過於秘密和孤立，不僅會避開議會、傳播媒體和公眾的注意，甚

至繞過內閣，這樣不可避免地產生了兩種結果：首相加強了對決策的控制，使內閣集體負責制的原則——集體決策和集體負責，只剩下了集體負責，失去了、至少是大部分失去了內閣集體決策的原則，從而削弱了內閣對整個決策的監督和控制權。現在，理論上內閣還有干預任何領域裏決策的權力，實際上，在決策過程中越來越只能發揮一點有限的作用，因爲，很多重要的決策都在內閣之外，即使拿到內閣會議上的也大都已有了實質性的決定。內閣的主要作用已重在解決那些在其他地方無法解決的問題。當然，並不否認內閣確實還處理一些重要問題或主動進行決策，以及發揮協調作用。問題在於，柴契爾政府中內閣權力的削弱有加速的趨勢，越來越難以維持其政府的最高決策和監督機構的地位，首相權力如此高度集中難免引起各種議論。

當然，今天首相的地位早已不是什麼內閣中「平等中的第一位」了，他擁有的權力已成爲戰後之最，由於決策方式的變化，在一定程度上已導致首相垂直式的控制。還由於沒有如美國總統那樣明文規定的權力，因此，首相權力的增加並不會到此爲止，而是會繼續發展，一如戰後以來那樣。這一事實得到議會和內閣的默認，首相對此也沒有向議會說明的義務，只是繼承了歷來的習慣罷了。柴契爾首相的風格所反映出來一定程度的專橫和跋扈，加上與當時反對黨工黨軟弱的巧合，使政界、學術界擔心英國會出現極權主義，「由選舉產生獨裁」，這種憂慮有其一定的道理，也是可以理解的。但是，從另一方面來分析，這種擔心的根據尚不很充分。柴契爾首相的集權風格故然有其獨特的一面，然而，戰後以來的歷屆首相中，程度不同地都有著某些與她相類似的地方，如丘吉爾、麥克米倫、希思等。權力、常規可以延續

下去，個人的風格卻是另一回事，換一任首相有些情況就會得到改變。

　　此外，首相要保住他的地位或取得成功，獲得其內閣中重臣的支持是必不可少的，他必須與他們合作、磋商，並尊重他們的意見，不是簡單的用行政手段令他們屈服，更重要的是要有高出一籌的謀略。內閣政府和集體決策的概念確有一定程度的削弱，但也決非完全不存在，一定的分工負責仍然是很可取的，也是必不可少的，內閣會議既不可能完全服從首相的意志，也不是可以被完全抹煞。事實上，內閣中的爭論和衝突是經常發生的，在英國現行的制度下，如果不想冒政治上自殺的風險，那麼，任何一位首相都不會試圖成為獨裁者。

　　首相是內閣中的一員，他擁有很大權力，正如奧格寫道：「世界上很少有——如果有的話，比英國首相擁有更大權力的人」❺⓪。但正如人們所說，他並不擁有一切權力，更何況如何適用好這些權力，除客觀的外界支持外，還有賴於許多不同的個人素質，只有在這兩者得到很好結合的情況下，才能成為一個在英國歷史上數得上的首相。

　　由於英國有著深遠的議會民主傳統，反對黨的存在及其監督作用、人民的秘密選舉、根深柢固的保守主義、社會中各種壓力集團的存在及其影響、公開的傳播媒體監督，以及議會會議逐漸公開化的趨勢等一系列有形、無形的措施，都是極權主義發展的障礙。要改變一個國家的歷史傳統是很難的，要使英國的政權走上極權主義的道路也並非易事，英國顯然缺乏出現獨裁統治的社會、政治和經濟基礎及現實需要。英國故然存在著許多「英國病」，但這些「病」決不是指望出現獨裁首相就能治癒的。

第6章
競爭的兩黨制

第一節 政黨的起源與兩黨制的發展

在英國的政治生活中，政黨作為一個得到承認的法定集團，早在十七世紀就已出現了，最早出現的兩大政黨就是托利黨和輝格黨。

1673年，丹比伯爵（the Earl of Danby）成為國王的主要顧問之後，便在下院中建立起了一個忠於國王的集團，稱為「宮廷」黨，又名托利黨。與此同時，莎夫茨伯黑伯爵當上了「鄉」黨領袖，又稱輝格黨，是宮廷黨的對立面。前者原意為愛爾蘭強盜，後者則為蘇格蘭叛徒，它們之間最大的區別是，托利黨支持皇家君權，輝格黨卻反對君權；其次托利黨接受高教會派，輝格黨則傾向於新教徒（Protestant）；第三，托利黨是保守黨的先驅，而今天的自由黨就是輝格黨後來演變後的產物。

在十九世紀以來的很長一段時期裏，政黨活動與現在大不相同，它完全集中在議會，沒有全國性的支持組織，這與二十世紀社工黨首先，也是唯一在議會之外，也就是在工會運動中發展，

然後透過大選進入議會是個明顯的區別，也沒有大家都同意的政策，更不發表任何政策聲明，在大選中不作任何具有約束力的許諾，正如羅伯特・麥肯齊（Robert Mackenzie）所說：「在十九世紀三〇年代末，無論在議會內外，還都不存在任何與現在相類似的政黨制度」**⑤**。在1830年大選之後，究竟是那一個政黨在議會中取得勝利，對此，政府和反對黨之間都不可能取得一致意見，這如同今天議會中極其嚴格的政黨界線眞是不可同日而語。

十九世紀前半葉，隨著一系列改革法的頒布，政黨的各種組織在全國範圍內得到了發展。1832年，托利黨建立起了「卡爾頓俱樂部」（Carlton Club），兩年之後，輝格黨也成立了「改革俱樂部」（Reform Club），直到建立起黨的總部之前，這些俱樂部就成爲各自的活動中心，它們既反映了不斷深化的政治上的區別，同時也不斷增加著政黨的聯盟，而政黨領袖權力不斷加強的趨勢，全國不同地區聯繫的加強，以及傳媒宣傳作用的增加，更促進了政黨組織的進一步發展。

1832年頒布的改革法的政黨有著重要的歷史意義，它使托利黨和輝格黨都透過自己的俱樂部建立起各自的地方登記（選民）的機會，爲大選服務，如組織則獲得選舉權的公民，籌集競選資金及安排地方候選人的提名等。這些協會慢慢便發展成地方黨組織，最後發展爲全國性的組織，同時鼓勵建立中央組織來協調全國性的選舉活動。直到1867年的改革法之後，英國政治制度中才開始出現代意義上的政黨及其組織。1867年建立起了「保守黨全國聯盟和黨章協會」（the National Union of Conservative and Constitutional Assouations），1868年又建立起了「保守黨中央辦公室」（Conservative Party Central office）。自由

黨也於1861年建立起「自由黨登記協會」（the Liberal Registration Society），它是事實上的自由黨中央辦公室。1877年又成立了「自由黨全國聯盟」（National Liberal Federation）。到1883年和1885年改革時，這些新的組織就有了較爲清楚的輪廓。儘管不可能精確地指出現代政黨制度出現的確切日期，但是，在十九世紀最後的25年中，實際上已形成以下三個基本事實：(1)議會內已存在著緊密結合在一起的永久性集團；(2)議會外有著與議會內的集團明確的關係，並在同樣的政治標籤下密切結合在一起的永久組織；(3)議會內外的這些組織與選民不斷地互相影響著。總而言之，這些就是當代英國政黨制度的特點。

　　除了上述幾個主要政黨外，英國還有一些小的政黨，但如何確定是一黨制、兩黨制或是多黨制的國家呢？一般來說，兩黨制的存在有其一定的標準，那就是：只有兩個政黨都具有競爭議會中多數席位的實力；其中之一能取得足夠的席位來組織政府；該政黨願意一黨執政；具有兩個政黨輪流執政的前景等。根據這些標準來衡量，英國迄今是一個典型的兩黨制國家。當然，英國的兩黨制並不是一成不變的，而是處在不斷演變之中，這種演變的過程是漸進的、和平的符合英國憲法發展的過程，同時也爲全社會所接受。

　　十九世紀八〇年代，議會的一系列改革立法促進了政黨制度的不斷演變，如1832年、1867年、1884年及1918年的四次重大改革立法，另外還有1872年的秘密投票法（the Secret Ballot Act.）、1883年的反貪污法（the Corrupt Practices Act.），以及1885年的重新分配議會席位法（the Redistribution of Seats Act）等，這些改革法不僅對英國的選舉是重要的立法，而且對英

國兩黨制的形成和發展，同樣起著十分重要的作用，尤其是選舉法的產生，使英國迄今繼續維持著穩定的兩黨制。

英國兩黨制的演變大體上可以分為以下幾個階段：1867～1922年；1922～1940年；1940～1970年；1970年至今。

第一階段的政黨制度有以下一些特點：首先，在1867年第二個改革法之後，議會中的席位便明顯地由兩個政黨控制，即保守黨和自由黨，在1868年爭奪670個席位的大選中，自由黨獲384席，保守黨獲274席，兩黨共控制了議會中席位總數的98.2%，由此，兩黨制得到了正式的確立。在這之後到1922年的12次大選中，除1910年和1922年在80%以下，其餘10次，這兩大政黨都控制了議會中80%以上的席位❷。

其次，自1885年大選以後，愛爾蘭自治黨（the Jrish Home Rule Party）曾一度崛起，衝擊了議會中的兩黨制，在一段時間內（1885～1910年），它在議會中有著舉足輕重的力量，一直佔席位總數的12%左右，對政府的穩定起著至關重要的影響。但是，它終究未能堅持住這一勢頭，不但沒有得到進一步發展，反而很快便消失了。

第三，由於工人階級的日益發展壯大，促使了英國政治的兩極化：自由黨經受了兩次重大分裂，元氣大失。1885年議員席位在全國各地區的重新調整和分配，使中產階級加速轉向了保守黨。1886年，自由黨在愛爾蘭自治問題上的分歧造成了黨內嚴重分裂，一部分反對者和激進分子脫離了自由黨，另一部分人組成了自由保守黨，並很快進入了保守黨；1922年1月，黨內領導人爭奪領導權又引起內訌，導致再一次分裂。從此，自由黨便一蹶不振，喪失掉執政黨的地位，從而歷史性地結束了保守黨和自由黨

控制議會中絕對多數席位的兩黨制格局，代之而起的是在1900年工黨的成立，並很快在後來的幾次大選中嶄露頭角，成為保守黨的主要挑戰者。此時，即二十世紀初，我們今天所熟悉的兩黨制形式便最終清楚地出現了。值得注意的是，自由黨作為一個全國性大黨的很快衰落，除了它自身內部的分裂外，不能適應時代的發展和社會形勢的變化，也是它很快衰落的一個主要原因。

在第二階段，1922年勞埃德·喬治聯合政府倒台，表明了英國政黨政治新時期的開始。從1922年到1940年的18年中，政治鬥爭的社會背景是，1926年工人舉行的總罷工慘遭失敗，緊接著又發生了1929～1933年的經濟大危機，工人階級首當其衝受到影響，其失業率從1928年的10%猛增到1932年的22%，直到二次大戰爆發時也未低於11%；英格蘭北部、威爾斯南部和蘇格蘭的老工業嚴重衰退，與比較繁榮的英格蘭南部和東南部形成強烈的對照；三〇年代英國的外交政策更是個失敗，既沒有能防止戰爭，又沒有為戰爭作好充分準備。這些都給政黨制度造成了重大影響。

在這一段時期裡，英國政黨制度的特點是：保守黨基本上控制著政治舞台，或由它一黨執政，或由它控制著國民政府，在從1922年至1935年之間的6次大選中，保守黨4次獲勝，所得席位佔總數的比例最低為55.9%，最高為84.9%，居絕對優勢，所以三〇年代基本上是保守黨控制政壇的時代。然而，內政、外交的敗績使保守黨負有不可推諉的歷史責任。不過，從保守黨自身的發展來說，卻是個重要時期，它努力適應了新的選舉上和政治、經濟上的壓力，從原來僵硬的保守主義逐漸轉向更加實用和靈活的策略。例如，保守黨對政府在管理經濟作用上的態度有所變化。1930

年經濟大危機之後，保守黨政府採取了新的經濟政策，即逐步放棄不干涉主義原則，迅速放棄金本位制，採取保護性關稅，這種作法沿用至七○年代，一直未受到嚴重挑戰。這是兩次世界大戰間歇期間保守黨最有意義的嘗試，可以說是保守黨控制的聯合政府爲現代的經濟管理奠定了基礎。

工黨顯示出頑強的生命力。這一時期的勞工活動在政治上和工業上都很被動，1926年工人總罷工的失敗，接著在三○年代初的大危機中又遇到沈重打擊，使工人運動陷入低潮，工黨在1931年的大選中也遭到了近乎徹底的失敗，僅獲得議會席位總數的8.5%，幾無政治意義可言。但是，工黨經受住了這一打擊，在1935年的大選中迅速扭轉了危局，這表明了工黨已有其廣泛而深厚的社會基礎。

英國兩黨制發生了重大的歷史轉折，爲後來60多年穩定而持久的格局奠定了牢固的基礎。在1922年大選中，工黨所得席位第一次超過了自由黨，成爲議會中第一大反對黨，這標誌著自由黨重要政治意義的結束。自由黨的繼續衰落使它在1924年大選中所得席位一落千丈，僅佔總數的6.5%。黨內領導一再內訌，黨的分裂和財政困難更加速了它的衰落。1929年大選，工黨取得勝利，組織了少數黨政府，由此升到了由保守黨和工黨控制議會中絕大多數的局面，奠定了由它們輪流組織政府的格局。

第三階段，1940年戰時聯合政府的建立使英國政治氣候不斷變化。戰爭的總動員使人民接受了政府對徵兵、安全、財產控制分配等方面具有廣泛的權力；戰爭清除了三○年代的嚴重失業現象，人們在戰爭中考慮的一個問題是如何不使那種悲慘的情景再現，三○年代的淒風苦雨使人民認識到是政治領導人的錯誤使英

國遭受了巨大損失。在作出很大的犧牲,最終贏得戰爭勝利之後,人民普遍要求創造一個新的政治和社會氣候,要求社會更加公平。於是,英國社會各階層一致要求進行社會改革,1942年貝弗里奇(Beveridge)提出的一份廣泛的社會保障計畫報告,產生了巨大影響,得到輿論廣泛的支持,1943年下院就該報告進行了辯論,工黨對政府進行了激烈的攻擊。在這種情況下,丘吉爾首相被迫對社會改革問題採取了一些溫和的辦法。正是由於保守黨的這種猶豫和懷疑與工黨的堅決態度形成鮮明對比,實際上就爲戰後初期兩黨在大選中的不同命運埋下了伏筆,同時也爲今後25年中,兩黨在國內經濟政策上的趨同現象奠定了基礎。

在這一階段中,政黨制度顯示出兩大特點:

1.在選舉和議會政治中,幾乎完全由保守黨和工黨控制著,自由黨和其他小黨均處於絕對無足輕重的地位。從選舉上看,在1945年到1970年的8次大選中,保守黨和工黨的得票率在87.5%到96.8%之間,大大高於第一階段的74.6%至88.8%的幅度,也高於第二階段的68.2%至91.5%的幅度;再從議會中的席位情況看,保守黨和工黨控制的席位從94.6%到98.9%之間,同樣高於第一階段的74.6%到98.2%的幅度,和第二階段的73%到94.8%的幅度❸,在補缺選舉中,工黨在1945～1950年中未丟一席,在1950～1955年間僅有一席易手。總括來說,從1945年至1959年間,在爭奪164個補缺席位中,總共只有9席由執政黨轉向反對黨。因此,無論選舉和議會中的情況看,二次大戰後至70年代的兩黨制比以前更爲穩定和牢固。

2.在廣大的決策範圍中,兩黨有著高度的趨同現象。首先,「巴茨克爾主義」(Butskellism)充分反映了兩黨在經濟政策

上的共同之處，即主張實行國營經濟與私營經濟並存的混合經濟，其他如社會福利、物價和收入政策、外交、移民、治安、教育，以及非殖民化等方面的政策，兩黨均有相當程度的一致和連續性，而且實際的趨同情況常常比彼此的分歧更而明顯。

在第四階段，兩黨制度雖仍然是英國政黨政治的重要標誌，但是，毋庸諱言，其穩定和牢固的程度已受到越來越多的衝擊，與五〇年代相比，出現了很大的差距：議會中的席位，保守黨與工黨雖然仍佔絕大多數，但比例已降低了，五〇年代的4次大選中，兩黨平均控制98%以上的席位，七〇年代已降到95%左右；得票率的下降幅度更大，五〇年代平均在93%以上，七〇年代就降到80%左右，導致這種下降的重要原因之一是，政黨的階級基礎已嚴重削弱。經濟不景氣，失業情況嚴重，導致政黨與階級之間關係的削弱，如，戰後以來到1970年的兩次大選中，工人階級平均約有三分之二投工黨的票，在1974～1979年間的大選中，這一比例已下降為50%；中產階級投保守黨票的比例也從五分之四降為五分之三。補缺選舉方面的情況也大不如前，在1964～1970年間，工黨政府在31席中丟掉16席，損失50%以上，1970～1974年間，保守黨政府也遇到了同樣的命運。在1974～1979年間，工黨政府又丟掉21席中的7席，佔三分之一。

第三個政黨力量的發展再次呈現出向兩黨制的挑戰之勢，這是這一時期的顯著特點之一。挑戰主要來自於自由黨與後來的社會民主黨結成自一社聯盟。自二〇年代以來，如前所述，自由黨一直處於衰落的境地，到五〇年代末和六〇年代初出現了輕微的復興跡象，在補缺選舉中甚至奪取過保守黨保持了三〇年代「安全區」中的席位。議會中的席位也從最低的6席增至14席。1983年

大選中，又與新成立的社會民主黨(Social Democratic Party)結成聯盟，一舉奪得23席，在1987年的大選中，也奪得22席，在這兩次大選中，聯盟黨的得票率均高過20%以上（1983年為24.6%，1987年為22.7%）。

總之，從席位、得票率、補缺選舉，以及輿論的情況來看，戰後以來兩黨制的絕對優勢已有所削弱。但這種趨勢是否會持續下去，或僅是暫時現象，尚需拭目以待。不過，1987年6月大選之後不久，社會民主黨便告分裂，這對兩黨制的衝擊又少了一份力量。但是，小黨所面臨的種種困難在短期內恐怕難以克服，因此，兩黨制的局面一時不可能會受到更大的挑戰。

第二節　兩黨制長期穩定的原因

英國獨特的兩黨制已經歷了幾個世紀，且至今不衰，這種長期穩定是由許多因素造成的主要有以下幾點：

㈠保守主義的重要影響

英國近代保守主義的三大要素，即人類天生的「守舊」傾向。君主主義和帝國主義，深深地滲入了它的社會、政治和對外關係中，而懷疑陌生事物和重視習慣接觸的事物尤其反映了人們天然的守舊思想，1660年恢復君主制就是這種守舊思想在政治上的一個明確反映，因為英國已習慣於君主政體。後來，這種保守主義雖有所減弱，但仍然像過去保持著一定的連續性，並盡可能使變革逐步進行，不致打亂原來的正常秩序。人們強烈地傾向於保守主義，不可能接受任何非常革命的辦法。幾百年來，正是這

種保守主義的連續性維護了英國兩黨制的長期存在。

(二)歷史傳統明確排除了兩黨或多黨合作的聯合政府

歷史上，英國曾出現過幾次聯合政府主要是在國家處於嚴重危機或戰爭時期，為避免內部競爭，才實行全黨聯合統治。但其特點為，一是時間短，二是以一黨為主，並非各黨平分權力。一旦危機過去，這種聯合就很快解體。1945年大選就是個典型例子，當時，波茨坦會議（Postdam Conference）尚在進行中，英國的代表由於保守黨大選失敗，便由工黨政府首相艾德禮取代了戰時聯合政府首相丘吉爾。還因為兩大政黨大體上勢均力敵，都有能力在下院取得多數席位而組成有效的政府，不必依靠第三黨的支持。再者，任何政黨都不願在聯合中屈居第二位，寧願獨立執掌權力。正由於以上原因，才造成了英國長期來由兩大政黨輪流執政的局面。總括來說，「英國沒有聯合政府」❺❹。

要形成長期的多黨聯合，勢必將引起一系列的重大改革，如選舉制度，選區和席位的畫分、政府的構成，各政黨參政的比例，甚至還可能涉及政策的制定和立法程序。這種大規模的憲法性改革大大超出了英國的歷史傳統，而且必然費事費時，曠日持久，成功與否更難預料，因而權力下改革的失敗已是前車之鑒，即便改革順利，後果也是個未知數。應該說，英國的政治家們對未知數的探索一向十分謹慎，他們並不很相信陌生的試驗，寧願固守熟悉的、傳統的、老的，儘管並不是那麼盡如人意的東西，而不願意冒險去試行一種全新的、不了解和不熟悉的東西。

事實上，兩大政黨的領導人也都竭力維護著兩黨制，自由黨雖一再呼籲改革現行的選舉制，但絲毫得不到他們的響應。因此，

可以看出，兩黨制也同樣充分反映了英國政治上保守主義本質。其實質是權力上的保守主義，不容第三黨輕易染指。

(三)現行選舉制度有利於兩黨制的穩定

英國現行的選舉制度是簡單多數制，在每一個選區裏，得票最多的候選人便告當選，旣不是法國式的兩輪制，也不是義大利式的比例代表制。這樣，由於保守黨和工黨的支持者比較集中，又有比其他小黨更雄厚的財源，他們的候選人要容易當選得多。自由黨或自—社聯盟的支持者則比較分散，從而在歷次大選中均處下風，造成選票與席位的比例嚴重失調，以1979年大選爲例，保守黨所得席位與選票的比例分別爲53.4％和43.9％，工黨的相應數字爲42.4％和36.9％，而自由黨所得選票佔總數13.8％，席位卻只佔總數的1.7％；其次，保守黨和工黨候選人當選所需贏得的選票遠遠少於第三黨，保守黨獲一席平均只需4萬張選票，工黨爲4萬2千張，自—社聯盟卻要40萬張，其難度相當於兩大政黨的10倍。戰後以來，這種不合理的狀況不但沒有減弱，反而更趨惡化。同時，這種狀況給選民造成了一種不小的心理影響——與其投票給一個長期沒有希望組織政府的黨而造成選票的「浪費」，還不如投大黨的票更爲有效。這樣給小黨的困難又加重了一分。

(四)英國左、右派勢力都承認兩大政黨政府的合法性

工人運動大都以經濟目標爲主，並不希望得到比工黨更左的組織的幫助。工會運動嚴格禁止左派參加其活動，更不用說讓左派擔任工會中的職務了。如前所述，工黨一向力主透過議會鬥爭來逐步實行對國家的改造，堅決拒絕在議會內外開展階段鬥爭來

實現社會改革。二次大戰後，工黨政府實行了嚴格的甄別，堅決
清除法西斯分子和極左派。社會中的保守派勢力同樣不希望得到
比保守黨更右的力量的支持。1931年成立新黨時（即英國法西斯
同盟），保守黨和工黨以及自由黨中的許多人都對它持同情態
度，後來在該黨露骨地變成法西斯組織時，便被大家拋棄了。這
樣，在本世紀，兩黨制取得了牢固的地位。

第三節　兩黨制的特點

　　英國長期穩定的兩黨制一向獲得西方資本主義國家的讚譽，
被看作是「現代政治制度中的傑作」，「重要的政治發明」，是
「英國給予世界的一分遺產」等等。英國兩黨制之所以能維持如此
之久，確實有其一定的獨特之處，茲詳述如下：

　　1.兩黨制產生長期穩定而有效的政府：在英國議會中，歷來
不乏各政黨的代表，但真正有力量組織政府而不需要第三黨支持
的，始終只有兩大政黨，先由托利黨和輝格黨，後來是保守黨和
自由黨，1922年之後便是保守黨和工黨輪流執政。根據現行制度，
由在大選中獲得下院多數或絕對多數席位的政黨組織政府，在這
種情況下，政府穩定便得到了根本保證，議會無法或很難把政府
趕下台。引人注目的是，保守黨始終活躍在英國政治舞台上，這
一地位幾乎從未遇到任何嚴重的挑戰（托利黨於1832年改名保守
黨）。其中一個重大變化便是工黨取代了自由黨的位置，而這種
取代的過程是漸進的、和平的，期間沒有引起大的政治動亂，更
沒有武裝衝突，甚至都沒有對議會的法定程序造成任何變動。兩
黨制長期以來的穩定深深地植根於英國的政治結構之中，它確保

了政府的穩定，這一特點倘與西歐大陸多黨制國家相比，尤其是法國和義大利，就更加突出，法國在兩次世界大戰間歇期間，由於多黨競爭，沒有一個政黨組織一個穩定的政府，因此，政府頻繁更選；義大利在戰後40多年時間裏卻有了50多次改組政府的記錄，短的幾個月，長的才年餘，幾無穩定可言。正如前首相卡拉議所說：「聯合政府僅僅允許黨的衝突從議會轉移到內閣……聯合政府就是癱瘓的處方，這種妥協就等於不可能有堅強的政府」㊾。

2.兩黨制具有高度的中央集權，而英國提供了堅強而負責的政府：英國政黨有一個不成文的傳統，正如前文所述，除了在重大危機時期之外，一般都由一黨組織政府，反對黨幾乎完全被排除在決策過程之外，由於行政與立法的密切結合，政府的權力高度集中，政府可以憑其在下院中多數席位，控制決策和議案的通過，從而有利於對國家有效的管理和提高政府的工作效率。本世紀來，英國經歷了一系列的嚴重危機，尤其是兩次世界大戰後，國際地位的削弱、經濟上的重大損失、入侵蘇伊士運河的失敗、英帝國的瓦解、非殖民化運動等等的重大演變，都沒有在國內引起激烈的反應或社會動盪，這不能不歸功於它有一個對當前重大問題能作出及時的、決定性反應的堅強而又負責的政府，柴契爾政府一系列行政與立法的措施更進一步加強了中央政府的集權。從政黨本身的組織來看，同樣反映了這一點，無論在中央或地方，每個政黨都有其健全的組織，大權掌握在黨的中央機構，在總部與地方組織之間有著直接的聯繫鈕帶。每個政黨都有高度的領導，據此，執政黨能有效地執政，反對黨也能發揮其應有的作用。

3.在兩黨制有著明顯的階級基礎：彼德‧普爾澤（P. Pulzer）有一句名言：「階級是英國政黨政治的基礎，所有其他都是些枝節」❺❻。在英國，社會階級——主要以職業地位來衡量——是政治活動的最初界線，工黨在階級與政黨的聯繫上表現得特別清楚，它的成立就是以工人運動為基礎，它的領導就是在工人運動中產生的，參加職工大會的工會裏有一半人作為集體黨員加入了工黨，工會為工黨提供了絕大部分的活動經費，最可靠的投票力量。此外，更重要的是，工會在工黨領袖的選擇上，在其全國最高權力機關中，以及在工黨的決策上，都擁有很大的權力。

保守黨代表地主、貴族，以及後來的企業界、商業界利益，並由他們向保守黨提供活動經費。此外，在其他一些方面，也明顯地存在著政黨的階級界線，如對政黨的支持水平（如上述），競選宣言內容、在下院中的分割等。具有階級含義的問題，如社會福利、工會權利、國家資助教育的要求、優先供給住宅的要求、稅收制度和工資等等，這些都是政黨間進行辯論而又無不帶有階級色彩的問題。總之，英國政黨具有明顯的階級特點，儘管現在在某些方面階級界線已有所削弱。

4.政策與立法上的趨同現象是英國兩黨制的又一顯著特點：從理論上講，由於階級基礎的不同，保守黨和工黨的政策理應非常對立。實際上，兩黨執行的一系列政策尤其是戰後至七〇年代這一段時間裏，趨同相象相當突出，如：1945年工黨政府的外交、國防、經濟、移民、治安、教育、福利等政策，就為後來歷屆政府，包括保守黨政府的政策奠定了基礎。如前所述，戰後初期的「巴茨克爾主義」便清楚地表明兩黨經濟政策上的一致性，只是在具體強調的程度上有所區別罷了，如實施含經濟、政府干預、增加公共開支、社會福利、國有化、法定的物價和工資政策等。

這是由於戰後第一次大選出乎意料的慘敗，保守黨遭受了巨大的衝擊所致，使它不得不對戰後社會發展需要和選民壓力作出重大政策調整，非如此則不能爭取更多選民，尤其是工人階級的支持。柴契爾政府的貨幣主義經濟政策雖與過去的傳統政策有很大區別，但並沒有徹底決裂。這也是保守黨的靈活性，根據選舉的壓力和社會需要來調整它的政策和策略，這在保守黨的歷史上是一再出現的現象，也是它之所以長期不衰的根本原因之一。實際上，這些政策早在戰時聯合政府中就已被通過了，是戰時一致的延續。這種福利資本主義的一致是圍繞著凱因斯主義（Keynesianism）建立起來的，在某種意義上與美國羅斯福總統的新政有較多的相似之處，從而使兩黨在政治上出現了一種新的中間立場。而八〇年代柴契爾政府的貨幣主義經濟政策取代了凱因斯的傳統觀念，在相當程度上是由於世界性的經濟衰退所造成的，迫使保守黨政府不得不另闢蹊徑。所以，儘管柴契爾首相的風格是那麼不得人心，然而，在選舉保守黨領袖時，她卻連操勝券，這表明人們對政策的需要超過對首相個人的好惡感，尤如第二次世界戰時保守黨對令人厭惡的丘吉爾首相的選擇那樣。

這種趨同現象還反映在立法上。政府更選後，執政黨並不輕易拋棄上屆政府的議案，往往重提下台政府因大選而暫時擱置的相當一部分議案，甚至是它在野時所批評、攻擊乃至反對的某些議案，而不是想像中的全盤拋棄，例如，1970年新上台的保守黨政府重提了由於大選而被上屆工黨政府擱置的23項議案中的14項（佔60％）。同樣，1974年的工黨政府又重提了被保守黨擱置的22項議案中的15項（佔68％），其至1979年柴契爾政府的第一個議案就是上屆卡拉議工黨政府遺留下來的。由此可見，兩大政黨在

對待彼此的議案上同樣存在著不小的共同點。這一事實還從另一個角度反映了，在兩大政黨的議會黨團中，持中間態度的議員佔優勢，也正因為如此，兩大政黨之間才有較多的共同點。此外，據對1970年和1974年兩黨的競選宣言所作的系統分析表明，「在所有競選宣言的許諾中，大約有一半以上是超黨派的」⑰（57％）。更有意思的是，在所有的政策、議案中，有重大分歧或不一致的僅只有20％，事實上，有時候的兩黨政府中對政策最堅決的反對者，恰恰出自執政黨內部。

以上情況反映了，英國的兩黨制從根本上來說，並不是敵對性的政治制度，而是一種競爭性的，在一定程度上可以說是相互補充或相互糾偏的制度。造成這種獨特情況的原因是：(1)兩黨政府要由選民的秘密選舉來決定，而英國的選民在重大問題上都傾向於一致而不是分歧，如在七○年代就英國對歐體的去留問題，以及關於中央權力的下放問題，在公民投票中所反映出來的那樣；(2)政府的穩定更需要政策上的連續性，沒有政策上的連續性，就很難有穩定的政局。因此，政策是政局穩定的前提。(3)更重要的是，戰後以來兩黨在很大程度上的一致政策，具有一定的政治基礎，這也是英國社會中的一個獨特現象。從本世紀二○年代初起，開始了保守黨與工黨的兩黨制，在工人運動基礎上建立的工黨雖然也受到馬克思主義一些影響⑱，但並不是以推翻現行的政治制度為目標。相反的，它更關心的是能得到英國政治現實的承認和接受。「新黨（工黨）從一開始就急於要在現行政治體制內工作，不想對它進行任何激烈的改革」⑲。因此，從本質上來講，它是維護現行制度的。

一次大戰時，政府面臨著需要動員已組織起來的勞工，不僅

承認工會一定權力，而且逐步把它們的代表任命到政府的各種顧問和協商委員會中去，工會也暫時放棄罷工鬥爭，接受政府對勞資糾紛的調解和裁決。二次大戰中，政府甚至吸收工會到一些政府的工作中，並得到了工會更大的支持。這樣，英國在決策和管理上形成了其一定的獨特風格。

戰後以來，各政黨的成分都已逐漸向中產階級化發展，保守黨黨員不再完全由貴族、地主、企業家、金融家等有產階級組成，工黨的成分也遠不如它成立之初那麼單純；從治國的態度上看，保守黨也不始終墨守常規，而是常常支持並著手進行適度的改革，只是不使改革超出必需的限度。工黨也不再堅持它激進的「社會主義綱領」；從投票情況來看，工人們並不都投工黨的票，同樣，有產階級對兩大政黨也都有不同程度的同情。所有這些便成爲兩大政黨在政策和立法上之所以有趨同現象的重要前提。此外，兩大政黨的政策、行動，均以實效爲重，並沒有具體的理論指導，無論在對內、對外活動中都是如此。正因爲如此，從另一個角度又反映出了它們彼此都具有不同程度的靈活性和對國內外形勢較大的適應性，從而使兩黨制得以長期、穩定性存在。

5.對政黨領袖的選擇不重個人權威而重其政策主張，尤其是領導能力，最重要的是看他能否帶領全黨奪取大選勝利：丘吉爾曾明確指出，保守黨對其領袖的忠誠是巨大的，但只要他不再有用，必定被罷免。阿瑟·鮑爾弗和愛德華·希思兩人就是3次大選失敗的犧牲品；而1940年丘吉爾受命組織戰時聯合政府也正是由於他獨到的反戰政策，才使大家原諒了他早先（1903年）的叛黨行動。1975年柴契爾夫人當上了英國保守黨第一位女領袖也還是由於她的不同於戰後以來歷屆政府的政策主張而獲勝。此外，保

守黨對領袖的選擇也已擺脫了世俗的門第觀念，開始了向中產階級化過度。

就工黨來說，其領袖的競爭，產生也以鮮明的政策主張爲主，而不是個人人品的較量，八〇年代初，邁克爾·富特（Michael Foot）出任工黨領袖就是受黨內左翼的擁戴，在他之前，工黨領袖一直是溫和派佔上風。總之，英國政黨領袖的成熟和經驗之豐富，大體上有一定的制度保證和規定，一般都要在議會中服務了10～20年。這一點與美國也有較大的區別。

6.政黨活動的連續性：由於具有健全、完備的中央和地方組織，以及嚴格的紀律，英國政黨在活動上有著持久的連續性。每次大選之後，各政黨便開始爲下次大選作準備。在兩次大選之間，它們的活動並不會停頓，而是繼續進行各自的宣傳，如發表文章、召開會議、舉辦周末和夏季學校、組織地方力量參加地方選舉或補缺選舉，保持與議員或內閣的接觸等等。儘管這些活動不如3週大選中的競選活動那麼緊張，但卻是始終在進行著，正如人們所說：「英國的政黨始終存在，無處不在，到處都可以聽到它的聲音」⑩。這一點跟美國政黨的組織鬆散、紀律鬆弛、大選年才活動一次等情況又成鮮明對照。

第四節　反對黨的作用

反對黨是英國憲法的一個組成部分，承認反對黨的存在是英國政治制度的一個重要特點，它被稱爲「英王陛下忠誠的反對黨」。而反對黨的獨特作用與兩黨制的長期穩定又有著非常密切的關係，甚至在一定程度上，反對黨的作用恰恰是兩黨制穩定的

一個前提。

　　英國的反對黨跟執政黨一樣，有嚴密的組織和嚴格的紀律，它是女王陛下可供選擇的政府。其領袖也是可供選擇的首相。反對黨領袖每年由固定基金中支付其薪俸。如果女王召集會議，他與首相並排坐一起。另外，反對黨同樣由國家對它的活動經費提供一定的資助，儘管這種資助比瑞典和德國的要少得多。

　　人們稱譽英國反對黨的發展是「十九世紀對政府藝術的最大貢獻」。但在十九世紀二〇年代，輝格黨領袖消極地認為「反對黨的責任不是要提出什麼建議，而是反對一切，然後把政府趕下台。」。隨著政黨組織的發展和完善，反對黨逐漸成為一個必不可少的、能發揮階級作用的組織。1832年的改革法頒布之前，批評政府的責任一直在下院，但隨著時間的推移，透過政黨制度，下院逐步為政府所控制。於是，向政府的挑戰便由不執政的反對黨進行。此外，由於這種批評是著眼於為奪取下次大選的勝利作準備，反對黨必須提出建設性的、合理的政策，以作為可以取代政府的政策。所以，現在英國的反對黨從根本上來說已不同於上個世紀的反對黨了。

　　在英國政府的實際管理中，「女王陛下忠誠的反對黨」大致有以下幾項重要的作用：

㈠它是對政府權力的一種有效制衡和監督

　　反對黨的真正目的是要在下次大選中奪取勝利，以便取得權力。因此，它的主要工作就是要挑政府的「毛病」，即認真審查、批評政府的政策，尤其是必須反對那些不必要的、極端的、甚至可能會為獨裁政府打開方便之門的政策或議案，同時必須揭露政

府侵犯選民個人權利的行政行爲。在執行上述任務中,反對黨一方面可以通過議會的辯論和質詢,對政府不適當的活動進行追究,要求政府作出認眞、合理的解釋。另一方面,在議會之外,通過中央或地方黨組織,利用電台、電視、報紙和公開會議等手段進行宣傳和監督。因此,政府與反對黨之間的這種相互作用,不僅對下院,而且對整個英國的政治都是至關重要的「生命線」。

㈡在選民要求改變政策時,反對黨便可接過政府的責任

反對黨提出的批評,必須有明確的針對性和責任心,只有在很少的情況下,它的策略才完全出於本黨利益,如對全國選區的畫分就是明顯的例子;它必須接受英國憲法的根本原則,即必須採用議會民主的手段來取得政權。換言之,它與執政黨在「政治遊戲規則」上是一致的;它有一個「影子內閣」,它的前座議員標誌著一定的大臣職位,他們定期開會、研究,決定他們的政策和策略。同時,它的批評同樣必須是以知識和經驗爲基礎,因爲這不僅要取信於民,而且在某些問題上,如外交政策、國防政策,特別是一項要求將來的政府承擔責任的決定,首相有時要與反對黨領袖進行磋商。另一方面,當國家民族利益處於嚴重危機時刻,反對黨會與政府站在一邊,始終與政府合作。因爲在一些基本原則上各政黨都是一致的,尤其是在「社會、帝國和國際事務方面,三大政黨所奉行的政策是很相似的」❻。

㈢在下院的某些實際事務上與政府進行合作

因爲執政黨和反對黨都維護現行的政治制度,所以,這種合

作是完全可行的。同時，兩大政黨都認識到，反對黨在憲法中發揮了一定的積極作用，在某種意義上可以說，英國憲法的發展是隨著兩黨制的發展而發展的。正如前處所述，下院中的「反對黨日」就是專門由反對黨用於選擇一些問題在下院中進行辯論的時間，而且也利用它在為必要的時候提出對政府的不信任動議進行投票表決。

1979年下院進行了戰後以來最有意義的一次改革，建立了14個與政府中重要部門相應的議會部門委員會，反對黨議員在所有這些委員會中與執政黨議員一起工作，而現在的政府會計委員會主席由反對黨議員擔任已成為一個常規。

在立法和財政方面，反對黨同樣負有一定責任。為使法律盡可能完善、可行，它要竭力對政府在匆忙中制定或考慮不周的議案進行認真批駁，同時要照顧到少數壓力集團的利益。因此，執政黨的政策與立法並非完全與反對黨不相干，而在相當程度上是「你中有我，我中有你」，一如前之所述。

㈣反對黨的存在本身表明了英國憲法中言論自由極其重要的原則

在英國，反對黨的存在一向被看作是其民主、自由的象徵。因為，獨裁政府（如戰前西歐大陸的一些國家）必然要清除所有的批評，進行新聞檢查，以及取消反對黨。英國政府對言論自由的任何限制就被認為是侵犯英國傳統的自由。正如艾弗‧詹寧斯（Sir Ivor Jennings）勛爵所說：「對自由國家的考驗就是審查相當於反對黨組織的地位」 ❻❷。人民對限制言論自由的反應是很敏感的，這種反應被稱作是一種社會中內在的「早期警報系

統」。

　　以上作用清楚地反映了，在英國政府的實際管理中，反對黨起著重要的作用，它促使政府必須在正確的軌道上行駛，政府也有賴於反對黨建設性的、合理的批評，如果沒有反對黨對政府武斷行動的批評和監督，執政黨就有滑向極權統治的可能。正如昆廷·霍格（Quintin Hogg）所說：「從沒有一個有組織的反對黨到完全的獨裁之間並沒有很長的路」 ㊿。而反對黨，尤其是它的領袖同樣必須根據知識和經驗來行動，因爲它隨時要負起管理國家的責任。所以，他的政黨組織必須嚴密而有效，不能作不負責任的空談或虛幻的許諾，在國家的危急關頭會與政府進行有效的合作。因此，有理由認爲，「英國的反對黨是負責任的，從來不是一種破壞性和障礙性的」 ㊿。如果兩大政黨變成完全敵對的政黨，那麼，兩黨制早就無法生存了。總之，英國議會兩黨制的實質是用兩個政黨輪流執政的方式維護其資產階級的統治。兩黨制有其靈活性和機動性，有利於調節各政黨間、各階級間、各集團間的矛盾，不至於因爲內部不同集團之間的爭權奪利而同歸於盡㊿。

第五節　兩黨制的前途

　　在英國內外，人們在「英國病」的批評和分析很多，難以數計，然而卻很少見到指責兩黨制是其主要根源的說法。本世紀二〇年代之前，很少有人對這一制度提出過任何懷疑，只是到了八〇年代由於受到第三黨，來自自─社聯盟的衝擊，特別是1974年兩次大選的結果，兩大政黨都未能取得絕對多數的席位，彼此的

差距不大，這才引起了一些人對英國的兩黨制還能堅持多久，其前途如何等等的懷疑和猜測。

英國政治情況是複雜的，有時甚至很難捉摸，1959年當保守黨連續取得第三次大選勝利，而且在議會中所得席位一次比一次多時，輿論認為，工黨將成為永久的反對黨了。1966年之後，又感到工黨已取代了保守黨的「當然的執政黨」地位。1974年之後，產生了另一種論調，認為從此以後，一個政黨不再會在議會中取得全面的多數席位。

但是，要對兩黨制進行有效的衝擊，必須要有一個有力的第三黨出現，社會民主黨誕生後，與自由黨結成自—社聯盟，曾一度在議會獲得不少席位，但是要跟兩大政黨中的任何一個進行較量，顯然還不是時候。不久，社會民主黨又告解體，自由黨員在議會中是第三大黨，但它的力量與第二大黨相去甚遠，不可能有所作為，其餘小黨都是一些地方性的黨，更無足輕重。小黨長期起不來，除了在選舉上的不利外，還藏著一些難以克服的困難。

(一)財政困難是小黨的致命弱點

在英國，一個政黨要選上一、二個議員並不很難，也花不了很多錢。但是，要想奪得更多的席位，就非要雄厚的經濟實力不可，因為它要推動、促進地方黨組織的建立與發展，而制定全國規模的競選計劃和進行競選活動，這就必須要有相當數量的地方，地區或總部的領薪全日制職員進行工作，沒有永久性的機構來組織競選活動，尤其是平時的經常聯絡，那將是徒勞的，如自由黨由於缺乏活動基金，在1970年不得不把全日制永久性職員裁減一半，到1979年僅剩下17名，甚至都比不上一個稍大一點的壓

力集團。此外，只有透過電台、電視、報紙等宣傳工具的宣傳，才能讓廣大選民對它有所了解，這一切的費用亦是相當可觀。然而，一般來說，小黨都不如保守黨和工黨那樣有一定可靠的巨大財源，只能依賴於社會零散捐款和黨員會費，黨員人數的波動也使它的收入不穩定，如社會民主黨在1981年成立的第一年內，黨員達到6萬5千人，到1983年就只剩下可憐的5千人。因此，一個是有健全的組織系統，另一個是穩定而可靠的財源，這兩方面的困難便大大束縛了小黨的發展。

㈡在政策上，小黨也難以推銷出更能吸引全國選民的上乘之策

同為左一點的政策由工黨代表，右一點的政策由保守黨為代為，更溫和一點的有自由黨，而社會民主黨在1981年發展的12項任務的政策網領，基本上沒有什麼特色，有的與保守黨的差不多，有些與工黨的政策相似，還有的與自由黨一致。這樣，小黨在大黨的政策夾縫中求生存和發展的餘地就非常狹窄和艱難。

㈢小黨缺乏一個支持它的選民基本隊伍

一個政黨如果沒有大而穩定的投票力量，也就是說，沒有相當數量的選民將其利益和命運與它緊密結合在一起，那麼，它在議會中所得席位的數量就會產生很大波動，終究成不了氣候。以保守黨和工黨為例，在五○年代，保守黨得到70%以上中產階級的選票，六○年代，60%以上的工人階級投工黨的票。另據統計，在1959年和1964年的兩次大選中，兩大政黨的投票核心力量，就穩定在61%左右，在1966年和1970年的大選中，仍穩定在60%⑯。

1981年成立的社會民主黨，在10月和11月的兩次補缺選舉中，接連奪取了兩個席位，其中之一還是保守黨「安全區」的，這樣在12月的民意測驗中，它的支持率高達46%⑥⑦。但是，在1983年6月的大選中，得票率一下子降到24.6%。人們不由得把它的投票站比作了「旅館」，一些人來了，一些人又走了，經常變動，缺乏一個穩定的基本隊伍。

㈣支持者的地理分布狀況對小黨也極爲不利

　　保守黨的優勢主要集中在英格蘭東南部的富裕地區和商業地區，工黨的支持者大都集中在傳統的工業城市，以及蘇格蘭和威爾斯，而小黨的支持者比較分散，即使它能得到20%的選票，如果分散在全國各個選區，那麼它的一切努力就將是白費，一個席位都得不到。必須要有相對的集中才能在一個選區中奪得多數選票而當選。1945年以來，凡在下院中能獲得一席或數席的小黨都有各自的基本地盤，如威爾斯民族黨在威爾斯、蘇格蘭民族黨在蘇格蘭。它們都局限於一個較小的範圍，有的還受語言上的限制，不可能發展成一個全國性的大黨。

㈤同樣不能低估選民的心理作用對小黨的不利影響

　　一個政黨要能在選民中樹立起它的信譽是很難的，保持這種信譽就更不易。選民看到某一政黨在歷次選舉中都沒有希望組織政府，那麼，這個黨也就難以增加它的選票，只能在很小的幅度內上、下徘徊，如自由黨那樣。所以，在現行選舉制度不變的情況下，小黨要奪得更多席位只有寄希望於發生以下一些重大事件或突發事件，如選民投票率有大幅度的增加，尤其是它的支持者

有大幅度的增加；對兩大政黨的支持者有大幅度的減少等。但是，這種機會很難出現，即使有，也不可能同時出現。從以上分析的幾種情況來看，可見小黨的發展之路相當艱唯。

此外，一般來說，小黨的組織結構較鬆散，缺乏內聚力，與兩大政黨有很大差距，如自由黨雖小，但結構複雜，權力分散，在英格蘭的自由黨與在蘇格蘭、威爾斯的自由黨是分開的，儘管各自的獨立程度不同，它的「財政和行政委員會」更是個獨立的機構，既不對全國執委會負責，如工黨，又不對黨的領袖負責，如保守黨。

總之，穩定兩黨制的一個重要因素——選舉制度，並沒有變，公民權的不斷擴大，選舉中腐敗的消除、選民的登記、議會中席位的地區分配等，現在都沒有什麼大的變動，因為，它既缺乏變動的條件，更缺乏變動的動力，在現行選舉制不變的情況下，更難以出現一個強大得足以向兩大政黨在議會中的優勢提出嚴重的挑戰的政黨。

英國的兩黨制，倘與西歐大陸一些國家實行的多黨制比較，確實有其有利的一面，然而也有明顯的不足。

從有利的方面看，英國的兩黨制能產生更為穩定而有效的政府，其根本原因是，如前所述英國的行政與立法密切結合，執政黨在議會下院中擁有全面多數，甚至絕對多數，這樣，在一定政黨紀律的約束下，政府就可以得到議會中多數的支持，反對黨一般奈何不了它。解散議會重新舉行大選，這一權力也由執政黨、實際上是由首相控制，反對黨同樣無力左右，只能服從，儘管也可以利用對政府的不信任動議把政府趕下台，但這種情況只有在政府政策嚴重失誤，人民反應強烈，特別是執政黨在議會中只有

微弱多數或依靠第三黨支持的情況下才可能有，戰後幾十年僅發生過一次，已如前文所述。穩定政府對政府的工作效率就是一個保證，這也是英國政府有力的表現之一。在多黨制國家中，各政黨在議會中的席位相差不是太大，一旦在政策或立法上出現矛盾，那麼，只要有一個稍大一點的政黨發難，這一屆政府往往就難以維持下去，戰後意大利的情況就是極好的例證。

兩黨制責任明確，更容易受選民的監督：在多黨制國家，不管進行多少次選舉，組織政府的基本上總是那幾個政黨，充其量只能增加或減少某一政黨在議會中的席位，卻很難把它們排除出政府，除非發生突變。這樣，選民對政府的監督作用就很難發揮。在英國的兩黨制下，選民比多黨制國家有更明確的選擇。大選中，選民的投票與其是對某一政黨將來的政策表示贊成或反對，倒不如說是對下台政府政績的一種評定。所以，多黨制國家產生的立法機構雖然要比英國的議會更能精確地代表公眾輿論，但是，英國選民參與行使權力（選舉和監督）方面卻要比多黨制國家的選民更加直接。再從政黨方面來講，七〇年代以來，選民投票率的降低反映了選民對政黨政府興趣的減弱，而大政黨的基本投票力量也已有所變動，在大選中往往出現小部分選票的擺動，或擺向保守黨、或擺向工黨、其他小黨，投票率的這種小小擺動就會造成一定數量席位的易手，這種擺動對兩大政黨都具有舉足輕重的影響。據統計，如果選票有1％的擺動，就會導致10～16個席位的轉移，換言之，這就意味著某一政黨的席位要減少20～30席。這種情況逐漸引起了兩大政黨的高度警覺，因此，它們對輿論的反應就比多黨制政府更為敏感。

從另一個角度上講，明確的責任表現在，執政黨行使政府的

權力，國家管理得好壞，責無旁貸，好則享有榮譽，可望連任，壞則承擔責任，有可能下野，無法諉過於人；反對黨的責任是批評政府，如果反對黨的建設性批評能把政府趕下台，那麼它就不得不執行自己的政策；儘管一旦上台執政後總會打一定的折扣；

由於兩黨制是競爭的兩黨制，並不是簡單的、無競爭的自然輪流執政，因此，這種制度導致兩大政黨之間互相監督和激烈競爭，彼此都希望能上台執政，更希望能長期連續執政，保守黨正由於其執政時間較長而自稱是「當然的執政黨」，所以，保守黨的執政意識很強。政黨的最大凝聚力是執政，一個政黨如果長期不能執政，不僅會導致它的組織渙散、紀律鬆馳，更重要的是會危及它的政治前途，如果它拿不出符合選民的利益的政策綱領來，選民便會逐漸拋棄它，從而使它淪為長期、甚至是永久性的反對黨，尤如現在的自由黨那樣。兩大政黨的競爭實質是政策上的競爭，執政黨倘若不能給人民帶來尤其是經濟實惠，就很難贏得他們手中的選票。由於歷史的原因，英國人民只對麵包和奶油感興趣，因而有大選是「麵包和奶油」的選舉之喻。正因為如此，才使得在第二次世界大戰中享有很高聲譽的丘吉爾首相在1945年的大選中，慘敗在工黨的社會福利政策的競選綱領之下，迫使保守黨在痛苦的在野期間，經過調查研究，不得不重新調整了它的政策計畫，接受了工黨政策中的某些福利部分，這才使得它有隨後連續執政13年的記錄。因此，競爭和互相監督貫穿在兩黨制的始終。

但是，英國的兩黨制也存在著明顯的不足：

兩黨制下的大選結果，執政黨並不能代表絕大部分民意，有時反對黨所得的選票反而會超過執政黨，而執政黨在議會中的席

位卻多於反對黨，這種不正常的現象儘管不經常出現，但即使出現卻也不影響執政黨組織政府的合法性（詳見第九章選舉制度）。

由於執政黨在下院擁有多數乃至絕對多數席位，加上政黨的紀律的約束，下院基本上就成了批准執政黨的政策和議案的工具，從而削弱了下院對政府有效的監督和控制。

由於兩大政黨在某些問題上價值觀的不同，有時會造成政策或立法上的反覆。毫無疑問，保守黨更強調民營制，工黨則較側重於國有制，因此，在兩黨輪流執政的過程中，有時會出現政策的反覆，對鋼鐵工業國有化，後又民營化，再國有化，就是個明顯例子。1974年威爾遜工黨政府對上屆希思政府的許多政策幾乎又都顛倒了過來，柴契爾政府更是執行了大規模的國營化政策等等。

兩黨制導致了下院中獨立議員的基本消失。在現行的選舉制度下，得不到政黨支持的候選人是很難當選的，他沒有組織的協助，缺乏可供他支配的資金，即使有幸當選，在下院中他會面著種種困難和不利，由於他不接受來自政黨督導的命令，因此，他得不到關於下院有關事務的通知和訊息，在辯論中也無人爲他準備演講稿，更得不到政黨的精神支持。此外，一個政黨的議員可以透過政黨在議會的各種組織發揮他的作用和影響，如議會黨團、議會委員會及政黨自己的各種問題委員會等。晉升大臣是政黨內議員的事，獨立議員無分。所以，現在一個有雄心的職業政治家已很難作爲一個獨立議員，因爲在政治上沒有發展前途。

總之，有關英國兩黨制的爭議是複雜的，持批評態度或爲之辯護的人，手頭都掌握著很多材料，更重要的是過去百多年來政

黨制度的經歷和經驗，都有實際的證據。但是，七○年代出現的
這場爭論是在這麼一種背景下發生的，經濟困難越來越大，工會
運動的鬥爭性加強，政府無法控制，政治上的悲觀主義日益加深，
便加劇了這場爭論。

　　歷史上，工黨取代自由黨的地位，乃是社會長期變化，尤其
是自由黨內部嚴重分裂的產物，在當代的兩黨制中，也不能保證
不再出現重大的政治危機，如1981年工黨的分裂。但是，據目前
的情況來看，只有在選舉制度上發生一場重大憲法性的變革，才
有可能導致英國政黨制度的本質產生急劇變化，否則，不大可能
會在英國政治上發生重大的重新組合。

第7章
保守的文官制

第一節　文官制的發展

　　英國文官制的發展過程中，有兩個重要的轉折點：(1)1854年發表的諾思科特－特里威廉調查報告(the Northcote-Trevelyan Report)，它正式規定了一套關於文官制的組織原則，並爲政府所採納。(2)1968年發表的富爾頓委員會調查報告 (the Fulton Report) ，它對第一個報告中的一些原則提出了明確的疑問和否定，尤是對高級文官的「通才」和「多面手」理論提出了質疑，同時推薦了一些重要的改革建議，主張加強對通才文官的專業訓練，提高有專業才能文官的地位，讓他們有更多的機會進入決策層，以便充分發揮他們的作用。1979年柴契爾政府上台執政後，對文官制又進行了一些比較激進的改革，不過，無論在規模上和深度上都不如前兩次。儘管如此，柴契爾政府對文官制的改革還是被英國學術界和評論界看作是文官制發展道路上的又一個里程碑。

㈠諾思科特－特里威廉調查報告

英國當代文官制的雛型是1854年諾思科特－特里威廉調查報告的基礎上建立起來的，在這之前，政府各部門都是自行招聘文官，沒有統一的招聘制度和政策，更無立法。因此，招聘中普遍存在著貪污、行賄、營私舞弊、搞裙帶關係等腐敗現象。爲了扭轉這種局面，1853年，當時的財政大臣雷斯頓委託查理·特里威廉爵士（Sir C. Trevelyan）和斯坦福·諾思科特爵士（Sir C. Northcote）對文官的情況進行全面、詳細的調查，1854年2月發表了〈關於永久性文官組織的報告〉，提出了旨在建立正式招聘文官制度的幾個重要原則，以便確保能招聘合格而又優秀的人才：如招聘應通過競爭性的考試進行，競爭高級職位的人應具有最高的教育程度；在知識性的工作與日常工作之間應有明確的區別，前者要求更能幹、知識程度較高的文官，後者則適合於文化程度較低的人；招聘的年齡，高級職位在19～25歲之間，低級職位在17～21歲之間，以便他們能接受職業訓練，但不接受已具有其他行業工作經驗的人；文官的晉升應憑工作成績而不是光靠資歷；採用統一的工資級別等。這些建議後來就被稱爲「諾思科特－特里威廉」原則。同年建立了負責招聘工作的文官委員會（the Civil Sewice Commission）。但是，由於種種原因，改革一直拖到1870年才開始進行，1920年最後完成。

諾思科特－特里威廉調查報告雖受到當時財政大臣格雷斯頓的有力支持，卻遭到高級文官和一些內閣大臣的激烈反對，因爲這一報告隱含著這麼一種威脅，社會中的中產階級將會逐漸取代上層階級在文官中的支配地位，儘管招聘高級文官與大學制度密

切結合確保著上層階級的優勢，尤其是牛津－劍橋大學的壟斷性，這種偏見在今天的招聘工作中依然存在著很深的烙印。因此造成改革進展緩慢和不徹底，只有部分付諸實施。後來在克里米亞戰爭中，充分暴露出了文官在行政管理上的不適應，這才激起了公眾越來越強烈的不滿，議會同樣表示了嚴重的關注。在這種情況下，政府才接受妥協，不過仍保留大臣對本部門文官一定的任命。1855年5月，政府建立了一個由3人組成的文官委員會，授權它審查準備被任命到政府各部門去做低級文官的年輕人的資格，以便確保符合規定條件。但是，大臣的任命仍在起作用，直到1870年才正式建立起公開競爭的原則，一個重要原因是，此時已成爲首相的格雷斯頓和他的財政大臣羅伯特‧洛（Robert Lowe）不能容忍這種情況再繼續下去了。這樣，諾思科特－特里威廉調查報告中的招聘原則才是最得到了貫徹，儘管在第一次世界大戰時還殘留著一些老式的任命，不過已不再是主流了。

毫無疑問，諾思科特－特里威廉的報告對形成當代文官制的概念和本質有著重要意義，但還算不得是眞正改革的藍圖，只不過是一種初步的嘗試。不過，從英國文官制發展的角度上看，這一報告畢竟是一個重要的轉折。

(二)政府的發展

在文官隊伍發展的過程中，其規模的大小總是跟政府的活動範圍有著密切聯繫。當然也有其他因素的影響。而政府活動範圍的擴大又受政府哲學不斷變化的影響，如「自由主義」、「干預主義」等。但這些又都是對社會、經濟、工業、憲法發展的一種反應，它們之間也有著相互的關係。文官數量的增加直接標誌著

表 7-1　文官的發展

年份	數目	年份	數目
1797	16,267	1901	116,413
1815	24,598	1911	172,352
1821	27,000	1914	280,900
1832	21,305	1922	317,721
1841	16,750	1939	387,400
1851	39,147	1943	710,600
1861	31,943	1950	684,800
1871	53,874	1979	732,300
1881	50,859	1986	594,400
1891	79,241		

政府活動的發展趨勢。

　　從**表7-1**中可以看出，在十九世紀，文官隊伍發展得比較緩慢，這表明它適應了維多利亞時期的那種試驗性和漸進式的改革。在兩次世界大戰的前後，發展速度加快了。在第一次世界大戰前的幾年中，已經出現了福利國家的一些基礎，二次大戰後，福利國家得到了進一步的鞏固和發展，政府部門及其規模也有了很大的增加。

　　十九世紀初，中央政府部門的結構發展得還不完善，政府活動的範圍也很窄，僅局限在外交、國防、殖民地事務、支持海外貿易、施行法律和收集稅收等。最大的部門是海關、稅收和郵局。因此，對文官的需要量不是很大。

　　二十世紀來，尤其是二次大戰後，政府的職能不斷增加，政

府範圍也不斷擴大，政府部門同樣有了相應的增加，以滿足不斷增多的工作需要。在這種情況下，國家對文官的需要量也相應大幅度增加，從本世紀初11萬增至1979年的73萬多，增加了近6倍。雇用文官最多的部門有國防部、衛生和社會保險、國家稅收、就業部、環境部、內政部、海關、農業、漁業和糧食部、運輸部等。將近三分之一的文官在倫敦工作，其餘在地區和地方，高級文官大部分在中央各部，1%在最重要的崗位上。

(三)富爾頓委員會報告

戰後以來，由於實行福利國家以及對經濟和社會生活的各方面進行干預的政策，政府工作大量增加並日趨複雜化。由此，文官的作用，尤其是高級文官的作用也相應增加了，而且要求也越來越高，如在大的政策問題上要向大臣提出忠告和建議，還有許多決定要由文官作出（大臣授權），並執行和協調各種政策，以及政府部門的管理。在這過程中，逐漸出現了一個令人擔心的問題，即文官的權力比過去大大增加了，有的甚至認為是被濫用了。這種權力只集中在少數高級文官手中，他們既不是經選舉產生，又沒有向議會說明的義務（不向議會負責），且不能輕易對他們進行解雇或免職。此外，六〇年代中期之後，英國經濟開始不時出現各種困境，且難以擺脫。於是，人們普遍對高級文官管理才能的貧乏產生起不滿來，隨著經濟形勢的不斷惡化，這種不滿情緒也就愈來愈強烈。在這種外部強大的壓力下，威爾遜工黨政府便在1966年任命了一個富爾頓委員會（the Fulton Committee），決定對文官制進行全面調查，包括文官制的結構、招聘、管理和訓練等，借以緩和大家的批評，同時也確實希望通過對文

官制的適當改革來促進政府工作。這就是富爾頓委員會產生的歷史背景。

　　經過3年的努力，富爾頓委員會於1968年拿出了一份很有份量的調查報告，其中甚至包括了與美國、法國文官制進行一定的比較。報告分兩部分：一部分對六〇年代文官的現狀進行詳細分析，另一部分對文官制提出了一些重要改革建議。報告最終結論是：「今天（英國的）文官制基本上仍然是諾思科特－特里威廉報告提出的十九世紀哲學的產物，而它所面臨的任務則屬於二十世紀下半葉的，這就是我們所發現的，也正是我們所要予以糾正的」❻❽，直截了當地既指出了當前文官制的缺陷，又提出了必須予以改革，以適應新任務的迫切要求。

　　委員會關心的重點是對高級文官的非專業化素質。他們是大臣的主要政策顧問，由他們向文官提出政策忠告和建議，對文官的最後決策起著重要影響。然而，他們中大多數人沒有社會科學、自然科學以及管理技術方面的專業訓練，只有人文學科方面的學位，如歷史、古典文學、拉丁文、希臘文等，這種學科背景跟他們肩負的職務顯然有著很大的差距。委員會認為，堅持這一原則就無異於對「通才（或業餘者）的崇拜」，報告列出了現行文官制的六大不足：(1)「通才的優勢」：現行文官制仍建立在通才的基礎上（或稱「多面手」），這一點在高級文官中尤為突出，而他們卻在文官制中佔主導地位。「通才」實際上意味著「有才華的門外漢」，對任何問題都有一定的看法，卻又往往不切合實際；(2)低估特殊技術的作用：常常很少給予科學家、工程師以及特殊行業的成員充分的責任和機會，也不給予他們相應的權力，他們被排除在高級決策與管理之外；(3)缺乏技術管理：有技術的管理

員太少，且始終缺乏必要的訓練；(4)文官制是一種孤立的和排他性的服務，各種服務之間很少接觸；(5)缺乏人事管理：對人員的管理和職業的規畫均不夠重視；(6)現行文官制中混亂、複雜的級別制度，嚴重妨礙了它的工作及文官積極性的發揮。

針對上述種種不足和缺陷，富爾頓委員會提出了8大改革要點：(1)建立文官部：文官事務由財政部移交給文官部負責，如工資、管理、招聘等，並置於首相的控制之下，日常工作授權給一位非部門的內閣大臣負責；(2)文官部的常務次官被任命爲文官部的主管；(3)在專家和管理員中應更加發展專業化，並使專家有更多的機會到達最高決策層；(4)取消原有混亂的級別，代之以一個全部非工業文官 (Non-indu strial Civil Servants) 從上到下統一的等級結構；(5)在招聘管理員中，應強調更大的專業化，尤其要充分考慮他們在大學就讀的課程，使之適合於他們將來的工作，並擴大高級文官的社會科學和自然科學兩方面的基礎知識；(6)文官在政府各部門之間，在公、私營部門之間應有更多的交流；(7)建立文官學院，以便對文官提供重要的正規訓練場所，尤其在管理上；(8)高級文官至少必須承擔一小部分向議會解釋的義務，以便在一定程度上限制他們的權力等。

1968年，威爾遜政府很重視這一報告，並接受了其中一些主要改革建議，如：1968年11月建立了文官部，任命常務次官爲該部的主管，並負責下列領域中的工作；人員管理，包括文官候選人的選擇、招聘，以及他們受聘後的管理、培訓，政府各部門繼續負責一些訓練，文官部負責全面監督；監督開支和人員配備，包括對工資及其談判的責任。此外還有畫分等級、退休及有關事宜等。

1970年6月建立起了文官學院，設立3個中心，即倫敦、森寧代爾（Sunningdale）和愛丁堡（後因經濟原因而關閉）。自1971年1月正式開學，課程設置包括經濟、統計、人員管理、社會和公共管理等。此外還建立了統一的文官級別和改革招聘制度等。

　　在富爾頓委員會的各種改革建議中，特別是對通才的改革，在一定程度上觸犯了高級文官的特權和利益，引起了他們的強烈不滿。因此，他們利用自己在政府部門中的有利條件、嫻熟的行政手段、時間上的絕對優勢，竭力設法對一些重要的改革建議進行各種各樣的抵制，使政府接受的四項重點改革並沒有得到徹底的貫徹。

　　1.在建立文官部方面，富爾頓委員會原想由文官部行使中央管理的作用，但在各種阻力的牽制下，結果非常令人失望。關於文官部職員的配備，委員會建議不應該由長期在財政部供職的人員組成，而是應由長、短期的結合，還應包括其他部門中的一些人，以及外部有管理和組織才能的人聯合組成。但這一點根本沒有得到理睬。結果，文官部的主要官員仍然是由原財政部老的工資和管理小組的成員組成，絕大部分有著通才的背景。這樣一來，文官部依然操縱在財政部手裏。

　　2.委員會建議，應授權文官部有權號召政府各部門考慮採用委員會推薦的管理技術。實際上，文官部只傾向於把自己的作用看作是服務性的而不是強制性的。這樣，文官的作用又受限制，因此，這一建議也遭忽略。

　　3.財政部對喪失控制文官部的權力一直耿耿於懷，利用調查文官部開支的機會，設法予以控制，使文官部得不到實質性的獨

立。

　　4.被任命負責文官部的大臣對該部事務不感興趣，在內閣也不受重視。因此，高級文官就有相當大的自由根據他們的意志來指導文官部的事務。種種因素結合起來，加上財政部和其他部門的激烈反對，文官部最終於1981年底被撤銷。富爾頓委員會的重要改革建議之一就此告終。

　　文官學院建立，雖然還遠遠比不上法國的全國文官行政學院，但通才的高級文官們已普遍感到，這對他們的職業構成了嚴重威脅。因此，同樣遭到他們的反對或抵制，無論從課程、學時、人員等方面，無一不予以有形、無形的限制，目的只有一個，就是盡量縮小文官學院尤其是對培訓高級文官方面的作用，以便繼續確保通才高級文官在金漢宮廳中的優勢地位。首先，委員會建議學院應為一個獨立的管理機構，由文官和外部廣泛的壓力集團組成。但這一點從未得到執行。學院受文官部的控制，大部分職員都是文官，少數從外面招聘進來的也只有短期的合約。所以，文官學院實質上也在財政部的控制之下。其次，委員會建議，通才適級文官應具有特殊的經濟、財政管理或社會管理的知識，這是建立文官學院的一個重要目標。然而，這一點也沒有得到接受。此外，學院的研究作用也沒有得到發展，使威爾遜政府要讓它成為研究行政問題中心的意圖落了空。第三，1970年以後，由於資金短缺；學院所提供的訓練遠遠沒有達到委員會建議的標準，1980年，學院只提供了文學訓練原計畫的3%，其餘交由各部門負責進行。第四，學院與各部門關係冷淡，各部門文官的晉升並不取決於學院學習成績的好壞，仍以工作表現為重要依據，大大挫傷學員的士氣。總之，文官學院辦得並不成功。

招聘改革同樣沒有完全實現富爾頓委員會的建議,其趨勢反而更加引起富爾頓委員會的批評。

以上情況反映了,富爾頓委員會的改革建議雖然爲文官制提供了一個更爲合理的結構,更加注重對文官進行集中訓練,及發揮專才文官的作用,確是一次重要的改革。但從改革以來的效果看,並不理想,一些原來的基本矛盾和問題沒有得到真正解決,特別是通才與專才之爭、缺乏現代化的管理技術、人才的開發和管理、高級文官缺乏生活實踐等。因此,人們把七〇年代英國經濟持續不景氣和社會混亂等責任都歸咎於高級文官的管理無能和不稱職,甚至對他們的政治傾向產生懷疑和批評。這就爲後來柴契爾政府對它的改革準備了條件。

第二節　大臣與文官

㈠影響大臣與文官關係的因素

從憲法上來講,大臣制定政策,文官(這裏主要指高級文官,即常務次官、副次官和助理次官)對政策提出他們的忠告、建議,並忠誠地予以執行,雙方分工明確,責任清楚。但是,大臣與文官之間的實際關係要比憲法上的規定複雜而又微妙得多,文官所發揮的作用和影響也遠遠超過憲法對他們地位的規定,這中間有一些因素在起作用,這是多年來學術界和政界本身很關心的一個重要問題。例如:

任職期

文官一旦被聘用,如無工作中的嚴重失誤或過錯(觸犯刑律

的除外），一般不會被輕易解雇。文官職業的永久性與大臣職務很大的變動性之間的這一反差，就是文官可以發揮其影響的一大有利條件。大臣在政府中待的時間比較短，在同一部門工作的時間就更短，例如，在1951～1964年保守黨政府中，大臣任職期一般只有2年4個月，在1964～1970年威爾遜工黨政府中，一個內閣大臣的平均任職期為1年8個月，在1974～1979年間為2年5個星期。以教育、科學部門為例，從1944年4月起到1986年，一共換了21位大臣，平均任職為2年。正如一位前內閣大臣所比喻的：大臣猶如一隻鳥，今天在這裏，明天就飛走了。由於不同原因造成內閣經常改組，使大臣沒有足夠的時間和豐富的經驗來制定更為成熟的政策。同時，工作變動過於頻繁，使政治家們無法對文官給予有效的控制，更難以對本部門的具體情況有充分的了解。此外，大臣致力於本部門工作的時間同樣很有限，在一週內至少有三分之二的時間用於部門之外的活動，如參加內閣、內閣委員會、政策小組、議會、政黨的會議，官員們的訪問、負責選區的工作等等。

相比之下，高級文官的工作時間全部在本部門，大多數低級文官的職業生涯也是在同一部門中度過。久而久之，文官們便在每一個部門中形成緊密的工作網絡，並逐漸形成本部門的某種哲學和精神，從而形成頑固的「部門觀點」。每當向大臣提供政策忠告、建議，或在執行政策的過程中，他們的觀點或「部門觀點」就會頑強地發揮不同程度的影響。

專長

如果說通才的高級文官缺乏某種特定領域裏的專門知識的話，那麼大臣就更難說了。一般來說，大臣缺乏專門知識，也缺

乏固定的、有計畫的職業生涯的鍛鍊或培訓，也就是從低級大臣到高級大臣循序漸進的過程，而這恰恰是工業領域裏一個經理生涯中心不可少的步驟，大臣從一個部門調到另一個部門，常常出於不同的原因（主要是政治原因），很少是從他們對某一政策領域裏的專長考慮。據統計，從1964年10月到1971年4月，在任命的93位內閣大臣中，只有12人具有在同一部門工作過、或有在相同政策領域裏的經驗。以前工黨政府中內閣大臣克羅斯曼爲例，在他任職的9年中，先後擔任6個不同部門的大臣，即經濟事務大臣、科教大臣、貿易大臣、土地與地區規畫大臣、環境大臣、外交大臣等。從發展專長的角度講，這中間更不存在任何符合邏輯的進展。正如布雷恩・史密斯（B. Smith）的評論所說：儘管大臣們有議會的背景、很好的口才、談判的才能等，但從領導主管部門來衡量，他們實際是一批「聰明的門外漢」。造成這種情況的原因是：首先，大臣到部任職之前，很少有人有良好的或成竹在胸的政策目標和優先考慮的事，因此，只得加重對高級文官的依賴；其次，在野時，旣缺乏制定政策的資金（只能依靠政黨的基金和壓力集團等的資助），同時也缺乏制定政策的依據。因爲政府中的訊息是高度機密的，有時甚至向議會保密，反對黨就更難得到，即使上台執政後，憲法規定，他們也不能索取上屆政府的文件來了解情況。因此，在制定具體政策中就有一定的困難。有人曾這樣評論道：英國政黨組織得這麼好，僅僅是爲了競爭權力，他們組織起來是爲了製作標語口號，而不是爲政策作準備❻❾。這話當然有誇大之意，但也不無一定道理。第三，本世紀來，由於政府活動的範圍及其複雜性都有所增加，對大臣特別專長的要求就更加嚴格。簡言之，大臣受時間和專門知識的限制，難以充分滿足

「大政府」的要求。

在高級文官這方面，他們職業的永久性實際就意味著他們對本部門工作和具體事情的處理具有一種近乎壟斷的專長。

部門的規模

從理論上講，部門的管理是大臣的責任，但現在許多部門的規模及其作用的範圍，尤其是那些在六○、七○年代合併的大部門，大臣確實無法對它們進行有效管理。例如環境部，4個大臣實際上不可能控制3.8萬個文官；同樣，1982年，保健和社會安全部門有9萬6千多個文官，僅依靠一個大臣、2個國務大臣 (Minister of State) 和4個次官 (Parliamentary Under Secretary of State) 也根本無法施行有效的管理。簡言之，現代政府雖有較大的發展，但文官對大臣不合比例的發展進一步使白金漢宮中的力量平衡向文官一邊傾斜而逐漸偏離大臣。

工作負擔

「大政府」同樣限制著大臣的工作量。部門的工作由大臣親自處理的往往只有很少一部分，實際不到1%。據統計，1964年至1974年間，一個大臣每週最少的工作時間爲60小時，其中大部分都花在部門之外的工作上，如在內閣……等，一如前述。換言之，大臣只有在完成了其它任務之後，才能直接處理主管部門的工作，在這種情況下，本部門的大量工作就不得不依賴於文官們或授權他們去做，在這一過程中，文官們有時就可以向大臣玩弄時間上的壓力，如在時間緊迫的情況下，敦促大臣通過緊急、複雜的決定，大臣除接受文官的建議之外，已無法獲得其他可供選擇的方案。

訊息來源

　　大臣對各種大量訊息的收集和提供，同樣要依賴於文官。各級文官以報告、備忘錄等形式向大臣呈報的文件，也都需經由高級文官的歸納、篩選、起草，然後再送主管大臣參考、選擇或作決策依據。在這一系列的過程中，文官的作用就很關鍵，他們可以從不同的角度或不同的利益考慮這一工作，既可以從國家的利益出發，也可以照顧某一壓力集團的利益，以緩和政府與它們之間的矛盾，還可以從文官本人對某一問題的觀點出發，更可以從時間的先後次序、輕重緩急等方面著手，甚至控制某些訊息等方面，在無形中影響大臣的決策。一般來講，精明強幹的大臣，他們有明確的政策目標和堅定的信心，能向他的文官強加他的意志，使他們服從，文官一般也樂於接受這樣的大臣。倘若大臣能力欠佳，又缺乏主見，那麼，受制於文官或受文官的「包圍」也就不足為奇了。

執行

　　政策決定之後，執行就是關鍵。有了政策而得不到執行等於沒有政策。從憲法上講，文官執行大臣決定的政策是他們的職責。但是，從歷史上來看，在執行政策的過程中，文官既可以發揮積極的作用，也可以起消極作用，甚至是反作用。從積極的方面講，文官自然是忠實地、不折不扣地執行不同政黨的政策。當然，每當大臣作出某項政策之前，文官有責任向大臣起碼提出以下三個問題：這項政策能行得通嗎？是否公平？會不會出現意想不到的反應或代價？否則會被認為是文官的失職行為。從消極的角度講，文官可以利用他們在白金漢宮中的特殊地位——永久性，能接觸各種文件的有利條件、利用白金漢宮內外的關係網絡、以及

「部門觀點」等，採取種種合法的、非法的、有形的和無形的手段，在執行某一政策的過程中予以拖延、阻撓、「忽略」、以各種藉口搪塞、「發現」種種難以克服的障礙、動員其他部門的文官予以抵制⋯⋯等等。這樣的例子並不難找，富爾頓委員會的一些重要改革建議就是被他們弄得面目全非的。再一個明顯例子就是科教部常務次官對1974～1976年工黨政府的教育政策用種種理由予以推遲、拖延執行，直到工黨政府下台就不了了之。

從上述幾個重要因素來看，大臣與文官之間關係非常密切，很明顯，雙方都是決策過程中不可缺少的部分，因而是白金漢宮這部政府機器的重要組成部分。但是，儘管文官在憲法上處於從屬地位，而且迄今沒有什麼變動，可他們透過多年在白廳中形成的無形網絡，實際上他們在政府內部成了一個巨大而又無形的壓力集團，他們所處的地位、所能起的作用和發揮的影響，都是社會中各種壓力集團所無法比擬的。因此，在對大臣提出的政策忠告和建議中，也就無法完全排除文官對自身利益的考慮。當然，文官也有其局限性，他們不一定能對全局性政策予以考慮和關心，也不像大臣那樣對外部世界有密切的接觸。從大臣方面講，他們雖主管某部門，有很大權力，但畢竟有其一定的局限。因此，兩者之間的關係既有以大臣為主的一面，又有互相依賴的一面，既有相互合作的一面，又有由於大臣存在著某種難以克服的缺陷而可被文官對大臣進行制肘的一面，只有大臣與文官之間配合默契和緊密合作才是工作成效的保證和前提。因此，要精確畫分大臣與文官在決策過程中的影響、作用、權力的大小等，有時就很困難，實際上也是長期以來一直存在很多爭議的問題之一。不過，除了上述幾個基本因素外，還有一些臨時性因素，如，作出什麼

樣的決定、政策涉及的對象、圍繞著它的政治環境、有關大臣和文官的能力等等。總之，大臣與文官之間的關係很難用一句話說得清楚，倒是貝佛里奇勛爵所作的一個比喻，既風趣而又很能說明問題。他認爲，「大臣與高級文官之間關係是白金漢宮中決策與執行之間極其重要的結合，這種結合尤如夫妻關係，大臣是一家之主，所有的活動（包括通訊）都是以他的名義做的，只有他代表這個家（他的部門）的發言和投票，所有重要的決定都由他正式作出，尤如丈夫決定家庭應在何處安頓、孩子在何處上學。但是，他做這些事應該在（妻子）忠告的基礎上進行，否則他會感到很不舒服。雖然他是一家之主，他並不真正負責家務，而是由常務次官來照料一切」❼⓿。

㈡文官政治化問題的爭論

對文官政治化問題早就存在著爭論。傳統觀點認爲，應繼續保持文官在政治上的中立。另一種觀點則認爲，從實際出發，文官的中立已很難維持，完全政治化不可能，至少允許部分政治化。

傳統觀點堅持認爲，文官在政治上的不偏不倚有其一定的價值，它可以客觀地評價各種政策，有助於政府政策的連續性和社會的穩定，文官的政治化有可能逐漸消除文官的這種客觀性。

贊成文官政治化的觀點認爲，文官在政治上的嚴格中立就意味著「培養一種沒有感情的不偏不倚，他們所從事的工作過程就像是發生遠在他方的別的國家裏那樣」❼❶。英國文官進入這一職業行列之後，實際上就被取消了他們不同意政府政策觀點的個人權利，從而成爲一種變相的「政治奴隸」，這可能會導致出現這樣的危險：官僚機構權力的不斷擴大，對文官的疑慮也會越來越

大，作爲一個大雇主的政府對它的僕人（文官）政治上的審查也就越來越嚴格，有朝一日，政府就會不公正地看待文官的觀點，而會接受罪惡的「忠告」。其一，一般高級文官的中、上層階級的社會背景和地位，客觀上大致決定了他們的政治態度，在決策過程中，必然會有不同程度的政治傾向性，因此，期待他們嚴守中立同樣不太現實。其二，從七〇年代末到整個八〇年代，英國的政治形勢中出現了明顯的政黨政治兩極化，在這種情況下，要求文官在政治上絕對中立已變得更不現實。從政治角度講：決心對文官制進行改革的柴契爾政府不歡迎受戰後共識政治影響很深的高級文官的忠告，也不會把熱情、積極服務於前政府政策綱領的文官晉升到高級文官的職位上來。政府對文官要求的這種政治化趨勢自然要影響文官的政治中立，也就很難指望他們能完全被動地執行旨在剝奪他們利益和特權的政策。總之，當代的文官已不再是過去那樣對政治漠不關心，而是越來越敏感，作爲一個雇員，文官越來越把他與國家的關係結合起來考慮，作爲一個公民，他又會把他與民族的關係結合起來，這樣，文官政治化的趨勢無論在客觀上和主觀上都會比過去有更明顯的發展，甚至還將繼續發展下去。近年來，文官中屢屢發生重大政治洩密事件就是很好的例證，這也是當代文官的特點。1986年財政部和文官委員會都認爲，文官的政治化已是當代政治生活中的客觀現實，政府應公開承認，而不是擔心政治化本身。其三，再從文官的活動來看：現在，文官活動的公開性已大大超過了以往任何時候，高級文官經常要向議會選擇委員會進行的各種調查提供證據，而查弊專員（Ombudsman）的調查又幾乎可以涉及到每一個文官，有些文官甚至出現在記者招待會上或在電視上作爲某一部門的發言人，有

的高級文官如威廉‧阿姆斯特朗勛爵 (Sir William Arm-Strong) 在他擔任國內部分文官的主管時，跟保守黨前首相希思有著密切的合作關係，因而被冠以「副首相」的綽號。此外，任命政府之外的人士作首相、大臣的臨時顧問，包括政治和經濟顧問，此舉雖有利於政府的工作，但其客觀影響之一則是進一步突破文官在政治上的中立和隱名性。

(三)政治顧問

在大臣與文官的關係中，還夾著一個政治顧問的問題。乍看起來，似乎沒有什麼，但究其實質，政治顧問乃是打進大臣和文官關係中的一個楔子。

任命政治和經濟顧問，這是六〇年代工黨政府威爾遜作為增加首相權力的一個方式，後來便被各屆首相沿用了。但是，它還具有另一個含義，實際上，這是對文官權力不斷深入了解之後的一種反應。這一步驟是逐步發展起來的，實踐證明，這一政策措施確實有其積極的效果。從大臣方面講，顧問發揮的作用既是對文官經驗或知識不足的一種有效補充，在一定程度上也是對文官工作的一種檢驗和監督，同時加強政府內外對文官執行大臣政策情況的關注，甚至可以打破文官對訊息的控制和壟斷局面。此外，鑒於現在政府機器的複雜、文官影響之大，以及他們有能力制肘大臣等情況，大臣們也需要對文官的忠告和提供的信息有一個可供選擇、比較的機會，以便逐步減少大臣對文官的過於依賴，因此，任命顧問被看作是當代政府中最重要的發展，這有利於大臣的工作，因而受到歡迎。但是，高級文官則認為，這首先是對文官懷疑態度的一種公開表露。其次，大臣對政治顧問的器重就必

然減少或削弱對高級文官的依賴，從而削弱文官在大臣的決策過程中所能發揮的影響，尤其是打破了文官對訊息的獨霸，這使他們更爲惱火。因爲訊息就意味著力量，特別是掌握在少數幾個人手裏時尤其是這樣。因此，儘管面臨著內外的壓力，文官始終不肯輕易放鬆、更不用說放棄對訊息的控制。任命政治、經濟顧問不可避免地使文官產生了疑慮，同時使文官與顧問之間的關係日趨緊張。

第三節　文官制的特點

英國的文官制具有一些顯然有別於其他資本主義國家的特點，幾個世紀來，這些特點基本上沒有什麼根本的變動，儘管在某些方面已有一定程度的削弱，這表明它既有一定的可行性，同時也有其陳舊的一面。

㈠文官制的隱名性

根據常規，大臣承擔其主管部門工作的全部責任，並由他向政府、同時也向議會負責，回答下院的質詢或爲自己的政策辯護。文官向大臣提出的忠告和建議都是機密的，並不公開，好壞都不揚名。而大臣的個人責任制決定了既由他接受榮譽和升遷，同時也承受一切批評、指責、調換工作乃至撤職。不過，據芬納對從1855～1955年100年中的情況分析，還沒有因文官犯法而導致主管大臣辭職的例子。

由於大臣的時間和主要精力並不花在本部門的工作上，因此，在有些情況下，往往由該部的常務次官拿主意或作出一般乃

至重要決定。有時在大臣不了解或不在場的情況下，文官也偶爾擅自作主，一旦這些決定有錯或他們在執行大臣的政策中出現嚴重失誤，大臣仍然只能自己承擔責任或爲之進行辯護，決不能、也不允許向文官推卸責任。根本原則是，文官是女王陛下的「隨從」，執行大臣的政策或命令，但他們要受到議會特別小組的調查和批評，或有關大臣的批評。倘若沒有這種隱名性和大臣對文官的庇護而公開文官與當時政府政策的一致，那麼，日後反對黨上台執政時就會難以與他們合作共事。所以，這種隱名性是文官制的核心，沒有這一點，其他如政治上的中立和其職業的永久性就無法維持。爲了保持文官行政專長的連續性，文官的隱名性是英國在政治上一向付出的一種政治代價，確切地說，這是文官們所付出的一種政治代價。

　　文官隱名性的這一傳統是根深柢固的，不僅受到大臣們的尊敬，同樣受到政府中其他有關人員及後座議員的尊敬。

㈡文官在政治上的中立

　　也就是要文官超脫政治。這種中立有兩個含義，一個是政治上的中立，另一個是對文官在行動上中立的要求或限制。英國的政壇歷來都由兩大政黨輪流主宰，不管由哪個政黨執政，文官都必須執行不同政黨的政策和命令，並同樣提出他們的政策忠告和建議，這是他們的職責。從憲法上來講，文官對不同政黨政府的服務應嚴守中立，不得有任何親疏之分。因此，有人挖苦文官的這種中立是一種「變色龍」，「當政府改變時，他們也改變自己的顏色」。

　　另一方面，由於要求政治上的中立，對文官的活動便有一定

的限制。政治活動的限制分全國性的和地方性的兩種。爲了規定文官可以參加政治活動的範圍，文官被分成三種集團：第一種是政治上自由的集團，可以參加全國性和地方性的政治活動；第二種是政治上受限制的集團，不准參加全國性的、但可參加地方性的政治活動；第三種是除前兩種集團之外的其他所有文官，被稱爲中間集團，除不准參加議會和歐洲議會議員的競選外，其他全國性的和地方性的活動都可參加。

　　不得參加全國性的政治活動包括：不得參加競選下院議員和歐洲議會議員；不得在政黨的組織中任職，如果這一組織與議會或歐洲議會領域中的政黨政治完全有關或有重要關係；對全國性有爭議的事情，不得向公衆演說或表達自己的觀點；不得代表議會或歐洲議會的候選人進行遊說，或代表政黨遊說。地方政治活動的規定就是包括與地方事務有聯繫的同類型政治活動。高級文官除可以參加選舉的投票活動外，不得參加政黨的政治活動，倘若有意涉足政界，必先辭去高級文官的職位。這一點與歐體大多數成員國的文官可以成爲立法院的成員而不必辭去文官職務形成鮮明對照。

　　對文官政治活動的這種限制是建立在這樣的理論基礎上的：大臣必須依賴於本部門所有文官的忠誠，尤其是與大臣有密切關係的高級文官的忠誠，文官的忠告也必須盡可能的坦率和客觀，大臣的政策要得到充分的執行，不管文官本人對這一政策有何看法。簡言之，文官一定不能致力於政治，否則他們就不會輕易遵守這些基本的憲法要求。

(三)文官職業的永久性

　　同美國不一樣，英國沒有一種「政黨分贓制」，就是將政府公職委派給獲勝政黨的支持者的制度，在這種制度下，行政職位是政治家們手中的一種「禮物」，佔有者通常會因政府的變動而更換。英國的文官是一種永久性職業，一旦受聘，便終身任職，倘若沒有行為上的嚴重過錯，就不會有如其他職業所存在的失業之險，工作的安定而有保障也是文官制得以長期穩定的一個重要因素。因此，絕大多數文官五分之四都沒有第二職業。英國的文官制與美國、法國和德國相比，有一些明顯的區別：同美國不一樣的是，英國的大臣不能任用政府之外的、在政治上忠於自己的人來取代本部門中參與決策的高級文官；同法國制度的區別是，英國大臣不能任命跟他持同樣政治觀點的高級文官；與德國制度不同的是，英國大臣不得以一種大臣的「內閣」形式組織起一個政治同情者私人集團。因此，英國的大臣只能跟一個永久性的、然而又有很大權力的高級文官打交道。

(四)文官的招聘中存在著各種嚴重而又獨特的偏見

　　首先反映在文官招聘的對象範圍十分狹窄，致使文官的社會構成極不平衡，形成了一種畸形的隊伍，尤其是高級文官的招聘，英國政府歷來特別重視牛津、劍橋大學的畢業生，在數量上也佔絕大優勢。例如，1977年，牛津大學提供的高級文官在外交部佔86％，財政部佔77％，就業部佔62％，能源部佔60％[72]。確實，這兩所大學是全國最早、也是最好的大學，從這裏招聘優秀人才是理所當然。但後來全國發展到幾十所大學，而且各大學大致有著

相似的知識標準時，牛津、劍橋的壟斷地位仍然沒有受到很大的挑戰。據統計，在1957～1964年間，85％的文官直接來自牛津、劍橋，直到1969年初才開始鼓勵其他大學畢業生去申請應聘。七〇年代以來，這兩所大學應聘候選人的比例已有所下降，但錄取的比例仍相當於其他大學的9倍。

近年來，一些高級文官職位的空缺很難得到補充，這倒不是因為人才缺乏，而是負責招聘工作的文官委員會寧願要這兩所大學的畢業生，不願意要其他大學的。公開的解釋是，他們是被激烈的競爭擠掉的，實際上則是其他大學的畢業生進入高級文官之列還不夠格。因此，一百多年來，牛津、劍橋始終佔據著很大的優勢。

還有一個不宜公開宣揚的重要原因是，據七〇年代的統計，牛津、劍橋成功的應聘者大多數是在收費的學校中接受教育的，因此，他們大都具有中、上層階級的社會背景，從維護資產階級的統治這一角度來說，這一要求是順利成章的當然之舉。「可以這麼說，整個選擇過程使人確信，激進分子都被排除在高級文官之外」❼❸。

其次，從招聘文官的學科來看，也存在著嚴重偏見。如前所述，政府歷來特別重視人文學科方面的畢業生。據統計，1957～1964年間，單在歷史和古典文學方面有學位者就佔54％，又如，1967年，在高級文官中，自然科學方面的大學畢業生只有12％，社會科學方面的佔25％，而人文科學方面的卻高達63％。這種情況也反映了政府在招聘工作中，對候選人的人文科學學位的重視大大高於對政府實際工作需要的重視，這不僅大大挫傷了研究當代社會和自然科學方面的學生應聘高級文官的積極生，同時也難

怪人們常常挖苦高級文官是「天才的門外漢」和「業餘工作者」。

此外，文官隊伍中重男輕女的現象同樣比較突出，男性佔大部分，女性的申請者佔42%，實際成功的僅22%左右。

㈤通才與專才之爭

這一點是招聘中重視人文科學中延伸出來的。在幾十萬文官隊伍中，絕大部分都是做一般的日常行政工作，真正對大臣的決策發揮一定影響並起顧問作用的只佔1%左右，這些高級文官享有能與該部大臣保持密切接觸的特權，在大臣因公外出等情況下，他們就成了該部的實際主管，代表大臣主宰一切，而這些文官恰恰只是個通才或稱「多面手」，不是學有專長的各種專家，如科學家、律師、會計、經濟學家、工程師等等，奇怪的是，這樣的專家卻只能向通才的高級文官提供技術上的忠告，再由高級文官向大臣作最後的政策推荐。在文官制中始終保持通才的優勢在英國有著根深柢固的傳統，雖幾經改革，仍沒有受到任何削弱。這種做法不僅已成為有巨大爭議的問題，與其他西方資本主義國家的做法也成尖銳的對照，難怪爾富頓委員會報告的重點就在於要求改革這一不合理的地方。例如，在美國，在大多數情況下，對高級文官的選擇不僅基於他們的專業特長，更重要的是適才適用，如農業經濟學家在農業部任職、軍事戰略研究專家則服務於國防部等等。法國所有的高級文官首先要學習社會科學，然後花兩年半時間在國家行政學院（佔文官來源的70～80%）接受專門訓練，使他們受到比較完善的經濟或工程訓練，並能較全面地對其計畫負責，且很少受內閣或議會的干預。法國財政稽查中能幹

的計畫者也使他們英國白金漢宮中的同行顯得外行。

在招聘通才與專才的問題上，同樣存在著某些混亂，招聘主要著重在挑選最好、最能幹的人才，卻不管他們的學業專長如何，然後再把他們培養成多面手，這樣的高級文官在工作中卻必須向大臣提出其範圍遠遠超過、甚至脫離他們以前所學專業的政策忠告或建議，在這種情況下往往是提出外行的建議，或是難以勝任工作。因此，自六〇年代末以來，人們把批評的矛頭集中到了高級文官的素質上，認爲英國經濟管理不善和社會的混亂，主要是由於高級文官不過是一些「業餘者」，不懂的外行，正是這種情況得不到改變，才造成英國經濟的長久衰退，並落後於西歐大陸其他主要國家，這是有一定道理的。另一方面，有些招聘進來要求做專業化工作的高級文官，爲了適應工作的需要，政府便鼓勵他們、甚至要求他們透過業餘學習來取得合格的某種專業資格。

第四節　八〇年代的改革與發展

㈠柴契爾政府對文官制的改革

1979年柴契爾首相上台執政後，決心要扭轉英國經濟不斷衰落的狀況，用她的話來說是要「把英國翻過來」。因此，在她諸多的改革行動中，其中之一就是把矛頭直接對準英國政府中最保守、最不容易觸及的保壘——文官制。

在柴契爾首相看來，七〇年代，英國整個國家陷入了一種少有的混亂和經濟停滯下的通貨膨脹之中，政府開支龐大，福利國家的代價越來越大，已近乎另一種危機，工會權力太大，幾乎左

右著國家的形勢，政府無法駕馭……等等，這些失誤通通都是幾十年來歷屆政府執行了凱恩斯的經濟理論和福利國家的政策所造成的，同時也是白金漢宮中高級文官的管理無能，而他們又恰恰是受上述政策影響很深並執行了這一政策的「罪魁」。所以，她不僅要消除這種政策的影響，而且在一定程度上還必須盡量減少這樣的高級文官，晉升一批具有新思想、熱心於貨幣主義經濟政策的文官。她還認為，高級文官已奪取了大臣相當一部分的決策責任，而且，只要有可能，他們就要堅決維護並擴大自己的權力，他們個人的觀點或他們所在部門的「部門觀點」往往嚴重干擾著、甚至取代了大臣的決策意圖。此外，柴契爾首相還認為，文官享有的特權太多，例如，工作安定，沒有失業風險、工資待遇高，還享有跟物價指數掛鈎的退休金（1971年希思政府實行的），然而，他們的工作效率差，實際上是一種浪費等等，這種種不合理的現象再也不允許存在下去了。正是這些原因才是柴契爾政府決心要對文官制進行改革的思想基礎和出發點。在改革中，貫徹著兩個基本思想：削減政府財政開支、提高工作效率，這也是她的總戰略之一；在任命高級文官中，一個重要標準是看他們對貨幣主義經濟政策的態度。

柴契爾政府對文官制的改革著重在以下幾個方面：首先是削減文官的人數。她認為政府機構過於臃腫，需要「減肥」，在她就任首相時，全國文官總數已達73萬2千人，為戰後以來的最高記錄。政府規訂了逐年削減的目標，至1986年文官人數已減少到59萬4千人，比1979年減少了14萬多。1988年計畫再減至59萬，也就是比1979年減少19％。但是，文官總數的減少並不意味著政府各部門都受影響，實際情況是，有的部門減少，有的部門反而因服

務壓力的增加而增加了，尤其是內政部。減得最多的是工業文官，主要原因是英國碼頭的衰落和國外軍貸定單的減少。工業文官從1979年的16萬6千減至1986年的9.6萬，減少了42%，同期內非工業文官從56萬6千減至49萬8千，減少約12%。此外，還有一些部門已私有化，以及沒有補充已退休和離開文官部所留下的空缺。

　　另一項重大改革是打破了文官在人員配備、晉升方面傳統的自主權，尤其是對高級文官的任命明顯趨於政治化，有進一步突破文官在政治上的中立之嫌。柴契爾首相本人雖無文官方面的經驗，但她深知高級文官的重要作用，自然不會放過任命高級文官政治的這一重要環節。白金漢宮中大約有幾百名高級文官，其中有一批是二次大戰後晉升的，他們恰恰是受凱因斯主義思想最深、並一直執行了這一政策的人，到八○年代，先後到達退休年齡面相繼離去，這在客觀上給柴契爾首相的改革提供了有利條件。

　　按慣例，文官的晉升由「高級任命選擇委員會」推薦，首相任命。這個委員會本身就是由常務次官和文官部的主管組成。在每次任命中，首相或較大部門的大臣大時會秘密否定掉一、二名候選人，這種否定並不是基於思想意識上的原因，更不具有對這個委員會的地位有任何挑戰的意義。但是，柴契爾首相對任命高級文官表示出了濃厚的興趣，她不僅詢問大臣或其他人來查明各候選人的政策態度，尤其是對她的貨幣主義經濟政策的觀點，更重視在政治上傾向於保守黨的候選人，以致於白金漢宮中不傳出這樣的議論：任何具有臭名昭彰的凱因斯觀點的候選人，都難以成為高級文官。

　　柴契爾首相在任命高級文官中，常會對著名單問：他是我們

的人嗎？這種明顯的政治傾向，不僅對文官的晉升構成一種潛在的威脅，對他們的職業生涯也增添了不穩定的因素。同時也產生了這麼一個問題：萬一下次大選保守黨失敗了的話，那麼由柴契爾首相任命的、又明顯傾向於保守黨及其政策的高級文官能得到新政府的信任嗎？能保持政治上的中立而為新政府服務嗎？倘若新政府也對他們產生懷疑，那麼新首相會不會又重新任命一批傾向於他的高級文官呢？要是這種新趨勢持續發展下去的話，那麼英國的高級文官隊伍將不可避免地產生明顯的兩種政治傾向，一派傾向於保守黨，一派傾向於工黨，從而打破文官政治中立的這一歷史傳統，效仿其他資本主義國家的做法，這就一定要導致英國文官制具有憲法意義的改革了。

再一項改革就是在1981年文官舉行大罷工後，柴契爾首相在同年底取消了文官部，把文官部的職責重新交由財政部和內閣辦公廳負責，富爾頓委員會的一項重大改革就此煙消雲散。這一措施使人們更加強烈地感到，首相把文官部僅僅看作是一個壓力集團，而不是政府對國家事務進行管理中的一個機構。此舉大大挫傷了文官的士氣，許多文官便利用對企業進行調查的機會，紛紛離開。文官的這種自動離職也是文官不斷減少的一個原因。

柴契爾政府的第四項改革是強行實施限制增加文官的工資。過去兩黨政府都曾採取過限制工資增長的幅度或凍結工資、物價的政策措施，在經濟不景氣時也曾拒絕過專門委員會要求增加文官工資的建議。對此，文官們雖不滿意，畢竟還是接受了。但柴契爾政府限制增加文官工資的政策，儘管包括在削減政府開支的計畫之內，但在一定程度上帶有明顯的歧視性：首先，政府打破以往慣例，不跟任何有關單位協商，單方面作出決定，把1980年

文官的工資增幅強行限制在6％，同時，政府還放棄了原有的與其他行業進行工資平衡的制度。這些措施都使文官們不能容忍。其次，更具有刺激性的是，柴契爾政府把文官工資的增幅明顯低於其他政府部門。在通貨膨脹高達10％～12％時，有的工資不僅仍與物價指數掛鈎，而且已增至21.3％，甚至從來沒有得到保守黨政府青睞的國有化企業，工資在1980年末和1981年初也增了12％～13％，相當於文官的兩倍。這種明顯的歧視政策，使文官忍無可忍，終於導致一場文官與政府間少有的激烈衝突，1981年發生了全國文官大罷工，維持時間長達21週之久。據統計，文官們僅僅採取各種消極怠工手段就給政府造成達10億英鎊稅收收入的損失，而文官要求增加工資的總額不過才5千萬英鎊。

㈡文官的鬥爭性增強

　　歷史上，文官受雇用，在理論上也可以解雇。十九世紀，常務次官對低級文官實行專制控制，由他們負責跟財政部談判關於文官的工資、養老金等，文官不能直接與政府談判他們的服務條件，更不得對國王拖欠他們的工資一事提出控訴。十九世紀八〇年代、九〇年代，爲保護自己的利益，郵政部的文官首先組織起工會，到第一次世界大戰時，文官工會逐漸在政府其他部門中發展起來。在兩次世界大戰之間，繼續不斷發展。1926年的大罷工迫使政府於1927年頒布了「工會爭端法」（the Trade Disputes Act）。此法雖確認了文官組織自己工會的權利，但不准參加其它工會、不准與非文官工會有聯繫、不准有政治目的、也不准加入任何政黨。後來經過鬥爭，該法終於在1946年被工黨艾德禮政府廢除。

柴契爾政府執政以來，對文官制進行的一系列改革觸犯了文官的利益和特權，引起他們的不滿和憤怒。文官們除了進行消極抵制外，另一個重要反應就是積極參加工會。因此，在八〇年代，文官的工會化趨勢加強了，打破了過去只有辦事員和從事勞力的低級文官參加的老模式，進而向中、高級文官發展，至使80%的非工業文官都參加了各種工會。

文官的鬥爭性也相應增強了。戰後以來直至七〇年代，官方的政策仍然是鼓勵文官加入他們合適的工會，同時期望他們繼續保持政治上的中立，因此，多年來，文官工會拒絕加入職工大會（TUC）。1981年年底，政府突然宣布取消文官部，在這種情況下，他們感到，只有加入職工大會才是維護自己利益的唯一重要途徑。此外，全國文官工會（National eivil Sewice Unions）也決定給柴契爾政府施加一些壓力，在短時間內關閉了政府通訊總部（Government Communication Headquartess）。該部在1947年成立，專門為政府提供訊息情報的一個重要部門。文官此舉使政府在北約盟國的眼裏顯得十分難堪和尷尬，政府認為，這是對國家安全不負責任的嚴重行為，1983年12月在毫無警告的情況下，柴契爾首相發布命令解散該部中的文官工會，並給每人1千英鎊以彌補他們失去法定的追索權。文官工會理事會（the Council of Civil Service Unions）決定採取法律行動1984年7月，法院作出裁決，政府在取消追索權之前理應與他們進行磋商，因此，首相命令無效。但三個星期後，上訴法院支持政府的上訴，同年11月，這一決定最終得到上院的確認。文官工會理事會雖然敗訴，但從此打開了文官提出訴訟的大門，以此來解決很多類似就業、服務條件等爭端。政府雖然勝訴，但也付出了巨大代價，政府驚

人的高壓手段及毫無妥協餘地的作法進一步損害了已經處於脆弱狀態的與文官工會的關係，重要情報的屢屢洩密，給政府的內政和外交活動造成了很大波動。

㈢大臣與高級文官關係緊張

　　前工黨政府首相威爾遜曾強調過：「政府願意考慮改革文官制，並不意味著有任何改變大臣與文官之間基本關係的意圖」❼❹。毋庸諱言，1979年以來，柴契爾政府對文官制的種種改革在一定程度上損害了大臣與文官之間傳統的和諧關係。許多評論家也都認為，柴契爾政府的這一改革形成了文官地位的轉折點，有的把它比作是十九世紀五○年代的諾思科特－特里威廉報告、把高級文官從被人尊敬的地位上推落了下來，更有的認為柴契爾首相甚至把他們看作是「政府的敵人而不是同盟」，「在所有的英國機構中，甚至工會都沒有遭到柴契爾首相如此嚴厲的斥罵。用文官們自己的話來說，柴契爾政府的到來對他們就意味著一場革命。一位高級文官把這種情況稱之為白金漢宮的「恐怖統治」。

　　確實，柴契爾政府使文官進入了一個被迫改變方向的時代。1981年，白金漢宮上層的政治緊張空氣就更加明顯了，因為柴契爾首相特別不滿於高級文官把太多的時間用在制定政策上，卻沒有把足夠的時間花在管理上，尤其是提高效率和減少浪費，而這一點恰恰又是人們對政府最為關心的、也是柴契爾政府改革的重要目標。因此，政府要求「通才」的高級文官必須學習新的管理和預算技術。

　　對柴契爾首相攻擊他們執行了戰後一致的政策才使英國經濟發生災難性的衰落，高級文官不肯苟同，他們爭辯說，對立政策

之間的搖擺才一直是英國災難的真正原因，只有長期一致的政策才能使工業復甦。一位常務次官堅持說：「兩黨對立的制度使效率不高，也不太可信。而自從政黨的宣言用抹不掉的白紙黑字寫明以來，這種制度變得糟糕多了」。他們對柴契爾政府上台以來所受到的種種不公正的詆毀極為不滿，一位高級文官甚至悲傷地說：我們當文官的是一件相當多餘的行李……超重一盎司就要花一鎊錢。此外，對柴契爾政府要求他們掌握管理技術也很不以為然，他們一貫堅持，他們是為大臣提供政策建議和忠告的顧問，不是行政機器的管理員。因此，他們從政策思想到工作態度都與政府有著尖銳的抵觸。

第五節　文官制缺陷

英國的文官制不僅具有悠久的歷史，而且在西方資本主義國家中，一向被稱為「隱蔽的政治家」、「政治管理員」，以及是一個「永久的政府」，甚至被稱為世界上的「文官之母」。

然而，在戰後度過了五〇年代的經濟繁榮時期之後，從六〇年代末起，英國的經濟便不斷出現毛病，到七〇年代，國家已愈來愈難以治理，人們的注意力和批評矛頭除針對工會權力過於膨脹之外，已逐漸集中到尤其是高級文官身上。但是，也有一種輿論認為，這是在為英國的衰落找「代罪羔羊」。不過，在仔細觀察之下，確實可以發現英國文官制有其不足的一面，倘若跟其他資本主義國家比較，尤其是美國、法國、德國，其不盡合理的地方就更為突出。

首先，英國缺乏一項涉及文官行為規範的文官法。由於憲法

中的常規規定，大臣對其主管部門的工作承擔一切責任，並由他負責向議會解釋，這種對文官一切言行的庇護，議會旣不能向他們追究責任，他們也無需向議會作任何解釋，這就使文官享受了很大程度的過失豁免權。這種做法故然考慮到文官的隱名性和政治上的中立，但在缺乏監督和責任制的情況下，文官的工作就難免具有双重性：除忠於職守外，他們尤其在涉及不利於他們本身的利益和特權時，還可以起一種消極的、甚至是反作用，一如前文中所述，從而影響整個政府的工作效率，難怪前工黨大臣克羅斯曼這樣抱怨道：「文官首先忠於其所在部門，其次忠於財政部（它控制著文官的晉升），如果還有一點餘忠的話，才屬於大臣。」雪莉‧威廉斯（Shirley Williams）於1980年作出的論斷更爲精闢，她認爲：「英國消極力量與積極力量之間的不平衡是我們問題的核心，而文官機構則是一股最強的消極力量」❼。

其次，權力很大的「通才」高級文官缺乏社會科學、自然科學方面的知識，更缺乏政府複雜的干預領域裏的管理技術，而這些恰恰是他們必須具備的，也正是人們批評的焦點。在招聘高級文官中對人文學科方面的人才特別偏重，這使他們一方面對科學、技術、管理了解太少，另一方面，「專才」文官的從屬地位又使他們的技術和才能得不到應有的重視和發揮，造成高級文官隊伍中對國家重要領域裏管理人才的人爲缺乏。還由於他們中、上層階級的社會背景，使他們脫離社會、對社會知識的貧乏不能全面了解社會，往往導致決策的不當和嚴重失誤。又由於在和平時期，絕大部分高級文官從21～60歲是在倫敦中心政府各部門的封閉世界中度過他們的一生，很少有像法國的高級文官那樣，都在巴黎之外的一個政府部門進行部分的實地訓練，再到企業中訓

練部分時期，取得外部世界的直接知識。文官的這種封閉式工作方法使他們落後於社會、經濟的發展進程，尤其在戰後，政府工作範圍的擴大和職能的增加與文官本身功能作用的發展並沒有得到同步進行。因此，高級文官在理解、使用統計訊息和社會服務的特殊知識方面一直相當緩慢，難以適時地採取現代的管理方法和技術，應用於對經濟的干預，也不能系統地提前考慮或組織一定的規畫等。更遺憾的是，「通才」高級文官本身也缺乏要取得培訓這些技術的願望，倒是柴契爾政府在迫使他們這樣做。

對文官的培養同樣也不放在重要位置上，訓練時間短，課程淺、而且強調透過各部門內部的工作取得實際經驗就是訓練的最好方法和途徑，這表明，對「通才」的崇拜在高級文官中仍佔主導地位。

第三，高級文官來執行對高級文官的改革，這本身就不合邏輯。儘管柴契爾政府採納了富爾頓委員會報告中的一些重要建議，但執行卻交由高級文官去辦理，實際上便控制在他們手裏，由於他們的抵制，高級文官的面貌並沒有得到根本改變。文官制缺少改革或改革不力，除進一步反映了文官制這一堡壘的頑固，就要歸咎於政府結構上的某種缺陷，尤其是大臣的決策與文官的執行之間幾乎成了分裂的兩個部分，也就是說，英國實際是透過文官來管理國家的。也許是作為文官工作的隱名性、政治上的中立，以及對大臣的忠誠等的一種補償，政治家們也必須付出一定的代價，那就是，除接受文官不負任何行政或政治責任外（刑事責任除外），大臣們同意不對其管轄部門的內部事務進行干預，這就解釋了為什麼今天大臣們在他主管部門中沒有什麼影響的原因，同時也解釋了為什麼文官也變成了一個封閉性集團的原因，

也許更重要的是，文官們利用自己的專長和地位，操縱了政府內部的管理系統，從而使他們成了政府機器名副其實的主人。政治家們付出的這種代價是昂貴的，難怪有人說，英國是在用十九世紀的行政機器和態度來管理二十世紀的事，這就是英國繼續衰落的重要原因之一，這是不無道理的。

　　歷史表明，對英國文官制、尤其是上層文官或行政管理的改革是一種很複雜、很艱巨的事，單靠發表一、二個調查報告或進行某幾項激烈的改革還是遠遠不夠的。正如富爾頓委員會報告中所提及的，真正需要的是各種力量結合起來進行，根本的措施還是要議會透過立法。然而，對文官進行根本性的改革，或是採用其他國家的做法，這就涉及到憲法性的改革，而這種改革在英國歷史上往往又是一件很棘手的事，習慣勢力本身就是英國一切改革中的一種潛在的巨大阻力。再說，由於政治環境的不斷變化，人事的變化與政府的更選等因素的影響，往往有使改革或停留在表面，難以深入，或乾脆不了了之。柴契爾首相在她第一任期內對文官的改革確實做了一些實事，但同樣也受到高級文官種種軟磨硬抗的抵制。如果改革成果不能堅持下去，又很可能會半途而廢，重新恢復舊的一套。當然並不排除會有若干較小的進步。從而再次證明英國文官制這一堡壘缺乏適應時代要求的靈活性。

第8章

地方政府

第一節　地方自治的傳統與改革

　　跟西歐其他國家相比，英國的地方政府制度在很大程度上仍建立在撒克遜時期的基礎上，變革之慢令人驚訝，根本原因是：強烈的地方主義阻礙著改革；英國的島國地位在相當長的時期內使它免遭外來入侵，因此一直沒有必要建立起更有效的地方政府；還由於自1688年以來，英國始終沒有出現任何形式的獨裁政府，從而排除了進行強制性的激烈改革。歷史上進行的幾次地方政府改革都比較溫和，沒有引起重大的社會動盪。從這一點來講，其改革也可以說是取了一定程度的成功。總之，英國政治生活中根深柢固的保守主義同樣反映在地方政府的改革上，它大大放慢了地方政府制度的演變過程。

　　英國地方政府制度歷史悠久，自撒克遜時代以來，鄉村人民就知道其責任和義務，因而較早地形成了自治觀念。之後，隨著經濟政治的不斷發展，這種觀念便日趨牢固。地方自治的行政單位基本上分三級（後來實際為二級），即村(鎮)、采邑、郡。集村

（鎮）而成采邑，集采邑而成郡。教會勢力擴大後，村的地位逐漸爲教區所取代，治安法官（Justice of the Peace）掌權後，采邑就失去了重要地位，那便成爲最重要的地方政府，它們相互獨立，各有各的管區議會，處理內部行政及司法事務，享有很大程度的獨立性。所以，撒克遜時代政治制度的地方自治色彩很重。

　　1066年，諾曼人征服英國後，由於中央集權的力量不足，並沒有廢除掉撒克遜時代的地方法律、制度、習慣等，只是加以若干修改。郡長（Sheriff）由國王委派，掌握地方政權，除受理地方司法事務、徵收租稅外，還溝通中央與地方的政治聯絡，於十二世紀時，其權勢達到最高峰。十五世紀末期以後，郡長的權力日趨衰弱，並逐漸爲十四世紀建立的治安法官所取代。

　　都鐸時期，治安法官的重要性增加了他由國王任命，在樞密院等的監督下施行司法和行政相結合的統治權，如救濟貧民、修築道路和橋樑、頒發酒業執照，同時監督教區的工作，以及審訊罪犯等。1688年「光榮革命」後，樞密院的權力遭到削弱，因此，治安法官除受王座法院頒發的特權狀監督之外，不再受中央的行政監督。

　　教區原來是教會組織最小的單位，自代替了村的地位後，逐漸取得了非教會性的作用，教區委員會會議在討論地方事務時，如農業或建築，循地方慣例，它是公開的，一般分完全公開和部分公開兩種，其區別在於公開的程度不同，但均無法律規定。對普通人來說，教區對他們的生活有很大影響，因而也是一個最重要的地方政府單位。教區的官員是在教區委員會會議上任命的，並不領薪俸，整個制度建立在非全日制基礎上。十六世紀，根據立法規定，治安法官負責監督教區的工作。十七世紀，教區承擔

了幫助窮人的責任，並有專人負責，這一切工作都受治安法官的監督。十八世紀，教區已失去了濟貧工作的控制，各種立法加強了對救濟品分配的監督，議會授權各教區共同參與濟貧聯盟，任命領薪官員來分發救濟品。這些濟貧法聯盟由監護人控制，他們原來由法官任命，後來便由納稅人選舉。

英國的城市很早就取得了自治市的地位，在不同時期由國王賦予一定的特權。十二、十三世紀時，城市得到了較大的發展，富裕的城市用金錢向國王購買自治權。到十三世紀，大城市大都已享有英王頒發的特許狀（Chorter），稱為自治市。這些特權包括，有自主管理權，建立該市法院並有自己的法官，就地解決地方爭端，不必去老遠的季審法庭（Quarter Sessions），以及有權派出代表參加全國議會。國王授予自治市以特權，目的在於指望能控制自治市對下院的提名。實際上，大商人控制著自治市的管理權，市政極端腐敗，直1835年頒布了市自治法，從而開創了由納稅人民主選舉產生自治市議會的制度，同時制定了許多任命的條款，如此高級市政官員、市長、市政秘書、司庫，以及允許公眾參加地方議會會議，廢除市法官、市法院的職權，由治安法官和郡法院取代。司法管理與行政管理分開，可以制定地方法，但必須得到樞密院的批准。自治市的收入用於對居民的服務，主要是維持治安。總之，該法強調地方代表的權威，很少服從中央的指導，保持現有的地界，創立了一個在廣泛範圍內進行服務的組織。1888年的地方政府法把教區分為郡市和非郡市兩種，郡市完全在郡議會的控制之外。所有這些構成了很多關於地方政府未來改革形成的理論基礎。

就英國地方政府而言，十九世紀是其改革的黃金時期，基本

上分兩個階段，即1830年至1880年，以及1880年之後。

　　1830年至1880年是改革和發展的實質性階段，1832年、1867年、1884年對選舉法連續進行改革，使選舉權從城市工人階級擴大到農民，由此，英國開始實行選舉，並著手對各種行政進行改革，以作爲實現民主政治的先導。這也是英國重要的憲法性改革。此處還有1834年的濟貧法（Poor Law Act）改革，1847年的鄉鎮改善法。1848年和1875年的衛生改革，1870年的公共教育法等，每一個立法都規定建立一個互相分開的、並均由選舉產生的地方行政機構，如教育委員會、改進委員會、衛生委員會……等，但管轄的權力不明確，常常發生工作上的重複和權力的衝突。這些早期改革的一個特點是，中央規定了地方政府某些服務的最低標準，財力不足的地方政府有理由期待中央提供一定財政援助，由此也不可避免地導致建立起了一些中央對地方各種機構一定形式的監督，也就是說，此時中央與地方之間的關係已起了明顯的變化。

　　1880年以來，地方的改革進入了第二階段，即鞏固時期，重要的立法有：1888年的地方政府法，規定了統一的選舉制度，建立了61個由納稅人民主選舉產生的郡議會，規定了郡議會與自治市之間的關係，前者不能控制後者，重新組織了中央與地方之間的財政關係。地方政府的權力便漸趨統一；1894年的區及教區議會法創立了城市和鄉區的議會，分別取代了舊的城市和鄉區衛生局的工作，同時產生了教區議會；1899年的立法建立了由選舉產生的倫敦郡、大城市自治市，至此完成了地方政府的現代結構。簡言之，自1888年以來，英國地方政府發生了很大變化，從強調民主、自治的標準和地方性轉而朝效益和中心方面轉移，這些變

化既是地方性，也是全國性的，並反映了國家在社會、政治、經濟上的變化。

值得注意的是，在這一時期，出現了三種重要的思想傾向：三〇、四〇年代很盛行的功利主義認為，人們應該組織起來為最大多數人爭取最大的幸福。對各種機構的評價應建立在它們的創造和對人民的幸福所作貢獻之上；代議制政府的概念開始深入人心，在十九世紀，由選舉產生的公共機構越來越多，公民權日益擴大，納稅人的投票權從每人享有1～6票，到這一時期，統一規定為一人一票；人們的感情色彩影響政府的政策，人們要求對窮人、殘疾人士更加關心，要求給予慈善家更多的自由、要求更多的公共開支、要求發揚博愛精神，反對不干涉主義等。代議制機構的主張、博愛精神和功利主義導致產生了要求改革的壓力。但是，也有巨大的壓力反對改革、阻止進步，這就是保守主義精神。

1888年和1894年的兩個地方政府改革法基本奠定了現代英國地方政府的結構。在1974年前，英格蘭和威爾斯的地方政府結構是，有58個郡，下設259個非郡市、547個城區；83個郡市，下設470個鄉區，鄉區之下又設7500個教區議會和3300個教區會議；一個大倫敦議會，下設32個教區和一個倫敦城。這種結構一直延續到1972年再一次進行重大改革；在這期間並沒有對地方政府的邊界作出系統的調整或重新畫分。但是，形勢在不斷變化，工業生產、道路交通和科學日益發達，人口在向英格蘭中部和南部及城市中流動，造成人口城市化。在這些新形勢下，原有的結構無法解決在新形勢下所產生的問題，本世紀來，曾幾經努力試圖改革地方政府，但由於戰爭和政府的更迭，致使改革始終未提上議事日程，從而使地方政府處於日益嚴重的改革壓力之下，從1958年

起到1972年間才對地方政府的結構進行深入細緻的審查。

1958年建立了兩個委員會，一個為英格蘭，另一個為威爾斯。威爾斯委員會於六〇年代初提出的報告構成了新制度的基礎，並於1974年建立。英格蘭委員會由於涉及範圍廣，到六〇年代中期，提出了比原先更為激進的建議，因政府難以接受而在1966年宣告解散。之後又建立了一個雷德克里夫•莫德勛爵（Lord Redeliffe Maud）為主席的皇家委員會，經過三年的全面調查，於1969年7月提出了報告，得到政府讚揚。報告列舉了地方政府的六大弱點：(1)城、鄉邊界不清，管理混亂；(2)郡與郡市之間的分割；(3)郡內責任分工不明；(4)很多地方政府規模太小，沒有效率；(5)有些地方政府過於依賴中央的撥款，從而接受了太多的控制，造成雙方關係失調；(6)地方政府與公眾之間關係冷淡，選民投票率低，解決辦法是擴大地方政府，大大簡化地方政府制度。

1970年2月，工黨政府發表了《英格蘭地方政府改革》白皮書，接受了報告中的大部分改革設想。但不久，工黨政府下令，待保守黨上台後，便著手制定它自己的計畫。應當說，實行改革，保守黨比工黨更不熱情，更重要的是，改革往往總是把對本黨的利益與對反對黨的相反作用結合起來考慮的。1971年2月發表《英格蘭地方政府》白皮書，1972年9月，終於在議會通過了這一新的地方政府改革法。新制度（1974年4月生效）基本上分為兩級，高的一級為郡，在它之下便是區。鄉下還有教區一級，它包括一個村莊及其周圍的農場。改革後，英格蘭和威爾斯的地方政府制度分為四部分，一共有53個郡、333個區、6個郡市和36個市區。

這一改革無論用什麼標準來衡量都是重大的變化，尤其是威爾斯，對郡進行了大規模的合併，調整了邊界，同時縮小了各郡

的人口差距。

蘇格蘭的地方政府制度與英格蘭和威爾斯不一樣，所以，往往予以單獨考慮。1966年建立了一個與眞德委員會平行的皇家委員會，主席是惠特利勛爵（Lord Wheatley），1970年發表了一份報告，主張對地方政府結構進行激烈改革，尤其強調社會標準和地理標準。報告大部分爲政府接受並於1973年制定了立法，於1975年5月生效。新制度也分兩級，但並不是全蘇格蘭都只有兩級，三個島只有一級地方政府。蘇格蘭有9個管轄區，下設53個區，加上3個特別管轄區，在這之下還有一種叫鄉議會。

1894年的改革對倫敦沒有觸動。1899年頒布了倫敦政府法，建立起一套新的、由有公民權的納稅人選舉產生並具有多種目的的政府，其結構分三個系統：(1)倫敦郡議會、下設大城市自治市；(2)郡自治市；(3)行政郡，下設非郡市自治市、城區、鄉區（再設教區議會和教區會議），這一結構一直持續到1963年進行了新的改革爲止。

1957年曾建立一個赫伯特皇家委員會（the Herbert Royal Commission），研究倫敦及其周圍的特點，爲改革作準備。保守黨對改革倫敦很堅定，因爲倫敦郡議會一直由工黨控制著。1960年皇家委員會報告，一致要求進行重大改革，建立大倫敦議會，負責全面規畫、道路、消防、救護等服務，同時由大倫敦自治市分擔教育、住宅等責任。倫敦城仍被允許保留古老的結構，負責保健、福利、圖書等服務。這樣，倫敦郡議會就形同虛設，因而遭到工黨的堅決反對。但保守黨政府並未讓步，接受了皇家委員會廣泛的建議，於1963年頒布了倫敦政府法，建立了大倫敦議會，下設32個倫敦自治市，取代了原來的52個，又分爲12個內倫敦自

治市和20個外倫敦自治市。1972年的改革建立了大倫敦議會，下設32個市區和一個倫敦城。

自1888年以來，1972年的地方政府改革最為引人注目，無論從地方政府的範圍、人口，還是從財政的角度上講，現在地方政府的結構更適合於當前的需要。但還是有人認為，應採取進一步改革，其理由是：應建立某種形式的更大的地方政府，否則很多地方政府的作用將會丟掉，尤其是組織全國衛生服務；中央政府權力過於集中，很多事情不如放在地區的行政管理之下可給予充分的注意，1965年建立「地區經濟規則理事會」就是這個原因；1972年的地方政府改革仍不能在很大程度上減少全國規定的一致性，也就是中央的控制。

柴契爾政府自第二屆（1983年5月）執政以來，便著手執行一項重大的重新組織地方政府計畫，理由是，變化了的環境和實際經驗證明，這些上層機構不必要，是一種浪費。於是在1983年10月發表了一份白皮書，力主精簡機構，修改1972年的地方政府法和1963年的倫敦政府法。1985年7月16日正式通過的地方政府法中，決定取消城市郡議會和大倫敦會議，把它們的責任轉交城市區議會和自治市議會，或交給特別聯合委員會。這一改革基本上是針對工黨的，因為這些地方政府自1980／81年來，一直為工黨所控制。因此，進一步反映了地方政府的改革總是與政黨之間的鬥爭、對選票的爭奪密不可分，戰後以來的特點是，這種趨勢更為明顯、更加激烈。

本世紀來，地方政府的本質發生了一些重要變化：政黨政治正式滲入了地方政府。一些歷史學家指出，至少自十九世紀三○年代以來，政黨政治就已經出現在地方政府中了，保守黨和自由

黨在地方選舉中進行著激烈的較量，特別是在市區，本世紀工黨的崛起向中產階級的自由黨統治地位提出了挑戰，這種挑戰在城市的工業區尤其成功，1945年之後，甚至向更多的鄉區提出了挑戰（這是保守黨的勢力範圍）。工黨的出現尤其擴大了地方辯論的範圍，比它的競爭對手更重視提供廣泛的服務。換言之，工黨擴大了地方政府的服務範圍，如各種社會福利和城市規畫等；政黨政治滲入了地方政府之後，導致產生了另一個與之聯繫的變化，即對地方政府政治領導的變化。十九世紀由地主勢力統治鄉鎮政府的時期過去了，社會、經濟和政治方面的權力不再集中在經濟界人士手中，而是由政黨或政府人員取代了他們的位置。不同政黨的領導有各自不同的綱領，他們考慮的問題和政策也不盡相同，例如，工黨控制的地方議會就不會考慮出售公房，而保守黨控制的地方議會就不願意建立起它們的建築服務。地方政治領導人或重要委員會的主席在決策中有很大影響，為了能繼續維持他們的地位，必須得到選民的持續支持，為此，他們又必須與地方選民建立密切聯繫，同時要能盡量反映、滿足他們的要求；地方政府中另一個重要變化是，專業職員的出現成為地方政治中的一個重要因素。社會、經濟的變化、發展，不可避免地使地方政府也變得越加複雜，然而，又因為地方議員的業餘性，這就使地方政府越來越需要職業專家的忠告和建議，提供解決問題的辦法和各方面的政策，如，法律、財經、教育、城市規畫、工程建築等，結果，這些專業人員的影響日益增大，尤其在地方廣泛的決策範圍中，地方議員很難向他們的意見和忠告提出挑戰。以上這些變化的影響是地方性的，然而變化的本身對削弱地方政府的地方性又有很大貢獻，因為正是這些變化與全國性的變化是相互依

賴的，全國性政黨強烈地介入了地方政府的事務，因此，地方選民便利用地方選舉來作爲表達他們對中央政府的要求和不滿的一種手段。

總之，可以這樣認爲，在過去的一百多年裏，英國地方政府結構的變化是對社會、政治和經濟上一些重要變化的反應。因爲，英國首先成爲一個工業國，然後又成爲一個工業化的國家，人口大量集中在城市（占全國人口的70%左右），全國僅3%的人口從事於農業、漁業和林業，地方政府的結構、制度必須與這些變化相適應。由於一些政治和經濟變化的結果，中央與地方的關係密切結合起來了，地方政府的目標也發生了很大變化，其服務的效益已成爲廣大選民對地方政府評價的重要標準。

第二節　地方選舉

英國的地方政府都是由地方選民直接選舉產生，唯一的例外是敎區，因爲敎區的選民較少，有的僅1～200人，沒有很多事情要處理，一個敎區會議足以應付，而且地方選民也可以參加會議、參與討論敎區內的事務，沒有必要再選舉一個敎區議會，故絕大部分敎區只有敎區會議而沒有敎區議會。這樣，地方選舉主要是指郡議會和大城市議會的選舉。

過去，只有納稅人才能登記作爲選民，現在則除罪犯或精神病患者，凡年滿18歲以上的公民都有權參加地方選舉，這一點跟全國議會選舉一樣。地方官員（通常是辦事員或職員）負責每年對選民進行登記，於當年12月分發選民登記表，第二年2月中旬公布最後正式選民名單。登記表每戶一張，戶主塡好後必須送回，

否則有著被法院追究責任之險。所以，英國的選民登記具有高度的精確性。

對地方議員候選人有一些法律規定，首先至少要年滿21歲的英國公民，此外，還必須具備下列條件之一：在本選區登記的選民；在被提名爲候選人前，在本選區有土地或財產至少已滿12個月；在該地區已居住滿12個月等。另一方面，還有一些不適合作候選人的規定，如在五年的全國大選期間是個宣布的破產者；在任地方議員期間，被審計查出違法超支二千英鎊或被罰款500英鎊者；因犯罪被監禁不少於3個月且不得以罰款代替者；在本地區有腐敗行爲或在選舉中有不合法行爲者；是地方政府中一名領薪雇員等。

候選人要有一個提議者，一個附議者，以及本選區的8名其他選民的出面支持。每個候選人還要提名一位選舉代理人，以便協助他競選，本人能充任的也可。在選舉中，候選人要如實、精確地記錄下他的競選開支，這些帳單必須交給負責選舉的官員審查，不得超過法定限額。跟全國大選不一樣的是，地方議員候選人無需繳納個人保證金。

地方選舉通常在5月的第一個星期四舉行。郡議會，大倫敦議會，大城市自治市議會，以及敎區議會，按照規定每4年（舊制爲每3年）舉行一次，重新選舉全部地方議員，這就是郡制度。爲了進行選舉，郡又劃分爲若干選區，每個選區裏選出一個地方議員。大城市區則分若干「分區」，每個分區產生3個地方議員。在沒有郡一級選舉的年分裏，採取每年選舉三分之一的地方議員，又稱三分之一選舉制度。非大城市議會的選舉可採用兩種選舉制的任何一種。三分之一選舉制的優點在於能與輿論保持密切結合，在

四年任期的三年中，每年都有選舉，同時，使地方議會的政策有較大的連續性，因爲新的地方議員只占三分之一，老議員占多數。另一方面，可以使政黨機器處於不斷的運轉之中，尤其是在城市，它具有長期持續的政黨政治傳統。

地方選舉同樣是秘密投票，而且是一人一票。跟全國大選一樣，地方選舉也採用簡單多數制。由於地方政府的決策直接影響選民的利益，因此，過去的投票率通常很高。但戰後以來，在地方選舉中，全國的平均投票率顯示了一種不斷下降的趨勢。除了在1889年第一次選舉改革後選舉新的郡議會和1964年第一次選舉新的倫敦地方政府中，選民反映出了較高的興趣，但在這兩次選舉之後，就沒有再出現新的高潮。影響投票率的因素有如下一些：(1)在交通變遷的情況下，人口流動性較大，從而影響投票率；(2)每次選舉後的地方議員，大都仍是老面孔，沒意思；(3)也有的埋怨地方選舉制太複雜，年年有選舉，太煩人。此外，人民對地方政府提供的服務基本滿意，並不急於促進某種有意識的改革等。因此，一般投票率反維持在40％左右，也許這40％的投票率恰恰是英國人民對政治感興趣的比例。

近百年來，跟全國議會選舉一樣，地方選舉與政黨同樣密不可分，得不到政黨支持的候選人很難當選，所以，在很大程度上，附屬予一個政黨是候選人當選的一個必要前提，不同的是，入主唐寧街10號的執政黨並不能完全控制全國所有的地方政府。在全國議會中，執政黨的席位總佔多數或絕對多數，佔微弱多數的情況不常有。但在地方議會中就不一樣。有五種情況：(1)由某一政黨居壟斷地位，即在某一地方議會中長期占有80％以上的席位；(2)由某一政黨占統治地位，即經常佔有60％以上的席位；(3)兩黨

競爭，主要政黨所占的席位數不超過60％，另一個政黨有力量與它進行競爭並有可能取勝，造成權力易手，尤如議會下院中那樣；(4)多黨相持，即第三政黨或其他政黨只占不到10％的席位，權力經常在各政黨中易手，或者組成聯合政府，如果有的地方議會中出現多黨互相敵視，不能合作，這種情況就被稱爲「縣」地方議會；(5)由獨立派掌權，獨立派占60％以上的席位，而政黨的席位太少（見**表**8-1，**表**8-2）。

　　自1888年組成老的郡議會以來，地方選舉就爲一場有組織、有領導的政黨政治競爭。本世紀來，政黨在地方選舉中的爭奪越來越明顯，七〇年代地方政府的改革又進一步刺激了政黨之間的爭奪，鬥爭的問題主要集中在教育、住地、規則、公共衛生和市鎮交通等方面。同時，由於全國性問題與地方性問題相互穿插，從表面上看，選民在投候選人的票，實際是在投某一政黨的票，這種情況已日趨明顯，如1967～1969年間，工黨政府最不得人心時，工黨候選人在地方選舉中紛紛落選，1994、1995年則又是一種情景，許多保守黨候選人在地方選舉中丟掉了席位，那是由於選民對梅傑政府不滿的反映。這樣，在一定程度上地方選舉成了大選的一面鏡子，地方選舉的結果便成了大選的指標。

　　但是，地方選舉制度存在著一些缺陷：(1)這種選舉制誇大了當選候選人的勝利，實際支持他的人往往少於不支持和反對他的選民總數；(2)它扭曲了地方議會中各政黨力量的構成，尤其排除了獨立派應有的地位和比例，因爲政黨的人數畢竟只占人口中的少數；(3)由一黨長期壟斷的選區不僅影響選民的投票興趣，往往使真正優秀的候選人落選，從而有損於地方政府的質量；(4)對地方議會控制的拉鋸式，造成政策的經常變動，同時給選民心理造

表8-1　1980年地方議會中的政黨政治

	地方政府數	%
獨立派	81	16
一黨壟斷	52	10
一黨統治	187	36
兩黨競爭	109	20
多黨相持	92	18
	521	100

表8-2　1983(1979)年地方政府的政黨控制情況

地方議會中占有全面多數的政黨	英格蘭和威爾士				蘇格蘭			全國總數
	郡議會	區議會	倫敦議會	總數	地區和島	區議會	總數	
工黨	20 (5)	95 (79)	12 (14)	127 (98)	3 (4)	21 (6)	24 (10)	151 (108)
保守黨	19 (40)	161 (179)	16 (18)	196 (234)	1 (2)	5 (8)	6 (10)	202 (247)
其他政黨	1 (0)	14 (3)	0 (0)	15 (3)	0 (1)	3 (8)	3 (9)	18 (12)
獨立派	3 (4)	28 (54)	1 (1)	32 (59)	6 (4)	16 (18)	22 (22)	54 (81)
混合、無多數	10 (4)	71 (54)	5 (1)	86 (59)	2 (1)	8 (13)	10 (14)	96 (73)
	53	369	34	456	12	53	65	521

資料來源：S‧D‧貝利：《英國議會民主》，London, George G. Harrap & Co., 1971年，第112、113頁。

成混亂影響等。當然，同樣值得指出的是，由於地方政府在政治、經濟和法律上享有一定程度的獨立，所以，地方政府中大量事務的處理並非完全遵循各政黨總部的路線，而是由各政黨的地方議員組成的委員會或附屬委員會進行自由討論，甚至交叉投票的情況也相當普遍，工黨的紀律性比保守黨更差。

第三節　地方政府的作用

從某種意義上來說，英國的地方政府是向人民提供各種服務的機構。地方政府的作用同樣經歷了一個逐步發展的過程，它反映了時代的需要，同時不斷滿足人民新的要求。

早在議會形成之前，英格蘭就已存在某種形式的地方管理，或者說是提供某種初級服務。十三、十四世紀，地方政府的責任很有限，主要是維持地方治安、審判罪犯，解決地方上的爭端，以及修橋鋪路、監督公共土地的使用等，其特點是行政和司法工作結合在一起，並無明確分工。十六世紀，封建制度衰落，法官的責任便逐步明確為保證法律的實施，於是，行政與司法才慢慢分開。十七世紀，濟貧法規定，由教區承擔幫助窮人的工作，並指定專人負責。十八世紀四〇年代，注意力集中到人們的健康上，濟貧委員會於1842年提出了關於勞動人民的環境衛生狀況報告，1845年又提出了關於大城市狀況的報告，反映了令人難以置信的骯髒，於是，1848年頒布了公共保健法，授權地方政府建立「地方保健委員會」，負責供水和排污，並受中央控制（於1885年垮掉）。至1880年，相繼建立起提供多種單項服務的專門機構。但由於制度混亂，往往造成作用重疊，尤其是各行政機構都有權徵

稅來爲各自目的活動提供經費。1870年的敎育法建立了「學校委員會」，自由黨政府向敎區強加了創辦足夠學校的責任等。1888年的地方政府法奠定了現代地方政府的制度，建立了郡議會，把治安法官的許多作用移交給了郡議會。1894年的地方政府法進一步簡化機構，由城區議會代替原城市衛生機構的工作。這樣，地方政府的作用便逐漸走上了正軌，開始僅被授權管理好道路，以及郡法官組成聯合委員會監督郡的警察，後來提供的服務範圍便越來越廣了。二十世紀，尤其是戰後以來，福利國家的發展使地方政府提供服務的項目之多，質量之高，大大超越了過去，這與中央增加對地方的資助有很大關係，使地方政府的作用發生了一系列變化，主要反映在以下幾個方面：(1)在維多利亞時期或在這之前，地方政府的傳統作用已轉移給中央政府或特別機構，如道路幹線（1936年）、醫院（1946年）、評定稅率（1948年），以及從1974年起自來水和污水處理；(2)十九世紀建立的各種特別機構所提供的傳統單項服務，後來的立法取消了其中一些，如學校委員會（1902年）、濟貧法聯盟（1929年），其作用由地方政府接管；(3)維多利亞時期之後地方政府的作用仍保持下去的有住宅、鄉鎮規則（1909年）、建立無煙區（1956年）。還有許多爲老年人、殘疾人的社會服務，這些作爲一種起碼的社會服務一直維持到現在；(4)地方政府的新作用，後來又轉移給了中央政府，或由中央政府建立的特別機構如，醫務所、產科醫院、家庭規則服務等，便置於新的地區衛生局控制之下；(5)在地方政府中重新分配責任，從1944～1948年，一些服務轉交給了郡議會，如城市規則，個人保健、福利、初級敎育和消防等。

地方政府提供服務的項目日益增多，據雷德克利夫—眞德在

1966年提出的報告，地方政府的作用大約有60多種，但按性質來分，大致可歸納爲三個方面，即保護、便利和福利。

(1)保護方面涉及警察、消防、民防，以及一直處於發展之中的對消費者的保護、規則與控制、環境保護；(2)便利方面則包括築路、造橋、碼頭、港口、公共汽車、停車場等；(3)福利方面覆蓋的面更廣，如，從搖籃到墳墓的個人服務、地方教育、環境服務、自來水、娛樂設施、住宅等。

總而言之，在維多利亞時期，地方政府的作用強調保護和便利兩方面，本世紀，尤其是戰後以來更側重於人民的福利及其效益。地方政府提供的這些作用中，一種是由議會授權辦的，因而是法定的，地方政府不得不辦，如教育、警察、消防、民防等。另一種是可允許的，即地方政府可根據需要及本身財力的許可，可自行決定提供一些服務，如建立官方調解機構或訊息中心來處理公衆的要求。

根據1972年地方政府法規定，地方政府的作用主要分配如下：(1)郡議會：教育、警察、衛生、福利、托兒、道路、交通運輸、建築規畫、住宅、消防、保護消費者、圖書等；(2)區議會：住宅、公共保健、地方環境、地方規畫和控制、清道和收集垃圾、地方道路、體育與文化娛樂、博物館、停車場等；(3)教區：鄉村會議廳、小路、文化娛樂等；(4)郡市：建築規畫、主要道路、交通、公共運輸、警察；(5)大城市區：教育、衛生、福利、托兒、住宅、交通、道路、地方規畫和控制、清道和收集垃圾、文化娛樂、體育等。

地方政府不光是個履行責任的行政機構，而且要表達輿論。這種代表性的作用表現在：地方政府可以敦促其他公共機構選舉

執行有利於地方的政策，例如可以要求一個地區性的規畫理事會在某一地區（region）發展某項工業，或要求某一地區交通委員會來阻止增加交通費用計畫的實施，要求更大的地方政府來做一些事，例如區常常可以要求郡來解決一些大事；向中央反映地方的要求。

第四節　地方政府的特點

㈠委員會的重要作用

　　充分利用委員會是英國地方政府工作的一大特點。地方議會跟全國議會不一樣，它沒有兩院制，對政府的立法和決策不可能有第二次考慮和審查，一切都在地方議會中決定，但在委員會中討論過後仍然可以在地方議會的全體會議中進一步討論。地方議會的規模較大，有些有100多名地方議員組成；這就使它不可能成爲一個有效的、對各種問題都能決策的機構，加上大多數地方議會不經常召開全體會議（一般每年5次左右，每次僅3個多小時），不可能有足夠的時間來對各部門的工作實行嚴格的檢查和監督。因此，地方議會幾乎把所有的工作都委託、授權委員會去做。設置委員會的其他原因還有，如：地方議員不能像專職大臣那樣負責一個部門的工作，委員會的工作程序更適合於討論問題的細節，更適合於調查，故委員會被稱爲地方議會的「工廠」。地方議會全體會議的任務主要是批准自上一次地方議會全體會議以來的各委員會所作出的決定和行動（通過投票表決）、討論、分析和推薦，各委員會的工作報告作出批准、修改、拒絕或退回

給有關委員會重新考慮等的決定。但最重要的政策問題留給它自己處理，因爲它是最終的決策機構。

1967年在莫德提出「關於委員會對地方政府管理的報告」之後，除了對地方的稅收和籌措貸款等重要權力之外，地方議會對委員會的授權有明顯增加，有的甚至授予全權，在這種情況下，委員會只需把授權後的工作向地方議會作報告，不必再作推薦或建議。爲了加快決策，1972年頒布的地方政府法又增加了委員會的權力。現在各地方議會出現了簡化機構（把幾種作用合併於一個委員會）、盡量減少委員會和附屬委員會的數目及擴大授權的趨勢。

委員會的構成及其規模均由地方議會決定，如果地方議會受某一政黨控制，委員會主席必然從多數黨中產生。其成員則由選派委員會（由高級地方議員組成）從地方議會中按各人專長挑選、分配，倘因工作需要還可以從地方議會之外聘請專門人才進入委員會工作（但財政委員會除外），主要是利用這些人的專門知識和豐富經驗，如：聘請教師、教授進教育委員會等。同時可抵消透過政黨選舉產生的一些弊端，即只從聲望出發，不考慮其解決問題的能力，有時甚至作爲對某人在選舉中失敗的一種安慰。法定的委員會在規模和成員的構成上又有一些限制，如警察委員會必須由三分之二的地方議員和三分之一的地方行政官組成。此外還必須考慮到地方議員本人的愛好、政黨的代表、地區代表的平衡、年齡及經驗方面的平衡等。在由某一政黨控制的地方議會，尤其在一些重要的如財政、政策等委員會中，該黨的勢力便佔絕對優勢。

委員會的規模由各地方議會根據實際需要決定，沒有統一標

準，因而各委員會大小差別懸殊。一般鄉區的地方議會傾向於有較大的委員會。

委員會基本上分兩類：法定委員會。法律規定，在地方議會中一定要建立的委員會，其地位受法律保護，最重要的有警察、衛生、消防、財政、教育和社會服務委員會等。這類委員會在其構成以及成員的資歷和經驗等方面有一定規定，如財政委員會不能聘請地方議會以外的人員；農業、教育委員會對專門知識和經驗有特別的要求等；可由地方議會自由斟酌決定建立的委員會，同時決定其構成和授權範圍，以及委員會的性質，即常設的還是專門的，如聯合委員會，這是由兩個以上的地方議會共同組成的，其任務是處理涉及共同的問題或利益，如修築道路、公園及娛樂設施等。專門委員會和常設委員會，前者處理臨時性問題，如水災、50周年紀念活動等，一旦情況允許便告解散。常設委員會存在時間久，每年要重新任命一次，處理某種特殊的服務項目，如圖書館、海水浴場等，或是具有持久作用，如對財政或職員的控制。現在，每個地方議會都約有20個左右委員會，以及近一倍於此數的附屬委員會。

地方議會委員會不同於全國議會委員會和政府的內閣委員會，它的特點是：

1.地方議會授權委員會做某項工作，也可收回授權，對於沒有授權辦理的事情，地方議會可以拒絕委員會的建議或報告。委員會向地方議會負責，對其工作優劣的評定由地方議會全體會議進行辯論。

2.地方議會不受「官方秘密法」的限制，其工作和會議完全向公眾和傳播媒體開放，這不僅可發揮輿論的監督作用，更是防

止地方議員營私舞弊的一種重要手段。但有一項規定，在地方議會授權之前，禁止公開地方議會或委員會要做的事。另外，傳播媒體不得參加附屬委員會的會議。

3.委員會的工作受地方議會的監督和控制。各委員會的工作是分開的，又都有相互聯繫，爲使它們的工作能密切配合，同時防止它們成爲獨立的「帝國」，地方議會對它們行使嚴格的監督和控制，尤其是它們的開支。不服從管束的委員將被解除職務。如果地方議會爲某一政黨所控制，由該黨行使監督權。

4.政黨政治的影響對委員會雖不如全國議會那麼強烈，但還是有一定的反映，具體表現在：多數黨控制著幾乎全部委員會尤其是重要委員會的主席和副主席職位，同時確保在每個委員會中多數黨成員占絕對優勢。在每次召開地方議會之前，多數黨集團一般先行開會，商討推薦各種委員會。在委員會開會之前，多數黨成員又先行磋商會議的議事日程，以及提交委員會決定重大問題的決策。這樣，實際決策就存在著兩個平行的途徑：一種是正常的，即透過地方政府中某一部門的高級職員，再到委員會，最後到地方議會。另一種途徑實際更重要，首先在政黨的政策委員會，再到黨的全體集團、最後到地方議會。少數黨成員只能確定向地方議會中的哪些方面進行挑戰，以及準備如何辯論。

5.在各委員會的工作中，其主席佔主導地位，他不僅掌握著會議的辯論，而且與地方政府中各部門的主管保持著密切接觸，在委員會開會之前，主席一般總要與他們先行磋商，尤其是每當很快作出決定或很難作出決定時，徵求他們的意見，並由他向地方議會全體會議解釋委員會的決定或推薦。按規定，地方政府各部門必須向所屬委員會報告工作，因此，委員會可透過某一部門的

領導行使對該部的控制等。

　　6.缺乏全面的政策協調。中央政府中的協調工作主要透過首相、內閣、財政部和財政大臣的領導。但在地方議會中沒有一個領袖、沒有一個負責全面政策協調的委員會，也沒有一個享有中央財政部權威的機構，地方議會又太大，不適合協調各委員會的工作，主要困難是，非專職的地方議員不適合做耗時間的工作和急需處理的工作，而這又正是協調工作所必需的，因為地方議員不領薪，很少有人願意把他的全部時間花在地方政府的事情上。

　　地方議會委員會承擔著地方議會的大部分工作，它發揮的作用主要有以下幾個方面：(1)考慮其細節，向地方議會提供必要的分析、推薦和報告；(2)根據地方議會的授權，對某些事情進行研究後作出決定，並採取適當行動，但不包括籌備貸款和徵稅；(3)代表地方議會對各部門進行監督，間接地向地方議員提供地方政府工作某些方面的經驗。

　　設置委員會的好處是很明顯的，它保證了地方議會的正常運轉，分擔地方議會的瑣碎工作，節省地方議員的時間，因為不同的事情可以在不同的委員會中同時考慮解決；委員會制度使權力分散，充分發揮地方議員的作用，又不失地方議會對整個決策的控制與監督。聘請外部專門人才進入委員會工作，有利於產生更合理、更能為大家接受的政策，又可增加選民參與地方事務管理的機會，體現了地方管理的民主傳統。同時，會議的氣氛比較輕鬆，有助於不同政黨、不同地位的地方議員之間不同觀點的正常討論，削弱政黨政治對委員會工作的偏激影響；地方議員工作的專門化促進他們對工作的深入，在與地方保持密切接觸之中，同時也處於公眾的監督之下，從而提高工作責任感。所有這些正是

地方議會設置委員會的著眼點。

㈡高度透明的地方管理

地方政府的有效與否與其民主程度直接有關，而選民在多大程度上能參與決定管理自己的事務，就基本決定其民主的水準。英國的地方政府制度正是以其具有代表性、選民廣泛參與、訊息溝通能力，以及地方政府與地方壓力集團的關係來保持和促進其民主性和增加透明度的，它不僅僅表現在選民到投票站去投票。

溝通訊息是選民參與地方管理的一個先決條件，一向被認爲是「民主的生命線」，同時也是地方政府實現控制和負責的重要因素。從廣義上講，地方政府與社會團體之間的訊息溝通是透過選舉、政黨、壓力集團、院外集團，以及委員會的公開會議、官員的告示、宣傳機器、信件和直接行動等實現的。爲此，在七〇年代，地方政府專門任命了一種特別的公共關係職員，其任務是向輿論、公衆提供訊息、組織公開日（選舉自由參加各種會議）、訪問、展覽、地方服務，等可以介入爲消除選民抱怨的查弊活動。這些措施在地方政府中廣泛應用，旣縮小選民與地方議員、官員之間的距離，使雙方建立起認眞、持續不斷和廣泛的了解，促使相互理解，鼓勵選民以更大的興趣參與地方事務管理，也可藉此改善地方政府的形象。

參與地方事務的管理

十七世紀初，教區會議就已有不同程度的公開。十九世紀也有類似的規定。1972年的地方政府法基本上形成了選民參與地方事務的管理的分水嶺。在這之前，選民對地方事務的接觸，尤其是對地方議會和各種委員會，均受到一定的限制，但此法頒布後，

這些會議不但完全向選民公開，而且可以公諸於報紙、電台。不過，在地方議會授權之前，禁止公開地方議會和委員會要討論的事，以及尚在考慮中的問題，如住宅委員會對拖欠房租的處理問題等。

控制

在財政方面尤為嚴格，地方政府每年的帳目必須交大臣任命的審計員審計，凡對此感興趣的選民也可參與檢查，不僅可向審計員反映有關不合法的開支，甚至可以對審計員的工作提出不同意見。儘管對這種審計已引起爭議，但大多數選民認為，為了防止腐敗和詐騙，這是必要的、有益的；地方政府有責任公布更多有關稅收、財政訊息和每年的報告，供納稅人、選民對地方政府的工作進行評論和檢查。

反應

地方政府及地方議員對地方報紙、電台、壓力集團及各種自發的組織及協會的活動和報導，必須作出應有的反應，而地方政府每當有爭議的決策出現之前，總要試探一下社會各界的反應，徵求他們的意見或一起進行磋商。

總之，地方政府為選民提供廣泛而直接參與地方事務管理的機會，有效地消除由少數職業政治家或行政官員封閉式統治的危險。

(三)廉政的查弊

為保證地方政府官員的廉潔、提高工作效率，英國地方政府法對地方官員的廉政有著嚴格的規定和要求。法律規定，凡有貪污、腐敗及其他不合法行為的人，不得在地方政府任職；與全國

議會的議員不一樣，地方議員的工作並不是專職和全日制的，在某種程度上可以說是志願性的，因為他們並不領薪俸，出席會議只可領誤工津貼（按規定，這種津貼一天為22.5英磅），這是英國政治制度中的一個顯著特點。即「業餘活動者的迷信」，它非常強調不領報酬的地方服務，以便防止不良分子受薪俸的誘惑而鑽入地方政府。因此，地方議員中，中、上層階級的人居多數，因為他們比較能承受經濟上的損失，如白領階層佔60%，受過良好教育的佔50%，因而有較高的收入；1972年英格蘭和威爾斯地方政府法和1973年蘇格蘭地方政府法規定，地方議員要公開他們的財產；法律和地方政府嚴格規定，地方議員的利益與他所代表的社團利益發生衝突時，尤其在規畫的決定上，公有住宅的分配和租賃等方面有所涉及，必須立即聲明：同時在言論和投票上必須迴避，而且這一行動必須存檔，以供地方政府和當地選民的檢查，如有違反，當以犯罪論處，包括監禁、罰款、退出受賄錢物，直至開除公職等；利用地方議員的身分，以得到有價值的訊息來謀私，同樣是一種犯罪行為等。

儘管有以上這些規定，但仍不能保證地方政府中不出現弊政，為了有效地減少弊政的發生並能得到及時糾正，1967年，英國從斯堪地納維亞（Scandinavia）引進了查弊制度，首先在議會取得顯著成效後，於1972年中央政府和議會決定建立地方查弊機構，1974年這種制度被正式應用於地方政府裡（詳見第十章）。

第五節　中央與地方政府的關係

　　由於英國沒有成文憲法，中央與地方政府之間的關係沒有明確的法律規定，一如地方政府中其他許多制度那樣。本世紀來，由於種種原因，其趨勢是，中央對地方政府的控制日益增多，而且在國家經濟繁榮時期，雙方的關係比較和諧、協調，一旦經濟出現不景氣，關係便會變得緊張，無論是工黨或保守黨執政，特別在削減地方政府公共開支時，緊張關係就更加明顯。自1979年保守黨執政後，尤其加強了對地方政府的財政控制，如柴契爾地方政府以嚴格控制撥款的限制、逐年減少對地方的撥款比例、改變地方稅補助等辦法，不斷削減中央對地方政府的財政援助。此外，1981年後，財政部又宣布了地方政府的開支限額指標，超標者將受懲罰等，只是相應地減少了許多對地方細小而瑣碎的行政控制和干預，從而使中央與地方之間長期存在的一致、和諧與協調受到了一定程度的削弱。

　　英國地方政府歷來在很大範圍內享有一定的獨立，但它們又畢竟不是完全獨立的機構，必須置於中央一定的控制之下，如果中央完全放棄控制，就等於取消地方政府的作用，這對一個主權國家來說是不可能的。但是，如果中央對地方政府的決策沒有規定範圍，那麼它就不再是地方政府了，而是成了中央的代理人。所以中央與地方之間的關係需要在控制和獨立之間有一個平衡。

　　中央對地方政府的控制有其一定的理由：在地方政府提供的許多服務中，有些具有全國性的重要意義，如教育、衛生、住宅等，這是福利國家的一部分，為公平起見，中央必須規定最低標

準，令地方遵照執行，如：學校的建築、教學設備、班級的大小、大學獎學金的數額等；地方政府提供的服務項目越來越多，其本身的財源（稅收）已不足以支付日趨廣大的開支，相當一部分（45%左右）要依賴於中央的撥款，同時爲確保全國經濟規畫的有效實施，中央必須約束並監督地方政府的開支，以保證行政效益；今天，雖不可能再現十八世紀官員的那種腐敗程度，但爲使地方官員盡量保持廉潔，中央的控制不僅不能削弱，而且要支持地方政府加強對官員的監督。總之，基於種種理由，中央對地方的最後控制是不可避免的，目的在於取得高於地方的全國利益，當然也不完全排除地方的利益。同時，全國性的政黨竭力要使它的方針政策在全國貫徹執行，這就爲中央的干預提供了必要性。

中央控制地方政府，主要透過三種手段，議會控制、地方政府各部門的控制，以及司法控制，即立法、行政和司法控制。

㈠立法控制

議會是英國的最高權力機構，也是唯一的立法機構，它不僅決定地方政府的生存，如1972年恢復對北愛爾蘭的直接統治，而且還決定地方政府的權力、責任、規模、組成、籌款方式，選區選民的規模等等，其中有些是強制性的，有些比較靈活。地方政府的權力除議會的直接授權外（法律規定），還可以從法規、規章、大臣的命令或國家的緊急命令和特殊命令中獲得。如果地方政府希望謀求一項超出議會法定或允許的權力，那麼，它必須在議會中促進一項私議案，並能得到議會的通過。但取得這種特殊權力的手續很複雜，所花代價也十分昂貴。一般來說，只有更大一點的地方政府才試圖尋求它們的私議案，而且必須在兩次地方

議會全體會議上均由大多數議員同意，才能向議會提出其私議案。但是，廣泛利用私議案會大大擴大地方政府的權力，正是這個原因，議會才爲私議案的通過設置了種種障礙。一般保守黨對擴大地方政府的權力和活動範圍持敵視態度。

㈡司法控制

由於地方政府是法定的機構，擁有法律賦予的權力和責任，但它又必須服從高度的司法控制。地方政府的行動或決定，受法院特權令 (Prerogative Writs) 的約束，就是高級法院的命令，通常採用三種形式：(1)訓令 (Mandamus) ，要求地方政府執行法律所規定的責任，爲最常採用的形式；(2)禁令 (Prohibition) ，禁止地方政府在超越法定權力的情況下繼續蠻幹而不顧自然合法的原則，或不遵守法定的程序；(3)提審令 (Certiorari) ，適用於地方政府完全違反了行政機構的原則而作爲司法或半司法機構行事，在這種命令下，地方政府的行動或決策程序並不是簡單地停止，而是必須把其記錄或決策送交高級法院接受合法性調查，違法的行動或決策均被宣布爲無效而取消。此外，在地方政府不適當或不公正地行使其法定權力，而損害了公民的利益，受害者可向地方法院、郡法院、直至最高法院提出申訴，或向大臣呼籲。

㈢行政控制

中央對地方政府的行政控制由中央政府各部門承擔，具有悠久歷史，早在中世紀就已存在各種不同形式的監督。十九世紀三〇年代的濟貧法委員會、六〇年代的學校檢查員，一直發展到現

代大臣所發揮的監督作用。自本世紀來，這種控制更有了實質性的增加。目前中央採用多種不同的控制方式，主要方式有以下幾種：

授權立法

在很多情況下，大臣授權地方政府頒布法律細則或命令，來充實議會立法的條款，或制定新的條款，以此確保地方政府提供服務的標準，如學校建築、教師質量、住宅質量和標準等。但必須得到大臣的批准方能生效。現在的立法使大臣的這種授權權力進一步加強了。

大臣擁有代執行權

如果地方政府不同意或不願意執行議會規定的責任，如1954年的考文垂（Coventry）政府不同意地方政府建立在該防務基礎上的防務政策，拒絕執行其民防作用，在這種情況下，大臣可任命一個委員會接過地方政府的這一責任，或由大臣親自承擔，但一切費用由該地方政府負擔。

審查、修改甚至拒絕地方政府的計畫，如六○、七○年代，教育大臣否定了不少地方政府發展中等教育的計畫。地方規畫尤其必須得到大臣的批准，或指定檢查員進行實地調查及報告並交大臣最後審定。

人事控制

對地方政府官員的素質、責任，以及任免都有一定的規定，對警察、消防等部門的要求特別嚴格，內政部可制定規則來管理其任命、紀律、解職，以及服務條件，對消防的監督還擴大到訓練方法和某些設備。對官員的任命通常由地方提出一個候選人名單，大臣根據他們的素質、能力和服務項目的要求，從中篩選、

確定。

　　爲保證地方服務的質量，特別是教育、警察和消防等，教育
部和內政部都要派出皇家檢查員對地方進行定期正規檢查，並在
技術上和政策上提出改進建議。

財政控制

　　在諸多行政控制中，最重要、最嚴厲的是財政控制。從十九
世紀起，中央就開始對地方撥款，因而也就有了對地方的財政控
制。自1939年以來，財政控制已成爲中央政府對整個國民經濟監
督的一個至爲重要的部分，地方政府必須服從國民經濟計畫，在
任何時期，地方所花的資金總額一定要建立在中央政策的基礎
上。近年來，地方政府的開支日益增加，已佔國民生產總值的16％
（1974年），對如此龐大的開支，中央更不會掉以輕心。

　　控制分三個方面：即開支控制；撥款、借款和貸款控制；審
計控制。

開支控制

　　大多數地方政府的開支都負有中央施加的法律責任，卡拉議
地方政府的中央和地方關係綠皮書《地方政府財政》其實質仍然
是加強中央集權，它認爲，大臣應對地方開支發揮更大影響，有
時爲了確保地方執行中央的政策，必須利用額外的財政武器。這
一點其實是中央加強對地方控制的指導思想。1979年以前，中央
對地方政府開支控制較鬆，由中央資助的資金開支並不在中央控
制之下，所以無論是使用或出售資產都不受任何限制。而柴契爾
政府就把控制擴大到所有的資金開支，只有很少例外。開支控制
分五個主要項目：教育、住宅、社會服務、運輸及其他。警察開
支受單獨的控制。

撥款、借款和貸款控制

在撥款中，中央與地方要進行多次談判，才能解決或縮小彼此間的分歧，但中央作最後決定，並可否決地方的反對意見。還有一種保留權力，如果地方政府沒能完成任務或不能令中央滿意，中央可減少、甚至撤回某項撥款，在理論上還可到法院去追究地方政府的責任。但這種權力從未行使過，還因為這麼做會引起嚴重的政治後果，所以，一般不會發生這種情況，這種權力只是起一種威懾作用。

地方和中央的借款控制自十九世紀末就牢牢地建立起來了。地方政府向國外的貸款權，在1972年和1973年的地方政府法中有了進一步的擴大，但貸款數量受中央嚴格控制，這是一項全國性經濟法規。

審計控制

分內部審計和外部審計兩種。內部審計，由地方政府自己的財政官員進行正規審計，目的是要保證地方財務的合理性，確保各部門的開支符合已被批准的預算，並要專款專用，否則以破壞預算程序論處；外部審計則依法進行，所有地方政府都必須服從。這種審計有兩種方式。(1)區審計：國家分成若干區，每個區任命一位審計員，審查地方政府帳目。審計員由大臣任命，但對大臣保持實質性的獨立。蘇格蘭的外部審計責任由一個獨立的、大臣任命的地方政府帳目委員會承擔。審計員的權力很大，倘發現財政上的弊端、不合法的開支、或超出地方政府權限的開支，均可提交法院，通過司法程序處理，還可命令責任者償還不合理的開支。在1947年到1972年的25年中，平均每年發生50起這類事。(2)核准審計（approved audit）：審計員同樣必須由大臣批准，

一般爲地方專業公司的會計員，如發現不合法的開支，或因徵收地方收入不力而造成損失，必須報告大臣，由大臣定奪。此外，中央對地方還有特殊撥款，其用途置於中央嚴格的監督，控制之下。

但是，中央對地方控制的項目越來越多，從而大大增加了地方政府的管理費用，引起地方政府很大不滿，經過幾年的醞釀之後，地方政府協會 (the local authority associations) 最後採取了一項積極行動，於1979年提出了一份〈中央政府對地方政府控制的回顧〉報告，詳細揭露了中央官僚主義的可怕，僅處理財政上的事情就必須完成200多種不同表格，在住宅上還有30多個問題單。除此以外，中央有時還下達前後矛盾的指示。這份報告引起了保守黨地方政府環境大臣赫塞爾廷的重視，於是取消了很多具體的控制，但這絕不意味著地方政府就有了更大程度的自由。保守黨的辦法是利用財政上的控制使地方政府的行動更加規範化。

但是，中央對地方的控制也不能過於誇大，否則就會歪曲中央與地方之間的關係。因爲，地方政府在政治上是由地方選民透過直接選舉產生的，並向選民完全負責的法定機構。財政上有其一定獨立的財源，幾個世紀來，一直行使向地方徵稅及其他收費的權力。雖然十九世紀開始接受中央越來越多的撥款，尤其是戰後煤氣、電力和自來水國有化後，地方失去了重要稅源，但沒有完全喪失其財源，從而保證了其行動和政策上一定程度的自由和獨立，例如，可將中央規定各種服務的最低標準提高到其財政允許的高度。法律上，如前所述，地方政府是根據議會立法建立的，並被授予一定的權力，大臣對地方的干預絕不能隨心所欲，必須

有法定的依據。此外，有的地方政府並不控制在執政黨手中，在這種情況下，往往也會出現反對中央指令的傾向，如七〇年代，在住宅財政改革和出售公房的政策上遭到工黨地方議會的反對，而綜合性的教育計畫也遭到保守黨地方議會的阻撓，至於八〇年代削減財政開支的政策幾乎遭到所有地方議會的反對。

基本這種情況，地方對中央的控制並非完全被動，而是可以透過不同渠道影響、抵制、甚至反對中央的某些政策：如地方政府在中央的顧問團中有代表，地方政府的立法或政策在制定過程中，必然會與他們及各有關團體進行磋商；地方政府可以透過其政黨的機構來影響中央。在地方議會內外，大的政黨都有其地方委員會，這為中央與地方的政治家交換意見提供了機會。近年來，大臣接待地方黨的代表已形成制度化；議會中，相當一部分議員具有地方政府工作的經驗，在地方政府的質詢和辯論中，他們可以表達對地方事務的關心，如1981年，保守黨議員迫使自己的地方政府撤銷或修改了地方政府的財務法；為了解決某個特殊問題，中央與地方政府可以隨時建立起一個聯合機構，共同研究、商討對策，例如為解決在1974～1975年發生的財政、經濟問題，建立了「聯合人力調查」(Joint Manpower Watch) 和「協商理事會」 (the Consultative Council) 使中央與地方有了經常、正式的直接接觸，使地方在中央的決策階段能作出建設性貢獻，尤其有助於消除來自中央部門不一致或矛盾的指導等。

中央與地方政府之間的關係還有另外一些內容，如訊息和經驗的交流、研究、互相說服和談判。

訊息和經驗的文流

收集和傳遞訊息是把中央和地方政府聯繫起來的一個很自然

的方式，很多個別領域裏的訊息都是在全國基礎上收集和公布的，並由中央地方政府或全國性機構組織的。在七〇年代，地方政府建立起四個較大的全國性機構，每一個機構都向中央提供訊息和知識，爲中央和地方政府服務，如地方訓練委員會 (Local Government Training Board) ，在1972～1973年彙編了第一個關於全國地方政府職員的綜合性概況，向地方議會提供了一些很有價值的關於培訓需要的忠告、建議；地方政府訊息中心 (Local Government Information office) ，爲所有地方議會提供一個共同服務和一個訊息中心；地方政府行動研究單位， (Local Government Operational Research Unit) ，爲個別的機構承擔研究項目；地方機構管理服務和資訊委員會 (the Local Authorities Management Service and Computer Committee) ，在發展資訊方面和其他方面的管理起了重要作用。訊息的交流和經驗的彙集無論對中央和地方都有著很重要的現實意義，它既可使中央各部門了解更多地方議會的活動，並激發起制定新的全國性政策的積極性，地方議會也可從其他地區的實驗中學到很多經驗，並互相交流關於改進技術和服務標準的訊息。訊息的交流促進著各地方議會之間的健康競爭。

研究

同樣是旨在改進或提高服務標準。有時由中央地方政府發起和贊助，如在教育領域裏；或是促進聯合研究，如1970年對東南部地區的戰略研究，對北部和西北部地區的研究；地方議會本身也進行研究，尤其是對社會服務。

說服和談判

這是解決中央與地方政府之間分歧和矛盾常用的兩種辦法。

說服的辦法通常採用函件來往，部門通告、大臣講話，或私下的會議，偶爾也採用嚴厲的立法手段，如1972年議會通過「住宅財政法」就是一例，當時，一些地方議會公開宣布拒絕增加地方議會的房租，以及減少免費供應學校牛奶和關於綜合性學校問題等。這種衝突在地方議會控制在反對黨手中時便更容易發生。但是，由於雙方需要對方的支持和合作，尤其是在重要問題上，中央政府不能沒有地方政府來執行它的全國性政策以及在使全國性的目標適合於地方的環境上，同樣需要地方伙伴般的合作。而地方政府也不能失去議員、全國性政黨以及大臣的尊重，否則就是影響到地方政府的前途，經費與中央地方政府發生衝突，受損的總是地方政府。其實，中央在處理與地方之間的重大問題時，早已形成了一條不成文的規定，雙方都力求藉由談判，協商達成協議，而不是簡單地透過控制手段或發布行政命令使地方就範，雙方盡量避免出現公開衝突，有時雙方的談判可長達半年之久，只要有可能透過談判取得協議，中央政府就不急於增加對地方政府的法定控制，如，1964～1970年的工黨地方政府在等了五年之後才決定在綜合性教育上進行立法，1971年的保守黨地方政府喜歡通過私下的協商而不是透過強制性的辦法來解決關於新地方政府結構的細節問題。只有在具有強烈的政黨政治內容的政策上，中央才會不顧地方的敵視，但即使如此，中央也會作出適當讓步。進行妥協，無論對內對外，早已是英國政治家們所擅長的本領。

從以上情況可以看出，中央對地方行使著立法、行政和司法上的控制，但地方又還不是中央的代理人，它們是法定的機構，在英國的政治生活中有著很深的基礎，可以不同的方式在不同程度上影響中央。另一方面，地方依賴於中央一定的財政援助，而

中央對地方的合作以及某些方面的知識和經驗也有所依賴，從而形成了一種控制、相互影響和依賴同時並存的局面，在這種情況下，中央對地方的控制就無法成爲一種獨裁，而地方擁有一定程度的獨立實際上是分散中央的權力，這對削弱中央的集權、濫用權力，以致出現獨裁政權又是一個有力的保障和防禦。

第9章

選舉制度

第一節　選舉制度的歷史變革

英國現行的選舉制度經歷了一次較長的發展過程，雖說不上有多麼完善，但它對英國政局以及兩黨制的長期穩定，均是個重要貢獻。

1832年改革之前，英國的選舉制度極爲混亂，由於選舉權掌握在一些有錢人手裡，選舉權的有無便決定於財產，致使一個地方的人口數與選民數不成比例，往往出現人口多的地方選民少，人口少的地方卻選民多的不正常現象，眞正享有選舉權的只有極少數人。此外，各郡、自治市無論大小和人口比例，一律都有權向下院派出兩名代表，下院中代表的三分之二由自治市控制，而且常常控制在大地主手裡。隨著工業革命的深入發展，人口便不斷向中部和英格蘭南部遷移，選舉上的這種不平等狀況更加惡化，許多新興工業城市，如曼徹斯特、伯明罕、利茲、謝菲爾德(Shoffield)等在下院中沒有代表，另外一些本來很興旺，後來又變得基本上荒蕪的城鎮卻仍可派兩名代表在下院，而有的城市如

康瓦爾（Cornwall）只有30萬人口，卻有42名議員，而蘭開夏（Lancashire）有130萬人口，只有14個議員，在這種情況下，選舉中便出現了買賣、賄賂等舞弊行為。

爲了扭轉上述種種不合理的狀況，消除種種舞弊行為，從十九世紀起，英國就著手在選舉制度上進行一系列的改革，使其逐步得到正常的發展。

1832年的改革法是英國對選舉制度進行重大憲法性改革的第一步，它既是選舉制度的改革，也是憲法的發展，因而具有重要的歷史意義。這一改革法的內容有三個方面：首先，重新分配了全國議會的席位布局。其次，對合格的選民進行登記，不登記的沒有選舉權。這一點至今仍然適用。第三，擴大公民權，郡、自治市的選民資格包括房客，宣布明確的財產規定，使中產階級擁有了選舉權。這一來，雖然使選民人數增加了50％，達27萬，但僅占成年人口的5-7％，離普選權尚只是個開始，同時這次改革還沒有能完全消除選舉中的腐敗行為，以及議員與選民的比例問題。這次改革的深遠意義裡，議員的規格制已被選舉原則所取代，這使一古老的制度受到了決定性的衝擊。

選舉制度第二次重大改革是1867年改革法的頒布。這次改革進一步降低了選民的財產資格，並把公民權擴大到自治市的工人階級。這次改革的主要成就是使選民人數再次得到大幅度增加，達2000萬人，選民比例上升到13％。同時對席位的分配再次進行調整，使其更趨合理化。

第三次改革是1872年頒布了有名的秘密投票法，其目的是要消除選舉中的賄賂和高壓手段，改進選民登記的機構，進一步簡化並擴大公民權，從而大大削弱了老的地主階級的影響。秘密投

票法有效地阻止了選舉中的腐敗行爲，同時消除了房客因其租期不安全而受制於房東的投票意志，使選舉制朝合理化方向又邁出了決定性的一步。1883年的反腐敗法是對選舉制的進一步淨化，它要求選舉的開支必須與選區的大小成比例，並有嚴格規定，選舉代理人有法定責任提交候選人的開支帳單供審查，如有違反，將受嚴厲懲罰。

第四次有影響的改革是1884年頒布的人民代表法，著重在三個方面重新進行規定：再次擴大公民權至郡的工人（房客及其家庭）；重新規定選民的財產資格，無論在郡和自治市，每年只要有10英鎊價值的任何工地或住宅的人就有選舉權，建立一種新的內部服務資格，主要是給予在郡的工人（男），尤其是農業工人以選舉權。在這之後，選民人數又有了較大的增加，達300-500萬，占成年人口的25%。

第五次重大改革是1918年的人民代表法。這次改革具有更深遠的意義，它進一步簡化公民權資格，只需在所在選區居住滿6個月以上並有一定職業；30歲以上的婦女享有選舉權；取消接受貧困救濟就沒有選舉權的規定；全國大選在同一天進行，一個人不能在兩個以上的選區中投票；每個候選人必須交50英鎊保證金（deposit）倘若得不到所在營區1/8的選票，就不能收回這筆保證金；重新調整席位，使每7萬人口中就可產生一名議員等。這次選舉法便近80%的男人有了選舉權，同時使婦女第一次享有選舉權。這樣，選民人數從800萬猛增到2100萬，占全國選民人數的75%，基本上實現了廣泛的公民權。

第六次影響較大的便是1928年的改革，此時，英國所有的成年人，不論男女都享有了選舉權。此外，在1948年完全實現了一

人一票制，取消了職業前提的選舉資格和大學的席位。1969年又把公民年齡降至18歲。至此，英國選舉制度的改革便告結束。

從上述的改革情況看，在一個多世紀裡，英國的選舉制發生了很大變化，它使一定選民人數的代表代替了以往的選派代表、公民的代表代替了財產的代表，選舉權發展成嚴格的一人一票制，同時實行了一個選區一個議員。投票、選舉完全依法進行，倘若懷疑在競選活動中有違法行為，可向高等法院上訴，要求調查，如果屬實，法院可以否決選舉結果，重新選舉。不管這種情況極少發生，但它已使英國的選舉制度完全法律化。

第二節　影響選舉的因素

如前所述，英國實行的選舉制是簡單多數制，但是影響選舉的因素卻是多種多樣，有政治、經濟的，有穩定的，也有易變的，而這些因素又無不與英國社會、政治、經濟的發展有著密切的聯繫，但歸根到底是階級的選舉和經濟利益的選舉。然而，階級的結構及其經濟利益又處於不斷的變化之中，因此，使英國的選舉逐漸從過去的封閉型轉向公開型的競爭。

㈠階級的影響

「階級是英國政黨政治的基礎，所有其他都是細微末節」❼⑥。所以，階級是影響英國選舉的第一大因素。

從選舉的角度講，英國社會基本上則分為兩個階級。最原始的分為富人和窮人，富人通常指白領、非體力勞動工人及其家庭，也就是現在所稱的中、上層階級，他們的基本政治態度是維持現

狀。窮人大體上指藍領、體力勞動工人，這就是工人階級，他們贊成、擁護社會變革和重新分配社會財富。然而，這種兩個階級模式的分類法又確實過於簡單。今天，英國學者對本國的階級狀況有許多種分法，但比較集中的是分成六種，即上層階級、中產階級和中下層階級、有技術的工人階級、半技術和無技術的工人階級，以及靠政府救濟的種種窮人、不過，這種大致還是被歸納為兩大類，前三種稱為中產階級，後三種稱為工人階級，由於上層階級人數很少，只占選民總數的4%，所以把它納入了中產階級這一大類。這種分類法在今天英國學者們作市場調查、民意測驗以及選舉研究中，普遍應用著。

由於階級與政黨之間是以經濟利益為紐帶，因此，在過去，兩黨制和兩個階級的社會構成，使英國基本上形成了封閉式的選舉，簡單地說，中產階級一般投保守黨的票，工人階級則投工黨的票。二次大戰前，工黨的崛起就是由於它的政策綱領基本上代表了工人階級的利益所致。所以，英國的政治，無論從選民的選擇，公眾輿論或是政黨本質，以及它們兩公眾的呼籲等等，都是以潛在的社會階級區分為界線，這種典型的以階級為基礎的政黨政治狀況，不僅為國內學術界、政界接受，同時也得到其他國家的肯定。

戰後以來，在整個五〇、六〇年代，兩個階級大約各有⅔（另一說為保守黨得4/5的中產階級選票，工黨得3/5的工人階級選票）的選民投各自「自然的」階級政黨的票，倘與美國、加拿大和澳大利亞三國的選舉情況進行比較，英國是階級投票水準最高的國家。但是，自1966年以後，這種「封閉式」的投票模式便開始發生重大變化，那就是各階級對其「自然的」政黨牢固的忠誠

表9-1 1964年以來歷史大選中的投票情況（%）

中產階級	1964	1966	1970	1974.2	1974.10	1979
投保守黨的票	56	52	54	48	44	55
投工黨的票	20	22	22	20	21	20
工人階級						
投保守黨的票	24	21	26	21	20	29
投工黨的票	55	57	46	49	47	42

資料來源：D・羅迫遜：《階級和英國選舉》（Oxford: Basil Blae-
knell）1984年，第28頁。

已產生了動搖，應處於不斷鬆弛的過程之中。

從上 **表9-1** 中可以清楚地看出，工人階級對工黨的投票已從
1964年的55%下降到1979年的42%，一直處於不斷下降的過程之
中。相比之下，同期內，工人階級對保守黨的投票卻從24%增加
到29%。此外，從上表中還可看到，中產階級無論對保守黨還是
對工黨的投票，期間雖略有起伏，但總括來說，一直都比較穩定。

工人階級對工黨投票比例的下降是由一系列原因造成的。首
先，英國在從工業和製造業經濟向工業後和服務業為基礎的社會
作長期的轉變，從而導致工黨「自然的」社會基礎逐漸地和無可
抗拒地削弱和縮小，也就是說，英國正從藍領社會逐漸向白領社
會過渡。據統計，體力勞動工人從1911年占勞動力的¾下降到1951
年的⅔，到1981年再降到不足一半（48%），如果再扣除那些個

體經營者之類，那麼這一比例就會減少到不足⅓，從而使英國工人階級成為新的少數，專業的、領薪的經理人員將逐漸超過體力勞動工人的數目，工會會員將少於股東，選民中有私房者將以5：2的比例超過公有住宅住戶，僅就這些趨勢就足以使選票自1964年以來由工黨向保守黨轉移好幾個百分點。這種社會變化的產生在很大程度上又主要是由於工業後經濟服務行業發展的結果。其次，新興工業和高科技工業的發展使這一部分新的工人階級更容易致富，特別是體力勞動工人在有了自己的汽車、電話，尤其是購買了自己的住宅後，他們的政治傾向便會越來越接近於保守黨，這樣便削弱著工人階級內部的凝聚力。第三，工人階級的社會流動性增加，尤其是從比較落後的北方向日益繁榮發達的南方搬遷。實際上，英國正在經歷著戰後以來最大而又最明顯的階級分化過程，大多數評論家認為，這種變化的根源恰恰在於階級本身的不斷變化，它既受社會經濟利益變動的影響；也受政治發展的影響。因此，工黨的衰落跟社會經濟根源和政治根源的變化有著很大的聯繫。第四，保守黨政府，尤其是80年代柴契爾政府的政策造成了工人階級進一步分化，這種分化再次削弱了支持工黨的階級基礎，如發展企業社會和創立民眾資本主義等來改變英國的社會結構和根深蒂固的社會價值，鞏固發展保守黨的社會基礎。據蓋洛普（Gallup-pull）1983年對選舉運動的研究，目前，英國中產階級占選民的39%、工人階級占61%，這表明，保守黨「自然的」階級處於少數，而工黨「自然的」階級處於大多數，在理論上，工黨完全可以依靠工人階級的支持贏得絕大多數選票而奪取大選勝利，不必求助於中產階級的支持。但實際情況並非如此，兩個階級對兩大政黨的投票都互有交叉，而且工黨在工人

階級中的選票從未達到絕對多數的程度。而此時，工黨的極左政策綱領更無異於是選舉上的「自殺」，不僅難以被中產階級接受，甚至廣大的工人階級也大大減少了他們對工黨的支持，如，重新國有化，擴大工會權力、取消上院，取消核武、退出歐體和北約組織、單方面核裁軍等。這表明，社會的發展和階級分化的總趨勢在有利於保守黨。據調查，在英國的選民中，幾乎所有擴大的集團主要是支持保守黨的，而幾乎所有正在縮小的集團才是工黨的支持者。

以上情況反映了，政黨政治的階級基礎已不如戰前甚至50、60年代那麼鞏固了，尤其是工人階級對工黨支持的削弱要比中產階級對保守黨支持的削弱更為嚴重，這種階級聯盟長期因素的削弱所引起的後果，將會使短期因素更加突出和重要，造成在會後大選中選民的易變性增加了，使選民更重視政府的政策及其政績，以及對選民輿論的重視程度，尤其是能使選民致富的政策將更有吸引力。

㈡工會的影響

職工大會 (TUC, Trade Union Congress) 是英國各工會的全國性組織，但它並不是一個純工人階級的組織，除代表一部分外(3/5的工人階級並不在工會裡)，還代表著一定的中產階級，工人階級和中產階級也不屬於同一工會。

工黨除得到工人階級的支持外，還有相當的理由取得工會會員的選票：⑴從組織上講，工黨與工會有密切的聯繫，工會為工黨提供絕大部分的活動經費，否則工黨的活動就將癱瘓；⑵在公共部門中，工會為其成員的工資、福利和工作條件跟兩黨政府進

行討價還價；⑶工會給予工人在工作上更大的集體權威等。

但是，各工會的利益並不一樣，彼此之間不僅有矛盾，甚至有時有衝突，例如在1984-1985年的礦工罷工中，儘管領導人號召舉行罷工，但一部分礦工仍始終堅持工作，領導人也沒有敢舉行投票表決，擔心一旦表決就會暴露出內部的分歧，所以，正如一位法新社 (Fabian Society) 領導在1984年所說：社會主義是關於平等，而工會主義卻是關於不平等。因此，並非所有的工會會員都投工黨的票。工會會員不管是自願加入，還是由於封閉性集團的結果，自60年代中期之後，對工黨的投票一直在不斷下降，尤其是有私房的工會會員對工黨投票減少的趨勢更加明顯，例如在1964年大選中，有私房的工會會員投工黨的票達51%，到1983年大選時，這一比例已下降到28%，相比之下，在同期內，有私房的工會會員對保守黨的投票率卻從35%增加到40%。

80年代，在柴契爾政府的統治下，頒布了一系列的立法，對工會進行戰後以來最嚴厲的改革，這些立法從組織上削弱乃至瓦解工會對工黨的支持都起了很大作用，加上製造業的縮小、工業後社會的發展以及失業等，使工會會員大大減少，自柴契爾政府執政以來，工會會員已從1979年的1330萬減少到1987年的1050萬，而工黨對保守黨削減工會權力、限制工會活動等措施反應不力，引起工會與工黨之間矛盾加深，因而更削弱了工會對工黨的支持。

㈢住宅的影響

在影響選舉的諸因素中，住宅有著舉足輕重的作用，它與選票有著強烈的聯繫，這是英國選舉中的一個顯著特點。

自學術界開始研究選民的投票行爲以來，就發現房客對政黨的支持有著明顯不同的政治傾向。事實上，戰後以來，住宅經濟始終具有重要的政治意義。50年代，丘吉爾首相上任之初，就曾嚴令他的住宅大臣每年一定要建起30萬套住房來，以解決戰後人民的急需，這對戰後初期無房的人民來說確是一件大好事，更重要的是藉此可增加選民對保守黨的信任，從而增加保守黨的選票。1979年，柴契爾首相上台開始，卻又反其道而行之，在眾多私有化的政策中，其中重要的一環便是出售公房和鼓勵私人及公房住戶買房，相繼在1980年頒布了住宅法和1984年的住宅和控制建築法，大大優惠了公房住戶買房的條件，從而進一步促進了公房的私有化。在1980年到1987年間，政府共出售了100萬套以上的公房，占英國住房總數的6%。公房出售的一個特點是，它集中在社會地位容易變動的選民中間，而年老的、長期失業的和有困難的家庭就成了公房住戶的核心成員。

很明顯的，在選舉上，公房住戶歷來更多地傾向於工黨，有私房者更加傾向於保守黨。跟階級差異一樣，在選舉投票傾向上，住宅上反映出來的這種差異也是長期存在的。難怪英國學者表示選舉角度把選民劃分爲私房者與公房住戶兩個重要集團，由此，更突出了住房對選舉影響的重要意義。

表9-2清楚地反映了住宅與選票之間的密切聯繫，保守黨的選票在有私房者中比公房住戶多出30個百分點，同樣，工黨的選票在公房住戶中比有私房者高出36個百分點。實際上，這也是反映了階級對政黨支持的不同程度。

住宅何以能對選票有如此巨大的影響呢？主要原因有下列三：(1)不同的住宅反映了不同的經濟利益，因此影響著投票的傾

表9-2　1983年大選中住房與投票之間的關係(%)

	保守黨	工黨	聯盟黨	其他	%
有私房者	53	19	27	1	100
私房房客	44	28	23	5	100
公房房客	23	55	20	2	100

資料來源：A・希恩、J・柯蒂斯、R・喬韋爾：《英國如何選舉》，Ox ford:
Pugamon Prew，1985年，第45頁。

向。保守黨與工黨的住宅政策有著明顯的區別，前者主張選民占
有房產的權利，「它是資本占有的基石」，公房住戶有權購買公
房，並降低房地產稅，但不主張對公房房租進行補貼，只能對那
些無力支付房租者提供一定照顧。後者的政策是主張向選民提供
更多的公房，並實行低房租，同時由政府提供補貼等。這樣，有
私房者希望降低房地產稅，當然不贊成工黨的政策。而公房住戶
擁護低房租，也就更傾向於工黨。(2)在英國，有私房者與公房住
戶確實構成了社會結構中明顯的兩部分，這兩者之間存在著一種
公認的社會界線，無論從房屋建築的不同類型，購物的模式，道
路狀況，甚至公共汽車的線路設置等情況，無不加強著這一差別。
實際上，公房與私房的區別恰恰體現了兩個階級──中產階級與
工人階級之間的階級區分。(3)今天，有私房者中同樣有中產階級
和工人階級，所以，有私房者在同化工人階級成為有產者方面具
有重要影響。相比之下，公房住戶中工人階級對中產階級是4:1，

因此，公房是保持工人階級社會團結的一種無形的因素。

　　必須指出的是，根據對1987年大選的調查，在柴契爾政府統治時期，剛剛購買公房的選民還沒有明顯地轉向保守黨，不過這僅是短時期內的事，從長遠看，由於兩黨的政策不同，必然會出現這一轉向。還必須指出的是，住宅情況在不斷變化之中，儘管這種變化是很慢的，但決不能低估其影響，因爲這種變化的趨勢還在繼續發展中。據調查，在1964年，全國的私房占有率爲48%（包括中、上階級和工人階級），到1983年已增加到66-67%，而同期內，公房房客已從30%下降到26%⑦，其中工人階級中的公房房客已從1964年的20%下降到1983年的13-15%。不言而喩，私房率的不斷增加導致了階級結構的深刻變化，這對保守黨的選票是有利的，而公房住戶的減少就越來越對工黨選票的不利造成長期影響，從這一方面講，工黨選舉的前景確實很嚴峻。

　　從以上情況看，似乎有兩點值得注意：(1)鑒於有房者的人數占選民總數的一大半，工黨如果要奪取大選勝利，除盡量動員本階級的支持外，還必須努力爭取有私房者選民的選票。所以，這是工黨的一個重要戰略目標，爲此，工黨又必須在政策上繼續有利於公房房客的同時，還需作適當的修改，使之能爲有私房的中產階級所接受，這樣才能從支持保守黨的陣營裡爭取、吸引更多的支持者；(2)除了有私房者及公房房客之外，尚有一部分比例不小的、不穩定的公房房客，儘管他們的階級地位還沒有最後確定，但遲早會購買自己的住房，他們在投票中是屬於容易變動的一股力量，爲避免他們出現一邊倒的局面，必須在他們中間取得大致平衡的支持。

㈣其他各種影響

除上述三個影響選舉的重要因素外，還有一些緩慢的長期因素。

人口的社會流動使地區在選舉中發揮越來越大的影響，如支持工黨的選民從北方傳統的工業區向繁榮發達的南方遷移，從城市向郊區和鄉村遷移等，這種趨勢還將繼續發展下去。據統計，到本世紀末，城市／鄉村人口的平衡將把本世紀的人口平衡顛倒過來，伯明罕、考文垂、諾里奇（Norwich）等這樣的大城市被納入了北方的大城市範圍。這種人口流動改變著地區本身的社會階級結構，從而影響著選舉。

職業變動又能促使選民的社會的上層移動。戰後以來，在製造業人數不斷下降的情況下（從1961年的850萬降到1984年的540萬），公共部門卻在不斷擴大，服務性行業也在迅速增加（從1961年的1030萬增加到1984年的1330萬），這種情況造成了職業結構的變動，在最近20年中，白領工作的增加主要一直在中央和地方政府中，尤其是它們的服務部門，如教育、保健、公共行政等方面，這種職業變動不可避免地引起了社會中階級地位的向上或向下移動，而且向上移動會越來越多。據調查，以體力勞動與非體力勞動為界線，1964年，67％的選民跟他們的父母一樣，屬於同一個階級，到1983年，這一比例已下降到56％，往社會上層移動的數目與往社會下層移動的數目之比為2：1。

職業的變動無疑會影響選民的投票方向，如，1964年出生於工人階級家庭的70％選民一直待在這一階層，他們投工黨的票。在往上移動的中產階級選民中，有31％投工黨的票；而生長在中

產階級家庭的人，向下移動的人中有45％支持保守黨，而繼續留在中產階級的選民中有67％支持保守黨。這使社會地位和階級狀況的變動是緩慢的，而選民往上的移動就縮小著工人階級的隊伍，因而有利於保守黨。

教育對選舉同樣起著一定的影響，儘管並不是直接的影響。英國的教育基本上分三個階段，即初級教育、中級教育和高等教育。只有初級教育水準的選民往往只能參加體力勞動工作，收入在平均水準左右，因此，他們很可能是工黨的基本支持者。據統計，1964年，全國4/5的選民只有受到最低限度的教育，也就是政府規定的最低離校年齡，工黨的選票幾乎絕大部分來自這一教育水準的選民，到1983年大選時，這一比例已下降到59％。高等教育就為各種專業工作提供了必要的合格水準，接受這種教育的人可以得到最高的職業地位，容易成為中產階級，因而可望更多地支持保守黨。

可以這麼認為，教育對於成年人的職業地位具有很大影響，由於教育為成年人的就業提供著不同的資歷，它基本預示著一個成年人的經濟利益和階級地位，或者說，為提高選民的經濟地位，階級趨向提供了越來越大的機會，同時導致他們的思想更加公平，不再可能頑固地堅持原來某一政黨的忠誠和支持。因此，選民的教育程度、生活方式與他們的投票方向都有著密切的聯繫。

此外還有宗教影響和家庭影響等。

以上情況表明，英國的選舉已從原來封閉性逐漸向公開性的競爭發展，階級的忠誠已不再是絕對的，選民的政治態度會隨其經濟地位的變動而有所變動。

第三節　選舉的特點

英國的選舉制度與其他西方國家尤其是美國相比，確實反映出了它具有一系列的特點，首先是選舉費用較少。大選中的費用，包括各政黨總部和各選區的競選費用都比較少，從這一點來講，英國的選舉活動比美國的那種「有錢人的遊戲」要遜色得多，這也在一定程度上反映了英國政治上的求實作風。

英國對各政黨總部競選活動的經費開支似乎沒有限制，但對各選區內候選人的競選費用有嚴格的法律規定，爲了保持選舉的嚴肅性，每個候選人必須交納一定的保證金，倘若得不到選區內所投票選票總數的1/8，候選人就不得收回這筆錢（1984年把保證金提高到1000英鎊，把收回保證金所需的得票率降爲5%）；1969年的人民代表法規定，每個候選人的競選開支，郡的候選人最多爲750英鎊，再加上每6個登記選民5辨士，在大城市選區爲每8個登記選民5辨士，這樣，在有6萬選民（每個選區選民的基本數）的郡選區中，每個候選人的法定開支爲1250英鎊。1978年7月又有所增加，大城市選區每個候選人爲1750英鎊，再加上每個選民1.5個辨士，郡選區爲2個辨士，這樣，平均每個候選人在大城市可花3050英鎊，在郡中則爲2725英鎊。但是，候選人一般只花掉規定開支的一部分，如在1979年，工黨候選人只花了所允許的最大開支限額的66%，保守黨爲76%，自由黨僅爲35%。在蘇格蘭和威爾斯，工黨的花費要多於保守黨，在邊緣選區，兩黨的花費便接近於最大限額，保守黨爲91%，工黨爲87%❼⑧。

近年來，大選中的開支出現這麼一種矛盾現象，大選總開支

越來越大，如1987年的大選開支就超過了1951年的10倍，相當於1983年的兩倍（1983年大選，保守黨的全國組織花費約450萬美元，工黨不到300萬美元，聯盟黨不到200萬美元，而1980年美國大選花掉8億美元），然而，選區的競選費用卻又越來越少。

㈠選舉活動簡單

這是英國選舉的又一特點。英國的選舉制和選舉活動，倘與美國相比，都比較簡單：在選舉權方面，不存在美國那樣的法律障礙，不必通過文化測驗，不必付選舉稅等。此外，沒有反對選舉的社會和種族壓力，選區的劃分也比美國合理，每個選區根據其選民人數的變動，每10-15年便要調整一次選區邊界，還由於有健全的選民登記機構和制度，因此，合格選民的登記率也比美國的為高。

大選中，電視所起的作用不如美國總統選舉中所發揮的作用大，對此政府有嚴格的規定，政黨和候選人都不得私自購買電視時間作特別廣播或插在廣告節目中進行，而是由官方分配時間（詳見第十二章）。即使如此，各政黨使用電視的時間也很短，如在1983年大選中，總共約3個小時，其中保守黨和工黨各作了5次廣播、自由黨4次，每次均為10分鐘，其餘小黨的次數更少，時間在5-10分鐘之間。

㈡選民的變動性增加

戰後以來，英國選民在選舉活動中的擺動呈現出不斷加大的趨勢，如；在補缺選舉中就很明顯，如前所述，在1945-1957年間的補缺選舉中，兩大政黨之間很少有席位易手，在1957-1965年間

的變化也不大，但自1966年之後，擺動的比例發生了很大變化，幾乎⅓的補缺選舉發生席位易手，這表明，選舉上的不穩定性增加了。

造成這種不穩定性增加的原因大致有以下一些：(1)國家的經濟發展一度走下坡路，尤其在70年代，無論在西歐或整個西方資本主義世界範圍內，英國經濟狀況日趨惡化，兩大政黨所執行的戰後「共識政治」已失敗，從而引起許多選民的不滿，選民的投票方向逐漸從對政黨的支持轉向經濟問題或政黨的經濟政策，如物價、收入、就業和福利等，哪個政黨的經濟政策能提高人民的經濟利益就具有更大的吸引力；(2)不斷變化的全體社會交叉壓力：戰後以來，私房擁有率的不斷增加以及白領階層隊伍的不斷擴大。因此，幾乎每一個家庭都有不同政黨的支持者，這種交叉的壓力使選民對某一政黨的支持難以保持原有的忠誠，從而造成選民容易改變他們的投票方向；(3)更重要的是，電視除發揮教學作用外，已越來越淪為當今社會中傳遞訊息的渠道和來源，人們稱之為「電視政治」的局面逐漸形成。電視政治的發展和普及，使政治家們越來越疏遠普通選民，從而使政黨也日益難以維持其支持者對它們的支持。

歸根結柢，導致選民在選舉行為上變化的根源有兩個，一個是社會根源，另一個是政治根源。社會根源即由於選民經濟地位的變化而引起階級結構的變化，它對每一個政黨的潛在支持始終起著重要作用。政治根源即政黨在各個時期內政策綱領在發展經濟、提高人民生活水平方面是否確有成效，這是選舉上發生變化的兩個重要而又互相影響的根源。

㈢政治上的極端份子在選民中沒有市場

休·塞西爾說:「英國人民強烈地傾向『保守主義』,不可能接受十分革命的辦法」⑲。這一中肯、實際的觀點從選民歷來對待政治上極端份子的態度就可以得到證實。

在兩大政黨內,極端份子的影響有限,即使是工黨內左翼議員托尼·本也沒有多大市場,自由黨更被看作政治上的溫和派和走中間道路的一個政黨。30年代法西斯運動在西歐、大陸風行一時,然而在英國選民中始終掀不起風浪,也根本得不到選舉上的支持,這也是英國沒有遭到法西斯暴力的禍害,以及後來人民積極支持政府反法西斯戰爭的一個重要原因。70年代的右派政黨「民族陣線」(National Front) 在1974年2月大選中提出了54名候選人進行角逐,結果得票率為微不足道的3%。左派政黨在英國也始終默默無聞,在選民中幾乎沒有什麼影響,戰後以來,選民對它的投票越來越少,從其候選人的人數不斷減少就可窺其一斑,1970年大選時,曾推出58名候選人,到1979年只剩下38名,平均得票率不到2%,甚至不如「民族陣線」。

選民對現行的社會制度和政黨制度持基本支持的態度,人民拒絕暴力、專橫和不民主的行動,30年代經濟大危機所造成的大量失業和破產,隨後的世界大戰,40年代英帝國的瓦解、大國地位的喪失,50年代大量外來移民的湧入,70年代愛爾蘭共和軍 (Irish Republican Army) 在英國的暴力活動……等等一系列巨大的社會變動,都沒有使英國選民脫離溫和與民主的傳統,這或許既可看作是英國民族特性的一種表現,同時也是對英國憲法所具有的靈活性的肯定,它能隨時適應變化的社會環境。

第四節　選舉制的弊病及其改革

　　英國在選舉上實行的是簡單多數制，在一個選區內，得票最多的候選人便告當選，不管這種多數是否超過選區內所投選票總數的一半；還由於各個選區的選民人數雖有大致的平衡，但並不絕對相等，也不可能絕對相等；再加上各個選區的投票率也不盡相同等種種原因，反映出英國的選舉制並不是完美無缺，而是存在著不少缺陷，有的甚至是嚴重缺陷，這也是無法否定的，主要反映在以下幾個方面：

　　在歷次大選中，執政黨雖在下院中始終擁有多數或絕對多數席位，但從所得選票的情況來看，超過半數的卻寥寥無幾。據統計，自1885年以來到1987年間共28次的大選中，執政黨的得票率超過50％的只有4次（均為保守黨），分別為1886年（51.4％）、1900年（50.3％）、1931年（60.7％）、1935年（53.3％）。戰後以來的各次選舉中，執政黨的得票率一次都沒有超過50％，最多的一次在1955年，也只有44.7％（保守黨），最少的在1974年2月（工黨），得票率僅為37.2％。即使在大選中出現一邊倒的情況下，如，自由黨在1906年，工黨於1945年，保守黨在1987年，得票率仍超不過半數，這就表明，執政黨並不能充分代表民意，有時甚至遠遠不能代表民意。

　　無論是執政黨或反對黨，它們各自在下院中所贏得的席位與其所得的選票比例不相等。這種情況歷來如此，從未得到平衡或相轉，而且在70年代以來的幾次大選中，兩者之間的差距呈現擴大趨勢。如，1945年大選，工黨在下院占61.4％的席位，但其得票

率卻只有48%。1983年保守黨執政,擁有下院席位的63%,得票率僅42.4%⑧;

還有一種嚴重歪曲,執政黨雖在下院中占多數席位,而其得票率有時卻低於反對黨,如1951年保守黨執政,保守黨與工黨的得票率分別為48%和48.8%,而兩黨的席位卻分別為321席和295席,保守黨在得票率比工黨少0.8%的情況下,其席位反而比工黨多26個。這種情況並非偶然,在1974年2月的大選中,再次出現了這種歪曲,執政黨工黨得301個席位,得票率僅為37.2%,反對黨保守黨獲297席,得票率卻為37.8%,比工黨又高出0.7%。這反映出,執政黨會獲得的大多數席位含有人為的因素,據統計,在全國各選區中,屬於保守黨和工黨的「安全」選區竟高達70%。

最嚴重的缺陷是,英國的這一選舉制度對小黨極為不利,具體反映在以下兩個方面。首先,小黨的得票率與其在下院所得席位同時反映了嚴重的不合理,尤其是1983年大選最為突出,工黨得票率為27.6%(這是它自第一次上台執政以來的最低點),卻得209個席位,占席位總數32.1%,而自—社聯盟(Liberal/SDP Alliance)得票率達25.4%,僅比工黨差2.2%,但它在下院中只有17個席位,占席位總數3.5%,與工黨的差距為28.6%,如果把其餘小黨的得票率加在一起則為30.04%,然而,所占席位總數僅44席,也可占席位總數的6.76%。其次,如前文所述,小黨奪得一席所需選票,幾乎為大黨的10倍。這些情況清楚地表明,小黨是英國現行選舉制的犧牲品,可以說,這種制度不改變,加上其他因素,小黨永無翻身之日。同時還反映這麼一個矛盾問題,英國雖實行了一人一票制原則,但每一票並不是同一價值,而是有的有價值,有的無價值,形成許多廢票或稱為「浪費」。還是為避免

造成這種「浪費」，許多選民並不一定把選票投給他們所喜歡的
政黨（該黨無希望執政），更有相當大比例的選民根本就不去投
票站。

　　現行選舉制已形成了更加尖銳的對政黨支持在地理上的差
距。戰後以來，保守黨與工黨在選舉上形成了明顯的「勢力範
圍」，一般來說，保守黨與工黨的勢力大致可以這樣劃分。保守
黨的勢力範圍在英國的中部地區和英格蘭南部，工黨的支持力量
集中在蘇格蘭、威爾斯及英格蘭的北部；此外，城市和市中心與
席位大都為工黨所占有，而郊區和鄉區的席位則更多屬於保守
黨。1983年大選，在蘇格蘭、威爾斯和英格蘭北部，工黨與保守
黨所獲席位之比約為2：1，在英格蘭南部則為1：4。如此明確的
「勢力範圍」不僅給英國增添了「兩個國家」的概念，還因為南方
比北方發達、繁榮，所以，使大選成了「富人」對「窮人」的選
舉，或者說是成了財富的較量，在一定程度上19世紀的那種不正
常狀況又恢復了。政黨支持力量明顯的地理化現象早就存在，而
且在各地區繼續不同程度地發展著，造成這種地理化的原因是，
地方的政治環境或有關集團的重要性在不斷增加；南北之間經濟
上的差距，中產階級從內城向外移，以及在北部和大城市中，中
產階級的緩慢發展，更加強了社會階級在地理分布上的差距；

　　投票率低是英國選舉制的一大弊病。在西歐範圍內，大多數
國家都在85-96％之間，英國的投票率是屬於最低一類的國家，在
補缺選舉中的投票率就更低。戰後以來歷次大選的情況表明，投
票率超過80％的只有兩次（1950年84％，1951年82.5％），其餘各
次都在80％以下，1970年大選最低，僅為72％，這也是戰後25年
來的最低點，造成這種情況的原因除人們對政治不感興趣外，人

們對國家當前重要政策和重要人物的了解程度並不如一般所想像的那麼高，甚至還有一定數量的「政治盲」。據調查，在60年代，麥米倫當了幾年首相之後，還有選民不知道他爲何許人。在70年代，加入歐體一直是英國的一個熱門政治問題，可是仍有1/5的人誤認「EEC」字樣爲「東方電力理事會」。此外，有孩子的家庭主婦不去投票站的人數最多，還有一些非政治原因，如外出旅遊、生病、遷移到別的選區來不及登記等。

現行政治對婦女和少數民族的歧視也很明顯。戰後以來，婦女在下院中的席位從來沒有達到議員總數的5％。在柴契爾首相執政期間，婦女的比例僅爲3.5％。有色人種少數民族的情況更糟，西印度人和亞洲人一個都進不了下院。造成這種情況的簡單理由是，候選人的提名完全由地方黨選舉委員會控制，他們決不可能推出一名「不安全」的少數民族候選人出來代表他們，這也是英國社會保守性的一個反映。

英國現行選舉制除明顯有利於保守黨和工黨之外，它的種種弊端早已引起各方的不滿並要求進行改革，即使在19世紀的大部分時間裡，也一直是大家關心的問題。本世紀來，英國確實進行過對選舉制改革的嘗試。

1910年，皇家選舉改革委員會曾建議採用另一種選舉法進行議會選舉，即試用比例代表制。1917年上述建議，又一次被提出，但因上、下兩院意見不一致，使改革又一次擱淺。1929年，麥克唐納的少數黨政府建立了另一個改革會議，再次重複了上述建議，但仍被上院拒絕。從此以後，議會再也沒有進行改革現行選舉制的立法企圖。戰後以來英國政壇完全由保守黨和工黨輪流控制，要求改革的呼聲就主要來自自由黨和其他一些小的集團。1974

年2月大選中，自由黨得選票600餘萬張，卻只獲14席，僅占總數的2.2%，引起該黨強烈不滿，要求改革的呼聲再次高漲起來。1981年社會民主黨同樣支持進行改革現行選舉制，兩大政黨中也不乏支持改革者。近年來，要求改革的呼聲又有所加強。但是，選舉制的改革是一件憲法性的改革，而且也潛伏著一定風險，搞不好會引起很大的政治混亂，尤其是它將涉及各政黨間權力的再分配，這是一件很棘手、尤其是兩大政黨所不情願做的事，這是選舉制改革的第一大困難。再說，目前兩大政黨控制著下院中的絕大多數，沒有它們的同意，改革選舉制的立法就無法通過，這是改革的最大障礙。除非出現下列情況，兩大政黨才有可能接受改革的建議。首先，在較長時期內，兩大政黨都得不到議會中的大多數席位，無法組織起有效政府而不得不依賴於第三黨的支持；其次，兩大政黨單獨執政時，誰也無法管理好國家，如70年代那樣。在歷史上，憲法性改革始終是一件長期而艱難的事，它必然涉及各派政治力量之間長期的較量，因此不可能會在短期內輕易完成，1832年的改革法、1919年的議會法，都是經過幾年激烈的政治鬥爭之後的產物。此外，60年代上院的流產改革，70年代下放中央權力改革的失敗，都給人們留下了深刻印象。在既無一定成功把握，又缺乏一定優於現行制度的保證，這種改革便過於冒險。大多數改革家都認為，新的選舉制除應保存現行制度的優點外，如簡單、有強大而穩定的政府、議員與選民有良好的接觸等，還必須達到以下標準方能算是改革成功，譬如政府不應執行違反大多數選民意願的政策、經選舉產生的政府應能有效地進行管理，少數的小黨和集團應能得到充分的代表等等。由此看來，要完全達到這些目標也決非易事。

總之，英國的選舉制度經歷了很長時期的變革，尤其是在幾次重大的改革之後，已基本完成並趨於穩定，爲英國社會、政治、經濟的發展作出了一定貢獻。但是，跟其他制度一樣，它並非十全十美，而且有一定缺陷。

　　現在，英國的選舉中，出現了種種影響選舉的因素，其中有些是早已存在，有的則出現不久，在過去的選舉中，它們的影響尙未充分得到反映，但是，戰後幾十年來，隨著社會、政治、經濟的不斷發展，尤其是選民經濟地位的不斷變化，導致其社會地位或階級地位也發生了相應的變化，這些因素在選舉上已越來越明顯地得到反映，選民們從自身新的不同利益出發，往往會改變對原來階級「自然的」政黨的忠誠和支持，轉而支持另一個政黨。這就表明，造成變動性增加了，這種變動性是由選民在實際利益的變動中誘發出來的，不管這種變動性的發展是緩慢的，但其趨勢已不可逆轉。現在，從形式上看，還是一人一票制，但選票的內涵變得比以前複雜了，不再是戰前、乃至50、60年代的那種單純以階級的忠誠和支持爲基礎，它已包含了種種複雜的因素，這樣，使選舉也變得更複雜了，也就是從過去基本上封閉式的選舉發展爲更加公開的競爭，總之，「奶油麵包」的競爭已大大超過了階級忠誠的競爭。這種情況的出現早已引起各政黨的深入候選人和認眞對付。

　　戰後初期影響選舉的主要因素是社會福利政策和國有化政策，因此產生了兩黨的共識政治。到了80年代，在共識政治破裂的情況下，私有化政策卻又以其新的魅力吸引著廣大選民，使保守黨至今已連續執政達16年之久，超過了戰後連續執政13年的記錄。柴契爾政府一系列私有化政策進一步促進選民社會經濟利益

的變化,從而影響他們在選舉上的變動。在柴契爾首相執政期間,英國在社會、政治、經濟上確實發生了很大變化,如大大減少了國有化方面的損失、提高了經濟管理的效益,使工業更服從市場競爭的原則;60萬個工作從國營部門轉到了私營部門;到1988年初,通過出售40%的國有化企業,政府已把200多億英鎊的國家資產賣給了私營部門等。私有化政策大大增加了擁有股票的人數,從而鼓勵、發展了「人民資本市場」。據調查,從1984-1988年,英國選民以購股票的人數急劇增加,在成年人中從6%,增加到20%,增加了兩倍多,到1988年,在對水和電力私有化之前,約有900萬選民擁有各種股票,而在1979年柴契爾政府執政初期才300萬。更重要的是,現在持有股票的人已不再局限於中、上層階級,而是在不同程度上已遍及社會的各個階層,其中⅔的人是第一次購買股票。另據對1987年大選的研究,同樣證實了這一點。柴契爾主義的這種「民眾資本主義」和「企業社會」得到了社會各界的普遍歡迎,通過10多年來的發展,更激發了選民們對財產的占有心理,加深了保守主義在選民心目中的社會價值,它的直接影響將是無可爭辯地增加保守黨的社會地位。同時,由於削弱了工會的權力、瓦解了工會的鬥志,加上工會自身內部矛盾的尖銳化,以及與工黨矛盾的加深,這些又削弱著工黨的社會基礎和階級基礎,加深了工黨的政治困境。毋庸諱言,這一切的變化必然會引起社會階級結構的深刻變化,同時引起選民們政治態度的轉變,因爲,從講求現實這一點來說,應該承認,英國選民的老、少之間沒有什麼「代溝」。

從影響選舉的種種因素及其發展趨勢來看幾乎都向工黨提出了嚴峻的挑戰。因此,工黨的戰略任務是艱鉅的,它既要竭力維

護工人階級的團結，又要爭取中產階級和不穩定選民的支持，這就要求它在政策綱領上有一個較大的調整，擺脫極左的東西，做出明顯代表工人階級利益、又能爲一部分中產階級所接受的政策綱領，而又不嚴重觸犯中、上層階級的經濟利益。但是，鑑於工黨內部矛盾錯綜複雜，能否作出這種調整而又不致引起黨內新的鬥爭，尚需拭目以待。簡言之，英國政治、社會的變化與工黨在八十年代的衰落有很大關係，而階級結構的變化實際上就解釋了工黨衰落的大部分原因。

第10章

查弊制度

　　在歐洲，查弊制度最早出現在瑞典（1809年），此後逐漸發展到丹麥、荷蘭、挪威等其他北歐國家。此後以來，這一制度已程度不同地廣泛應用於西方資本主義國家，作爲對法院、法庭等司法部門工作的一種補充，受到廣泛的歡迎。

　　英國在本世紀六〇年代才接受這一制度。由於人們對本國的司法制度還有不滿，行政管理上存在著許多不公正的現象，又缺乏有效的賠償，導致一些改革者希望吸收並應用北歐的這一制度。1961年，由約翰‧懷亞特勛爵（Sir John Whyatt）領導的一個委員會提出了任命查弊專員的建議，以便考慮關於弊政及政府在匆忙中作出的和不當的決策等問題。這一建議引起了普遍的興趣，但卻遭到當時保守黨政府首相麥克米倫的拒絕，理由是，這麼做有損於大臣負責制的原則，並會嚴重影響政府的辦事效率。他認爲，公民有冤可以透過本選區的議員向有關大臣反映。1964年，工黨在大選的競選宣言中許諾要建立暴露和調查因政府弊政致使公民權益受損的權力機構。執政後，便以法庭調查尙有疏漏，不能涉及公民冤情的理由，在1965年的白皮書中正式提出這一建議。1967年，下院通過了任命議會查弊專員的立法，從而

正式建立起英國的查弊制度。

　　現在，英國的查弊制度主要有：議會查弊制度 (Parliamentary Commissioner for Administration) (1967年)，調查中央政府各部門的弊政；地方查弊制度 (Commissioner for Local Administration) (英格蘭和威爾斯於1974年建立，蘇格蘭於1976年建立)；保健服務查弊制度 (Health Service Commissioner) (1973年)。此外，北愛爾蘭在1969年還建立了另外兩種查弊制度。

第一節　議會查弊制度

　　議會查弊專員是由首相推薦，女王任命。開始時，這種推薦用不著與誰進行磋商，在其他國家（北歐）則由議會選舉產生。這一職務一經任命便終身任職，直到他（她）六十五歲退休為止。另有在議會兩院共同的要求下，女王方可將其撤職，這樣是為保護他免受政府的攻擊和武斷解職，因此，他享有某種程度的高級法官的地位。

　　議會查弊專員向議會負責，並受到下院任命的選擇委員會的支持、合作和監督。由於前三任議會查弊專員都是政府中的高級文官，下面的大多數職員也是從文官隊伍中抽調，不過職員總數得到財政部的同意，這一點實際上是授權財政部對查弊專員的活動有一定程度的潛在限制。查弊專員的文官背景不利於他的獨立名聲，人們尤其擔心對文官的抱怨難以使他進行客觀的調查，加上查弊辦公室中有時有著明顯的官僚主義傾向、對新聞界的接觸很謹慎、過分依賴於財政部律師在司法上的建議，以及過分常規式的調查等，現已逐漸採取了一些措施來糾正這些缺陷，如自1979

年以來，在任命新的查弊專員之前，先與選擇委員會磋商，同時不再局限於文官。在1979年前任專員退休之後，便任命了一名法官，並有了自己的法律顧問，不再從財政部的律師中聘請，職員也有一部分從文官之外招聘。這一切使議會查弊工作，包括調查和裁決已更多地獨立於政府，同時增強了公眾對議會查弊專員工作的信任和信心，也加強著他們本身的公眾意識和責任感。

查弊辦公室職員中包括，1名政務次官級和5名助理秘書級文官，其中4名為調查指導員，1名為辦公室行政主任。每一個調查指導員領導2-3個調查小組的工作，每組有一人負責，另有3名較高的行政職員。此外，還有一個單獨的審查小組，由它審查提交給議會查弊專員的全部案件，並決定案件的調查與否，它同樣由一人負責，另有3名高級行政職員協助。

職員除任職三年外，還具有以下一些特點：如，職員數變化較大，只能以統計數字為準，與其他國家相比，英國的職員隊伍最大，以1977年為例，有38名正式職員和19名輔助職員，共57名；職員隊伍背景單調，基本上都從政府部門的文官中抽調，其指導思想是，調查文官的最佳人選還是文官自己，他們中間特殊的管理專家，最容易發現政府部門中的失誤。所以，議會查弊專員會毫不猶豫地從一個政府部門中抽調出文官來調查對他們的「父母」部門的申訴，並利用他們的經驗來對申訴作出評價，而且只調該部門的現職文官而不是該部門的前文官。近年來，這種單調的結構已有所變動，注意吸收一部分文官隊伍之外具有對地方政府、社會工作和企業等方面工作經驗的人士進入職員隊伍，以利於適應各方面的工作。

在1967年議會查弊制度的立法中，並沒有對弊政的概念作出

明確的限定或解釋，但可以確定的是，弊政不是指決策的過錯，大部分是程序上出現的失誤，即政府官員在執行政策的過程中表現的無能、不稱職、偏見、忽略、武斷、不合理的拖延、給予錯誤的信息、濫用權力、墮落、卑鄙的行為、不信守諾言⋯⋯等等。從查弊制度建立以來，公民提出的眾多申訴主要涉及政府規劃、住宅和教育等方面。簡言之，弊政是政府官員在管理上的不當。但近年，選擇委員會鼓勵議會查弊專員對弊政定出較廣泛的解釋，從而涉及到「壞的決定」和決策的質量，像紐西蘭和加拿大對弊政概念的解釋：如果一項決策明顯地不公平，由此造成公民在物質上或經濟上的損失，就可看作是弊政，即使這一決策是在正常程序中作出的。總之，除少數幾個部門外，正如1965年政府的白皮書所稱，議會查弊專員工作的領域涉及到公民個人與中央政府關係中比較廣泛的範圍。

英國議會查弊專員的調查範圍和裁決權力均受到種種嚴格的限制，還不如瑞典等其他北歐國家，其局限性和不完善的方面反映在：

首先，英國的議會查弊專員不享有瑞典同行的充分獨立，他不能主動對中央政府各部門的管理情況進行調查，也不能對嚴重弊政的責任者提出起訴。

其次，一些重要的政府部門被排除在查弊工作之外，如外交、軍隊、文官的人事問題、警察（1976年的警察法已有所改動），以及國有化企業和司法程序等，這些方面的弊政由司法部門處理。

第三，議會查弊專員沒有被授權糾正或強行糾正他發現的弊政，據認為，如果這樣做便等於賦於他行政權力，這與英國的代

議制傳統和責任政府不相容。認定的弊政也必須是在英國本土上所為，本土之外的（如駐外人員所為）就不在調查之列。

第四，不得審查大臣的決策意圖，不能調查涉及人事問題的弊政，對此，委員會雖然多次提出反對意見，但仍未被任何一屆政府接受。相當多的政府雇員也希望能得到查弊專員的幫助，來糾正他們遭遇到的不公待遇，尤其在退休問題上。

第五，有關政府大量契約性和商業性活動、榮譽的授予和國家安全問題被排除在查弊工作之外。

第六，可以通過法院或行政法庭處理的申訴也不在調查之列。

第七，申訴者倘若不滿於議會查弊專員的裁決，則無權向法院或行政法庭提出上訴。

第八，按規定，申訴者不得直接接觸查弊專員，他的申訴必須首先交給本選區的議員，然後由議員決定是否轉交給議會查弊專員進行調查。這麼做，從政府方面講，有兩個理由：其一，防止查弊專員被公民的申訴「淹沒」；其二，向議員表明，查弊專員的工作只是對議員工作的一種補充而不是破壞。實際上就是要消除議員對這一工作的抵觸情緒。因為，在議員看來，在他所在選區出現弊政或越多弊政，就會大大有損於議員本人的聲譽和權威，故設法限制查弊工作就在所難免。但是，從查弊工作的角度講，議員的這種「過濾」作用就使查弊專員不能充分發揮作用，因為有些議員從來不轉交公民的申訴。據統計，在1974-1979年間，有41名議員一件申訴都沒有轉交。最初，凡申訴者直接交給查弊專員的申訴要退回，自1978年以來，已另有新規定，公民的申訴可以交給任何一方，可是沒有議員的同意仍不能進行調查。

現在，雖有大多數機構支持公民直接接觸查弊專員，但還未說服選擇委員會。

這些限制造成的影響是，由議員轉交的申訴，其中⅔都不得進行調查，大都是超出了查弊專員的職權範圍。以1981年爲例，¾以上的申訴沒有被接受，其中23％超出了他的權限，41％不符合提交申訴的手續，或不是行政上的弊政，10％是關於人事問題。裁決權上的限制也大大降低了調查的比例。

議會查弊專員在執行任務中有廣泛的取證權，如在涉及嚴重而又複雜的案件時，有權直接詢問有關大臣和文官，一般的申訴只須通過電話或寫信到有關部門進行書面調查；查閱涉案的政府文件和通訊，但內閣和內閣委員會的活動信息和文件不在此例；可傳喚證人並要求他們提供書面或口頭的證詞。

調查工作進行得比較徹底。在90-95％的調查行動中，政府部門的文件都能得到查閱，40-45％的涉案官員都被詢問，大約有60％的申訴者都能在自己的家中與查弊專員會晤。連續幾屆的議會查弊專員已擴大了對弊政的解釋，調查中確定爲弊政的比例也不斷有所增加，在1968年和1969年中，這一比例分別爲10％和16％，在整個70年代一直在30％以上。1981年和1982年分別上升到48％和46％。此外，在對申訴的一些調查中，議會查弊專員對政府部門行動的批評也在不斷增加。

每次調查之後，要向受到抱怨的議員、有關政府部門及與案件直接有關的文官轉交調查結果。每年要向議會的兩院提交一份年度報告。1972年以來，又增加了季度報告。所有的報告都必須交選擇委員會審查，尤其是授權議會查弊專員進行專門調查的特殊案件報告，選擇委員會有權親自複查核實。選擇委員會的這種

審查工作證明是有價值的，它由8名成員組成，成員的構成始終與各政黨在下院中的力量聯繫在一起，委員會主席由反對黨議員擔任，這已成爲一條常規。這種構成一方面使該委員會成爲下院的縮影，另一方面，由反對黨議員任該會主席表明它是負責的，不是一種敷衍或形式，更利於監督。接到報告後，主席便召來高級文官審查報告中提出的問題，議會查弊專員也常提供證據，並參加審查會議。這種審查會議一月召開一次，有時兩次。

選擇委員會發揮其職能以來，一向關注三個領域裡的調查：了解議會查弊專員的推薦或建議在多大程度上能在政府部門中實行，他們對政府部門管理情況調查的影響或效果如何；考慮在規定的裁決權內，議會查弊專員的調查權力是否應當加強；在尋找證據中，議會查弊專員的裁決權是否應當擴大。總括來說，選擇委員會越來越支持議會查弊專員的工作，它的影響正在朝不斷擴大議會查弊專員的裁決權並加強他在調查中的地位的方向發展。

跟加拿大的查弊專員相比，英國在建立查弊制度之初，議會查弊專員並沒有建議修改立法的權力，1967年的立法中也沒有任何這方面的授權。在1973年，選擇委員會和議會查弊專員進行了共同努力，敦促議會對這一立法作適當修改，允許弊政的受害者有得到賠償的權利，否則，他們就沒有機會得到賠償了。議會最終接受了這一建議並寫進了法律，使查弊制度又完善了一步，也是議會查弊專員爲納稅人取得的一大成果。這一事實意味著，議會查弊專員在建議改革或修改立法上已顯示出了他一定的作用，儘管這一點尚未得到議會明確的承認或正式授權。另一方面，對政府部門制定的規章，議會查弊專員同樣能發揮積極的作用，當他們發現政府的規章已不適用，甚至產生不良後果時，他們就可

以提出批評，並建議作適當修改。

　　議會查弊專員高質量的調查結果及其要求糾正工作的建議具有很高的權威性，一般都能為有關部門接受並採納，但糾正的時間和對申訴者的賠償不是很快。由於這種建議無法律效力，也不是強制性的，因此，有時有的部門置之不理，在這種情況下，議會查弊專員便通知選擇委員會，得到它的充分支持後，就行使最後一項法定權力，向議會兩院各送一份特殊報告，在議會進行辯論之後，便強迫有關部門執行，同時必須使有關大臣最終承擔責任。如果有關部門堅持為自己的觀點辯護，也可向選擇委員會提出自己的有力證據。最典型的例子就是1967年處理的一件涉及外交部的案件。戰後，從德國集中營裡僥倖生還的12人，理應得到前西德政府提供的一筆專門賠償金，但外交部卻以他們屬於被關在條件不如主集中營那麼壞的附屬集中營的假定理由為基礎，把他們的情況排除在賠償條款之外，拒不接受議會查弊專員的建議。於是，議會查弊專員將此案的特殊報告提交議會辯論，終於說服外交大臣，合理地了解此案，並非常特殊地對該部直接責任者（高級文官）作了適當處理。在查弊制度建立的第一年就取得如此重大的成功，大大提高了查弊辦公室的聲譽。

　　自建立議會查弊制度以來，議會查弊專員確實做了不少有益的工作。通過議員，他每年收到近千件申訴，直接收到的也有近千件，除去超出權力範圍之外的申訴，得到糾正的比例在不斷增加，1967年為10％，1970年為23％，1978年高達38％，1982年近40％。儘管很多接辦的案子較簡單，有的只需向申訴者道歉或作少量的賠償，但對申訴者卻很重要。除此以外，查弊工作在客觀上作出了某些重要貢獻，有的甚至導致了立法的修改，例如在1975

年的財政法中規定，對拖延上交的稅收要收利息，而對多收部分又延期退回的同樣要付利息；有的改進了政府部門的管理和程序；有的使政府部門與公民打交道時態度有了很大的轉變。總之，議會查弊工作提高了中央政府的管理質量。通過大量的調查，議會查弊專員實際上成了一個良好的、具有豐富經驗的行政活動指導。正如一位觀察家在1982年所說：成千上萬的納稅人、社會服務的接受者、財產占有者等等，都因議會查弊專員的工作直接、間接地有所得益。

現在還有許多建議認爲，議會查弊工作還應向一些頑固的政府部門施加更多的壓力，如更多地利用召開記者招待會等造成輿論壓力。因爲在目前情況下，議會查弊專員的報告是否向新聞界公開，完全由議員決定，有的公開，有的不公開，沒有明確的規定。事實上，自1972年8月以來，議會查弊專員的所有調查報告都發表了。不過申訴者的姓名不予公布，轉交申訴的議員姓名同樣不見報，但在特殊的報告中，兩者的姓名都要提及。不過，迄今爲止，部門的不妥協性還沒有產生嚴重的問題，如果確實發生忽視糾弊的建議，那麼，在不列顛就有可能推廣應用北愛爾蘭的查弊制度，即不執行查弊專員的建議將作爲有關大臣或部門破壞法院中裁決的行動議處。

但是，在評價議會查弊工作的成效時，還必須注意到，畢竟還存在很多不足，甚至是嚴重缺陷。毫無疑問，對議會查弊專員的接觸、裁決權及調查範圍的種種限制，尤其是不能與公民直接接觸，而在其他西方資本主義國家中公民直接接觸查弊專員恰恰是其制度成功的一個重要原因。加上這一制度的性質乃至查弊辦公室的存在還沒有被廣大選民所了解，這些都使議會查弊工作沒

有充分發揮作用，據以爲，其工作量甚至都不如一個政府部門，這就從另一個角度反映了議會查弊工作的面還很窄。據統計，從建立議會查弊制度的1967年4月起到1980年12月止，議員們向查弊專員轉交公民的申訴共爲11,683件，供調查的只有4000件，得到支持的也只有1154件，即都得到合理的賠償。用國際標準來衡量，英國的議會查弊專員收到申訴的數量和堅持調查的數量都比較少。

其次，議會查弊專員報告的公開性尙不如可以由傳播媒體予以報導和評論的地方查弊專員的報告，缺乏任何法定的程序來保證議會查弊專員的工作得到充分的公開，雖然議會查弊專員可以向選擇委員會提交他的調查報告，但必須由後者決定希望引起議會注意的是什麼。

第三，最重要的是沒有一個法定的機構來執行議會查弊專員對完善政府決策或規章的建議。

第二節　地方查弊制度

1967年的議會查弊制度僅涉及中央政府各部門，不包括地方政府。於是，在1974年2月大選之前，議會通過了一項地方政府法，又建立起了地方查弊制度。地方查弊專員與議會的一樣，一經任命，只要行爲端正，可以任職到退休。英格蘭設查弊專員3人，威爾斯1人，蘇格蘭的查弊制度是根據一項單獨的立法於1976年建立的，也設查弊專員1人。英格蘭由於地域廣，人口多，故在人口的基礎上劃分線三個區，每個查弊專員負責一個區：即倫敦 (London) 和東南部、東安格利亞 (East Anglia) 和北部，以及中部

地區和西部，辦公中心設在倫敦。

英格蘭的地方查弊專員是在環境部大臣的推薦下由女王任命，威爾斯的查弊專員由威爾斯事務大臣在與地方當局的代表機構協商之後推薦，同樣由女王任命。地方查弊專員同為英格蘭和威爾斯查弊專員的成員，為的是在案子既涉及地方又涉及中央部門時，議會查弊專員可在其中協助聯繫，但沒有調查權。蘇格蘭的查弊專員是獨立的，而且是在半工半薪的基礎上任命的，與議會查弊專員沒有聯繫，只向專門的機構報告。

英格蘭的查弊專員和下屬職員的背景具有多樣性：3個查弊專員中，有1個是地方政府中的正式職員、查弊專員會主席為前東方電力委員會秘書。委員會的3個助理秘書，2人為前地方政府中職員，1人為前電力理事會管理員。在11名全日制調查員中，有前高級警察職員、前公司主任、前新聞記者、前醫院副秘書、前軍界上校、環境部的規劃調查員、倫敦自治市的規劃員、前種族關係委員會職員、以及來自社會科學研究理事會和倫敦住宅部的人員等。蘇格蘭和威爾斯的人員組成情況也大致如此，都具有地方政府工作的經驗。這種多樣性的背景為適應各種調查工作提供了方便。

但是，與議會查弊專員相比，地方查弊專員的一個顯著特點是，他們並不依賴於財政部的律師、英格蘭、威爾斯和蘇格蘭的查弊專員都有自己的律師，英格蘭的1名查弊專員本人就是律師，2名助理秘書也是合格的律師。威爾斯和蘇格蘭的查弊專員的情況同樣如此。這樣，在裁決公民的申訴中便享有很大的自由。

為了讓社會更多地了解地方查弊工作的性質及其程序，以便公民提出申訴，1975年，三島的查弊委員會各相繼散發了幾十萬

冊關於介紹地方查弊制度的小冊子。所以，從知名度來講，地方查弊制度比議會查弊制度更為廣大人民所了解。

地方查弊專員與議會查弊專員的工作有著某些共同之處。首先，在權力上，三島的查弊機構都有權調查因各地方當局的弊政造成侵犯公民權益的申訴，例如：有權調查自來水當局、由地方政府組成的聯合規劃委員會和警察局等地方機構（大城市的警察除外，他們直接向內政部負責）以及其成員或官員。但不包括一個教區議會。

其次，調查的內容同樣大都是程序性方面的弊政，例如：地方當局錯誤的勸告、沒有提供足夠的信息、沒有告訴申訴者可供選擇的程序、沒有和申訴者取得聯繫、地方當局不合理的拖延、還沒有宣傳修法的規劃申請……。

第三，調查方法，查弊專員同樣可以要求有關當局的任何人提供信息和有關文件，並且會晤當事者，包括申訴者和有關地方官員。

第四，在調查範圍上受到的限制比議會查弊制度還要嚴格，許多方面被列入調查禁區，至使⅓左右的申訴被拒絕調查，但並非不是弊政，如：

1.有關地方當局的人事問題，如任命、調動、工資、紀律、懲罰、解職、退休等。

2.法院的民事或刑事程序的開始和進行，以及任何地方當局所採取的與調查或防止犯罪有關的行動。

3.地方當局採取的契約性或商業性活動，包括客運、碼頭、港口、娛樂、工業設施和市場等。但不包括涉及土地的交易活動，這就意味著不能調查地方當局所經營的許多市場活動。

4.宗教或世俗教育領域內的課程、教規、紀律、學校或大學內部的組織和管理。

5.地方當局在轄區內所採取影響全體或大部分選民的活動，如征稅。

第五，年度報告同樣要受有關立法機關的審查：英格蘭由下院的一個委員會負責，威爾斯和蘇格蘭的分別受各自地方議會中的委員會審查。

第六，同樣沒有糾弊權力，唯一可做的就是向有關地方當局提交報告，供其考慮。如果不滿於它的反應，包括糾正措施或賠償，最有力的武器便是再次公布報告，並聲明不滿的理由和要求。

第七，查弊專員不能調查申訴者已在法院或行政法庭得到糾正或賠償的案子（在瑞典，查弊專員仍可調查申訴者對法院不公的裁決或賠償不滿的案子），也不得調查申訴者有權向大臣上訴的案子。如果他認為申訴者不大可能向大臣提出申訴的案子，他有自由斟酌的處理權。

但是，地方與議會的查弊制度也有一些不同之處，反映在以下一些方面：

第一，申訴者必須先向地方議員提出他的申訴，以便先給地方政府一個合理的機會來調查並作出答覆。如果後者不願意轉交，地方查弊專員就有權進行調查。這一條比1967年的只能通過議員轉交的議會查弊制度的立法寬多了。

第二，地方查弊專員不向議會負責，英格蘭和威爾斯向各自由地方當局和自來水當局的代表（10人左右）聯合組成的代表機構報告，蘇格蘭的查弊專員向蘇格蘭事務大臣任命的一個獨立機構報告。

第三，在重選的調查案子上，地方查弊專員可與地方、保健查弊專員一起調查。

　　第四，地方查弊專員每年要向委員會提出一份年度報告，每個委員會每年同樣必須向地方政府的代表機構呈交一份年度報告並予以公布，評論有無均可。每個委員會每年還必須對這一制度的工作情況進行一次審查，並通過代表機構公開它的觀點；

　　第五，公開性程度更大：地方查弊專員的調查報告要交給轉交申訴的地方議員、有關的地方當局，以及申訴者本人，但不能指出申訴者姓名，除非查弊專員考慮有此必要。地方當局在收到調查報告後，必須複製若干份，以供公眾和一個以上的地方議會機構進行調查，為期三周。此外，還要向傳播媒體提供。威爾斯的查弊專員與傳播媒體合作得很好，地方大報都接受該島查弊專員的全部調查報告。英格蘭的查弊委員會只向報紙和電台提供調查報告的簡要，不給全文，也沒有威爾斯那樣的常規，把調查報告全文交給任何一家報紙，對此有兩種解釋：一種解釋是，英格蘭地方報紙有幾百份和幾家地區性報紙，每一家報紙每年只對不多的幾份調查報告感興趣，在倫敦地區還有一些特殊問題的報告可以在報上公布，而在倫敦地區的報紙發行面都很窄，只涉及2-3個自治市範圍，而且一般還都是周刊；另一種解釋是，英格蘭的代表機構比威爾斯的更謹慎。威爾斯的地方查弊專員與他的代表機構磋商並得到它的同意，可以自由發表他們的調查報告，而英格蘭的代表機構對發表調查報告的態度就更保守。如果報告中有因弊政造成公民受損，有關地方當局考慮後必須先知道查弊委員會已採取或計劃要採取什麼措施予以糾正或賠償，如果在一個合理的時間內查弊專員收不到有關當局的這類通知，他可以根據立

法再次提出報告，而且這一報告還必須由有關當局予以發表。立法的這些規定不僅保證了地方查弊專員的調查報告能得到公布，而且使有關地方當局不得忽視。立法還規定，地方查弊專員為了公眾或申訴者個人的利益，可以命令報告中的某一部分不予公布。不過發布這種命令的權力很少運用，因為公布調查報告是地方查弊專員的主要武器，來達到勸說有關地方當局採納他的建議之目的。

英格蘭代表機構的構成是這樣：郡議會協會（Association of County Council）3名代表、區議會協會（Association of District Council）3名代表、大城市當局協會（Association of Metropolitan Authorities）3名代表、大倫敦議會（Greater London Council）1名代表、國家自來水當局（National Water Authority）2名代表。被任命作為代表的都是高級地方議員和地方當局協會的負責人。由他們作代表的好處是，他們可以在地方查弊專員與地方議員之間提供一種聯絡作用，不利的是，代表機構會傾向於以一種保護性的方法來看待查弊委員會的工作。立法規定，代表機構有權對查弊委員會的年度報告作出評價。

威爾斯的代表機構由威爾斯郡的4名代表、威爾斯地方議會4名代表和威爾斯國營自來水公司的2名代表組成。

蘇格蘭的代表機構是根據1973年的蘇格蘭地方政府法建立的獨立機構，1975年的蘇格蘭地方政府法又規定，蘇格蘭地方查弊專員的年度報告提交給它審查。

地方查弊工作儘管有許多嚴格的限制，但其所取得的成績還是不容忽視。據統計，現在，英格蘭的查弊專員每年要收到2000多件的申訴（1982/83年度為2753件），威爾斯和蘇格蘭的申訴每

年大約各300件左右。在1974-1983年的9年中，單是英格蘭查弊委員會就發現侵犯公民權利的弊政案達1224件，大都取得比較滿意的處理結果。從賠償的情況看，自1974年以來，威爾斯的情況較好，迄今未發表過第二次報告。英格蘭的情況稍差，因有關地方當局沒有提供賠償而再次發表調查報告的有6次之多。由於1974年的地方政府法沒有規定在有關地方當局不予合作時可強迫實行賠償，查弊專員只能動員輿論敦促有關機構接受，這種情況約占整個賠償的13%，沒有滿意結果的占5.7%，有的案件即使有滿意的結果，但是，從第一次報告到糾正之間往往要拖很長時間。據1982/83年度的報告指稱，在9年中，英格蘭的賠償案中有25%拖了6個月甚至更久才得了結。在北愛爾蘭，如發生這種情況，申訴者可以到郡法院去要求賠償。

但是，地方查弊制度同樣存在著許多缺陷，除去上面列出的眾多調查禁區外，每年有很多申訴（1982/83年度達2045件）沒有通過地方議員而直接交給了查弊專員，從而不能進行調查或延誤了調查，儘管勸說申訴者要遵守正規程序，但真正按正規程序提交的只有很小的比例（1982/83年度僅11%），大部分申訴或是不成熟便終止了調查，或是超出了查弊專員的權限。另據反映，即使是經過調查的申訴，仍有許多申訴者不滿意，或是對賠償不滿，或是對調查行動不滿，其中一個因素是完成的時間拖得太長，在1982/83年度內平均為43周。

總之，跟議會查弊制度一樣，地方查弊制度還很不健全，需要進行改革和完善的餘地還很大。

第三節　保健服務查弊制度

　　1967年建立起議會查弊制度之後，下院中保守黨和工黨的許多議員強烈地認為，查弊制度應擴大到醫療保健，因為人們對醫療服務的反映很大。1972年，希恩政府接受並宣布了在三島建立保健服務方面的查弊制度的意向。在1973年全國保健服務重新組織法通過之後，正式建立起了英國的第三種查弊制度。3個保健查弊專員是法定的獨立辦事員，其責任是調查公民對三島衛生當局的申訴，如未經病人同意而對他們進行藥試驗，長期拖延不得入院治療等。

　　查弊專員下設1名副專員（行政次官級）、2名調查指導員（助理秘書級）、20名調查員和30名左右的輔助人員。他們都有較高的行政級別，其中一半調自文官，另一半調自保健部門，這對提供工作效率是個有力的保證。議會查弊專員同為三島的保健查弊制度服務。

　　總括來說，保健查弊制度有以下一些特點：

　　第一，在調查過程中，查弊專員除有權審閱所有有關文件和記錄外，還可以進行跟蹤調查，以便將來把事故減少到最低限度。

　　第二，在調查中可應用統一標準，減少工作的難度。

　　第三，查弊專員對他的調查報告和建議是負責的，並可由議會中的選擇委員進行審查。申訴者如果對報告和裁決不滿，還可向選擇委員會提出申訴。

　　第四，病人對衛生當局的申訴不必通過議員或地方議員的「過濾」，可直接與查弊專員接觸，因此，保健查弊制度與衛生

部門有更密切的結合，與議會的關係要差一點。不過在這之前，他們必須先向衛生當局提出申訴，以便在查弊專員調查之前，給有關當局足夠的調查機會。但有一個例外，當病人，如精神病人，本人無能力提出申訴時，醫院或保健當局的職員可代表病人直接向查弊專員提出（這一點已成為法律）。

第五，查弊專員的裁決權已超過了對弊政申訴的調查，擴大到了處理對病人權利的侵犯，如衛生當局的失職，或根本沒有提供本應提供的必要服務，而造成病人痛苦、致殘、致死的嚴重事故。在認定病人無力求助於行政法庭和法院時，查弊專員也可承擔起調查的責任。但是不能調查病人向行政法庭或法院上訴的任何行動。

第六，查弊專員可以調查立法上所列出的任何保健服務事故，或是它們所採取行動上的事故。

第七，對保健的申訴大都難以處理，如預約看病的人很多，等的時間太長、手術的延期，以及護理的不足等，這些申訴顯然超出了查弊專員所能糾正的權力。

第八，全國保健服務重新組織法 (the National Health Service Re-organisation Act) 特別授權查弊專員可以從任何人取得醫療事故方面的忠告，並給予一定的報酬，只要那人有資格提供這種忠告。

同議會、地方查弊制度一樣，保健查弊工作同樣受到若干限制，一些範圍被排除在調查之外，如：

第一，保健服務上的人事任命，以及就業、工資、懲罰、解職、老年退休和其他人事問題。

第二，保健服務部門的職員，如實習生、牙醫、藥劑師等醫

療上的診斷或醫生採取的治療方案。

第三，醫療服務委員會的活動或家庭實習醫生委員會的活動（這些方面的事故由行政法庭進行審查）。

第四，保健服務委員會的程序。

第五，契約性或商業性的交易，但當為病人提供服務時則不在此例。

由於上述種種限制，使公民的申訴同樣每年有一半以上不能被受理。如第一年查弊專員收到612件申訴，其中354件超出了他的職權範圍。在1981/82年度，不能調查的占81.8％，其中¼涉及臨床診斷，還有1/5因沒有先提交給衛生當局。實際上每年得到調查的僅100件左右。此外，人們對保健服務查弊制度的了解還不夠廣泛。如果取消這些限制，將大大增加查弊工作的數量及其成效。

保健查弊專員每年必須向議會提交一份年度報告。但是，與議會、地方查弊專員的年度報告有所區別：首先，不必像議會、地方查弊專員那樣提交報告的全文，而是節選其中一部分，其意在於著重證明他的調查範圍和工作效率。其次，總結報告的知識性很強，對醫療事故不僅提出批評，更重在向病人提供更多的有關醫療知識、注意事項和護理重點等，並提出深刻的修改意見。第三，總結報告的目的重在宣傳和教育，因而標題醒目，容易引起讀者的興趣而達到預期效果。

申訴者對保健查弊專員的批評主要集中在對他的調查方法上。由於他不公開醫院人員提供的證據和說明，申訴者無法就其準備性提出質疑，因而失去為自己進一步辯護的機會，而且對保健查弊專員在調查中的發現沒有權利上訴，只能向選擇委員提出申訴等等。

1967年以來，英國的查弊制度已相繼擴大到涉及公共管理的主要層次：中央政府、地方政府和國民保健服務。但是，反映弊政的渠道並不止這些，至1983年已存在著各種各樣的渠道：如議員、地方議員、警察抱怨理事會、機會均等委員會（Police Complaint Commission、Equal Opportunities Commission）（處理性別歧視）、種族平等委員會（Commission for Racial Equality）、鄉衛生理事會、公平貿易辦公室、全國消費者理事會、歐洲委員會和人權法院(Office of Fair Trading、the Natio-nal Consumer Council、European Commission、the Court of Human Rights）……等等。無疑，這些渠道的應用使清政、廉政工作得到一定程度的發展並取得了一定成效，如暴露了各級政府的武斷、使許多弊政能得到糾正、受害者能得到應有的道歉或賠償、促使各級政府的管理程序和立法得到不斷完善，提高了政府工作效率等等。由於查弊制度簡便易行、涉及面廣、觸及到了法院和行政法庭工作中的死角，所以，在某種程度上可以說，查弊制度同樣是消除社會矛盾、維持社會安定的一種有效手段。不過，這些制度的發展大部分還只是零星的，查弊專員在調查範圍、裁決權以及主動進行調查，尤其是各種查弊專員不能直接接觸公民（北愛爾蘭除外）等方面，都存在著嚴重的限制，與北歐諸國尤其是瑞典的查弊制度相比，存在著很大差距，政府(包括地方政府)的一些重要管理領域避開了查弊行動，還有的根本就沒有提及，如北歐國家中很重視的監獄查弊行動等，這不能不說是英國查弊制度的重大缺陷，它不僅束縛了各種查弊專員的手腳，影響查弊工作的效果，同時也造成很多申訴的「消耗」，得不到應有的調查和審理，即使按正常手續提出的申請，由於種種原因，往往也

只有一小部分能得到充分調查。注意下列的數字不僅有意思，而且也說明問題：英國協助議會查弊專員工作的職員有57名，瑞典才50名；1975年英國完成的調查案子才244件，瑞典為2293件，而英國有5500萬人口，瑞典卻只有800萬。

此外，報紙上有關查弊專員活動的報導很少，對於弊政使公民受到不公正的對待或損害的報導更是受到一定的限制。因此，整個查弊工作的公開程度遠遠不如瑞典。在瑞典，報社可以得到所有關於弊政案子的消息，並可公布任意選擇的細節，這種做法在擴大公衆對查弊工作的了解有一定作用，同時也可鼓勵人民通過查弊工作來取得所受損失的合理賠償。

查弊工作公開性程度差的另一個後果，就是在客觀上造成這一制度對處於社會、經濟地位平均水準以上的人較有利，也就是說，富人、受過良好教育的人較多受益於這一制度，因為他們比窮人更容易、更清楚地了解各種查弊制度的程序、內容和申訴方法，很少會使自己的申訴因不合程序等手續而「浪費」掉。相比之下，窮人因受種種條件的限制，如時間、知識、教育水準，對查弊制度的了解等，很難充分享受到這一制度的好處。據Ｋ·Ａ·弗 (Ｋ·Ａ·Friedman) 里德曼在1969年所作的一份沒有發表的調查報告指稱，在他的調查中，只有不到8%的人才知道如何能讓查弊專員來調查他的申訴。由此可見，查弊制度還存在著多麼大的空白。難怪英國調查的案子會大大少於瑞典。

此外，英國各種查弊專員及其輔助人員，雖有比較廣泛的社會行業代表性，但一個明顯的缺陷是嚴重缺乏法律界人士，與北歐國家相比尤為突出，以瑞典為例，其查弊專員必須是律師，其中大多數是法官，在50個職員中有23個資歷很高的律師。相比之

下，英國的議會查弊專員及其職員大都是從文官部門中抽調出來的，很少或根本沒有受過法律方面的訓練，這無疑直接影響對申訴的調查和處理質量，從而影響查弊工作的成效。近年來，雖然已注意到這個問題並有所改進，但還有待進一步的完善。

很明顯，這三種查弊制度均需要進一步改革，前任和現任的議會查弊專員以及眾多輿論都主張要有一項建立在單一查弊制度基礎上的、更爲綜合性的改革，取消這些不必要的限制和禁區，但沒有得到歷屆政府的積極響應。這表明，查弊制度的改革還面臨著種種重大的障礙：司法職業和政府權力上的保守主義，政府官員的既得利益限制著各種查弊專員對他們的決策和管理進行挑戰，文官的抵制，以及改革會對已有機構及其官員形成的潛在威脅等等，這些都不可能在短期內得到克服。

第11章

廣泛的壓力集團

　　政黨和壓力集團在英國的政治制度中都是重要因素，在一定程度上，壓力集團是政黨形式上的，但更重要的是作用上的一種有效補充。壓力集團跟政黨一樣，兩者都是非正式的政治組織，不同於政黨的是：政黨是政治上的代表，其目的是要通過選舉取得政權、組織政府、管理國家，其活動範圍主要在議會，因此，政黨關心的是政府活動的全部領域，或至少是大部分領域。壓力集團的目的並不是如此，主要是要發揮某種作用，或爲了某一方面的經濟利益，或爲了促進某一方面的事業，通過直接或間接的多種手段，向政府施加一定影響和壓力，以便影響政府的決策和立法，其活動範圍主要在議會之外。雙方的共同點是，大家都是代表所參與的組織，代表一定的利益和輿論，促進在政治上廣泛的參與。正如安東尼・韋奇伍德・本（A・W・Benn）所說，這些壓力集團「現在已經成爲議會民主新類型的一個組成部分。」❽R・T・麥肯齊教授（R・T・Mckenzie）也說：「壓力集團是政黨制度的一個不可避免的伴隨物。」❾在柴契爾政府中的一名高級大臣伊恩・吉爾摩勛爵（Ian Gilmour）也曾說，壓力集團已成爲政府的一種必需品，以致於那個地方沒有，政府就有必要建

立。

第一節　壓力集團的產生與發展

　　壓力集團（或稱利益集團）最先出現在美國，並得到廣泛的研究，因而，關於壓力集團的理論這門新科學也首先產生於美國，後來，越過了大西洋，傳到了英國。然而，英國對壓力集團進行認眞研究還是在第二次世界大戰以後的事，也遠不如在美國那麼興旺。英國最早調查壓力集團是「費邊研究局」(Fabian Research Department)，並由西德尼（Sidney）和比阿特賴恩・韋布（B・Webb）兩人合作寫了一份調查報告，發表於第一次世界大戰期間，這標誌著英國對壓力集團研究的開端。

　　在18世紀，70、80年代，美國壓力集團的出現形成第一個高潮。當時，社會上出現了一股要求改革社會和政治的浪潮，尤其在法國革命的影響下，英國先後成立了不少改革集團，如「人民之友」(Society of the Friends of the People)、「支持權利法案協會」、「約克郡協會」，「威斯敏斯特協會」、「革命協會」、「憲法信息協會」等等。由於工廠的發展，工會也開始紛紛組織起來了，在1824年取消了限制工會活動的法律之後，工會的發展就呈現出更加公開和更加迅速的趨勢。一些重要的商業和企業集團也在各大城市裡相繼問世，如在格拉斯哥（Glasgow）和貝爾法斯特（1783年）、在愛丁堡（1785年）、在曼徹斯特（1794年）等。一些重要的製造業集團也組織起各種貿易協會。總括來說，在這一時期建立起來的壓力集團還只屬於地方性或地區性的，缺乏全國性的協調行動。

19世紀後半期是壓力集團發展的又一個高潮，其特點是：首先，由建立地方性的集團逐步朝建立全國性的職業集團發展，主要原因是當時大多數工業利潤下降，生產成本上升，使企業界產生了一種危機感，又必須成立全國性的、有約束力的代表機構，以便有效地進行協調行動，對付來自政府和工會的挑戰，因此，相繼成立了「英國商會協會」(Association of British Chamber of Commerce) (1860年)、「英國鋼鐵貿易協會」(the British Iron Trade Association) (1876年)、「航運聯合會」(the Shipping Federation) (1890年)，在1898年成立了「雇主議會理事會」之後，到20世紀初又成立了雇主的全國性組織。

　　其次，壓力集團的力量明確增強，不再是原先那種思想狹窄而又不開放的組織，如1842年的「農民俱樂部」(the Farners' Club) 並沒有什麼影響，直到1879年就組成了一個很有戰鬥力的「農民聯盟」(the Farmers' Alliance.)。值得一提的是，在19世紀，最有力、最先進，然而又是最殘忍的集團要算是鐵路利益集團，1867年成立了「鐵路公司協會」(the Railway Companies Association)，後改名為「統一鐵路公司委員會」(the Mnited Railway Companies' Committee)，它的勢力滲入到了全國各經濟領域和社會組織，甚至滲入了議會並擁有很強的勢力，1840年，有19名議員，1866年猛增至146名議員，甚至有能力向議會進行挑戰。它一直存在到1848年鐵路國有化。19世紀中期，自由黨在議會中代表著企業界集團的利益，到了19世紀末期便轉到了保守黨手裡。

　　第三，在許多產業方面的壓力集團紛紛成立的高潮中，各種專業性壓力集團也蓬勃興起。19世紀30年代成立了「英國醫學協

會」 (the British Medical Association) ，1848年成立了「書商協會」 (Book sellers Association) ，1870年教育法通過之後，成立了「全國小學教師聯盟」 (the National Union of Elementary Teachers) ，也就是後來的「全國教師聯盟」 (the National Union of Teachers) 的前身，它在改善教師條件，提高教師地位等方面取得了相當的成功，從而導致產生了1902年的又一個教育法。1895年成立了「出版商協會」 (the Pub-lishers' Associa-tion) 。

　　除此之外，這時還出現了許多慈善機構和正義事業集團，如1823年的「反奴隸制協會」 (the Anti-Slavery Society) 、1824年的「皇家反對殘酷對待動物協會」 (the Royal Society for the Prevention of Cruelty to Animals) 、1884年的「全國反對虐待兒童協會」 (the National Society for the Pre-vention of Cruelty to Children) ，最有名的是「反對穀物法聯盟」 (the Anti-Corn Law League) 和憲章運動等。這一切形成了壓力集團組織向深入社會領域發展。

　　進入20世紀後，壓力集團又有了新的發展，尤其在政治性和社會性方面都發生了質的變化。首先，壓力集團與政府的關係有了重大的轉變，前者的政治參與較過去大爲增加，尤其在第一次世界大戰中和大戰結束後，具體反映在：由於國家的權力已從昔日的議會逐漸向政府過渡，壓力集團與議員之間的密切關係也相應轉向與政府各部門和文官建立起新的關係，儘管還沒有完全中斷與議員的關係，但其重要性已有所減弱；由於兩次世界大戰緊急狀態的需要，一部分壓力集團特別是工會被吸收進了政府的議事過程。這樣，壓力集團的作用便由過去的被動對抗發展到不同

程度間接的影響政府的政策，有時甚至直接參與決策。政府的這一做法本身增強了壓力集團的權力，從而大大提高了它們的作用和影響。從此，在一定程度上可以說，壓力集團成了政府議事過程中的一個組成部分，但又不屬於政府機構；在認可壓力集團的前提下，中央和地方政府可對某些缺乏財源的壓力集團給予適當的資助，如工黨政府在1947年的「農業法」中規定，向「全國農民聯盟」(Agriculture Act)提供公共基金以及法定的協商權，向「全國無家可歸者運動」(the National Campaign for the Homeless) 提供贈款。當然，能否得到這種待遇，主要還得取決於該集團的存在對政府有無價值或價值的大小。

其次，壓力集團向政治領域發展，無論在廣度和深度上都比過去有了更深刻的變化：壓力集團的組織進一步向政治領域深入發展。在18、19世紀，壓力集團一般主要謀求經濟利益，本世紀以來，尤其在第二次世界大戰之後，壓力集團已進入了主要政黨內部，甚至深入了議會黨團，直接在政黨的領導層中結派，這是前所未有的新趨勢，如保守黨內有「1922委員會」、「弓集團」(1951年)、「星期一俱樂部」(1961年)、「塞爾斯頓集團」(1973年)、「政策研究中心」(1974年)、「保守黨改革集團」(1975年)，以及1985年5月在議會黨團中組織的「中鋒派」等；工黨內有：「費邊社」(1884年)、「論壇派」(1937年)、「勞工民主運動」(19725年)，以及80年代初建立的一批好鬥分子集團，其中有名的便是「戰鬥傾向」(Militant Tendency) 等。

壓力集團向國際化方向發展。在目前形勢下，隨著社會、經濟、文化、科技的不斷發展以及由於國際形勢的變化，壓力集團的目標與方向正在向更大範圍發展，也就是組織起了國際性的壓

力集團，其目標也突破了國界，面向世界，如「促進阿拉伯—英國了解理事會」(the Council for the Advancement of Arab-British Understanding)、「英國—中國了解協會」(Society of Anglo-Chinese Understanding)、「英國猶太復國主義者聯合會」(the British Zionist Federation) 等。此外，近年來出現的國際和平年、國際婦女年、國際住宅年、和平利用空間等等活動，吸引了許多國家，它們都是在新形勢下湧現出來的一種新型國際性壓力集團，將日益引起人們的普遍關注，其影響也將是深遠的，也是現有一切壓力集團所無法比擬的。

壓力集團的組織向廣泛的社會領域發展。如爭取女權運動、反核武器運動、環境保護運動、爭取動物權利運動等，大多數這類運動都在地方開展活動，有些集團如房客協會、鄰居理事會都有著廣泛的地方性，而一些全國性的運動也正在向地方發展，例如反核運動 (the Campaign for Nuclear Disarmament) ，婦女解放運動等。此外，還有一些集團代表著社會中各種貧困者，如窮人的孩子，殘疾人和老人等，為他們的權利進行呼籲。

從以上情況來看，英國壓力集團的產生與發展，由來已久，在第二次世界大戰後更取得了迅速而重要的發展，其原因是多方面的，歸納起來，主要有以下幾個方面：

首先，政府的認可是壓力集團產生和發展的根本前提：從政治方面來說，壓力集團的產生並不是由於政治上競爭加劇的結果，反而是這種競爭的不完善才導致出現許多漏洞；從選民方面來說，除在大選和地方選舉中投票選舉代表外，選民在平常時間有權繼續發揮作用，如對政府的政策進行規勸、批評，甚至提出警告、抵制等，但要這麼做都得通過組織壓力集團來進行，個人

無能為力或至少力量不大。事實上，自第一次世界大戰以來，無論是保守黨還是工黨執政，壓力集團參與的程度都在不斷增加，這便是政府認可壓力集團的有力明證。

其次，社會、經濟的巨大變化是壓力集團產生、發展的基礎：第二次大戰後，政府一方面進行一系列的社會改革，以滿足當時人民普遍希望過和平、安定和幸福生活的要求。另一方面，工黨政府實行了一連串經濟部門的國有化。自此之後，國家對經濟的干預日益增多，加上對福利國家的管理，往往使政府的職能顯得短缺。所以，在制定政策和立法上有必要徵求和聽取民間的意見。這樣，人民的壓力與政府的需要相結合便是戰後以來壓力集團產生的一個重要基礎。

第三，教育事業的發展和科學技術的突飛猛進，為組織各種壓力集團提供了新的依據：二次大戰以來，英國的教育事業有了很大發展，尤其在60年代開創了電視教育之後，全國的受教育面，尤其是高等教育大為普及，文化水準的提高開拓了人們的視野，使人民有了新的覺悟。科技的發達也使人民對環境、消費、和平等方面有了新的認識，目標和要求也不斷提高，同時更促使公眾對政府尚未顧及或沒有得到監督的一些事情予以關注，因此，導致了在60、70年代組織壓力集團的又一次高潮。

第四，每當政府的政策發生重大變化，或要求政府改變現行政策時，便是促發組織壓力集團的又一因素：政府的任何一項政策或立法，尤其在經濟領域，總要涉及到社會中部分人的利益，從總體上來說，涉及國家利益，這就必然要引起各種不同的反應，例如1972年，希恩政府從自由經濟政策突然作180度的轉變，重新實行國家干預，於是，保守黨內出現了「塞爾斯頓集團」。1985

年在保守黨議會黨團中組織起來的「中鋒派」，正是爲了反對柴契爾政府不顧國內龐大失業隊伍的長期存在、卻始終堅持執行反通貨膨脹的緊縮政策，要求政府有一個全面的工業發展戰略，增加投資，減少失業。

第五，人民對政黨政治的興趣日益淡薄，更希望通過壓力集團的形式來促進政府進行改革：1945年以來，人民對政黨、議會的興趣普遍呈下降趨勢，在大選中，選民不參加投票的比例從1950年的20.2%上升到1964年的25.6%⑧。在1979年5月大選中，投票率仍只有76%⑭，地方選舉中就更低。人們寧願組織起各種壓力集團來表明他們的觀點，向政府施加壓力，因爲參加壓力集團可以繞過許多黨內鬥爭，直接與大臣、文官打交道，在某種程度上比參加政黨還要容易達到目的，這正是保守黨和工黨的黨員人數，自戰後以來一直不斷減少的重要原因之一。保守黨黨員總數從1953年的280萬下降到1976年的150萬，1984年又有200個地方選區的黨員大量減少。工黨的非集體黨員從40年代末的100萬降到1982年底的不足30萬。所以，對於社會改革者、促進者、保護主義者來說，壓力集團已成爲一個比政黨更有吸引力的選擇對象。

第二節　壓力集團的特點

在英國，壓力集團的產生和發展已經歷了幾個世紀，至今，其總數不下幾千個，種類繁多，在社會的各個領域裡幾乎都有相應的壓力集團存在，分布極廣，遍及全國各地；參加各類壓力集團的人數也相當驚人，幾乎占人口的一半（47%），其中屬於經濟方面集團的就占29%（工會占22%，企業占4%，專業協會占

3%）。在如此眾多的壓力集團中，歸納起來有如下一些特點：

㈠法律化、制度化

政府與壓力集團進行定期磋商，在法國有憲法的明文規定，但在英國則主要是靠早已建立起來的傳統，這是一種不成文法。在制定一項新政策或新立法的初期，尤其在經濟領域裡，大臣和文官必須與有關壓力集團交換意見，正如愛德華‧布里奇(Edward Bridges) 曾說過：「英國政府的基本特點是：在沒有與那些實際經驗，而且要讓他們執行的人進行充分協商之前，政府不可能試圖制定新政策」⑧⑤。造成這一狀況的原因之一是，由於公司掌握著投資、生產和市場決策的主動權，這些將深深影響著政府如何制定和執行某項公共政策。1966年10月，威爾遜首相也承認：「我們的責任就是要考慮CBI（Confederation of British Industry）、TUC，以及其他壓力集團的意見」⑧⑥。政府和壓力集團都把這種磋商看作是一種必須履行的責任，如果壓力集團不願與政府官員磋商，這就意味著對政府的批評，甚至作為不遵守某項法律的藉口，如TUC攻擊希恩政府1971年的「工業關係法」事先沒有與它進行充分協商，便拒絕與政府合作。

這種磋商是定期進行的，尤其是政府跟CBI和TUC，很多其他壓力集團也都享有這種法定的權利。除了這一傳統之外，在有的特別立法中，對有關壓力集團還有明確規定，如1909年和1918年的勞資協商會法、1924年的國民保健法、保險法，1947年的農業法。「全國農民聯盟」與農業部有著密切的接觸，雙方每年都要討論年度的農產品價格問題，據一份研究報告指稱，雙方「幾乎每小時都有接觸」。自英國加入歐體之後，它又與設在布魯塞

爾 (Brussels) 的「歐洲委員會」有密切聯繫。

㈡機構化

戰後以來，政府的責任擴大了，對壓力集團的需要也增加了，
而壓力集團也同樣想從政府那裡取得所需。由此，雙方經常的接
觸逐漸導致產生機構化，這一現象在本世紀初就出現了，政府與
壓力集團之間建立起了正式和非正式的兩種聯繫，正式的接觸已
逐漸變成機構化，也就是壓力集團的成員參加政府建立的各種委
員會，包括顧問委員會（到50年代後期就有法定的顧問機構100多
個，1978年發展到有特別顧問委員會和常設顧問委員會1560多
個）、行政委員會（1978年有500多個並擁有行政權，能夠制定規
則和分配錢）、調查委員會（本世紀有1000多個）和皇家委員會
（在1945-1974年間有29個），更多的會議則在政府與CBI和TUC
之間進行，如1961年建立的全國經濟發展理事會（National
Economic Development Council），三方代表討論經濟問題。
與此同時，大量的特殊問題就在低級的機構中去考慮。事實上，
許多事情都是由文官與壓力集團的代表非正式地在電話上或面對
面的討論中解決的。任命（或建立）這些各不相同的機構的方法
也不一樣，除法定的機構並要包括特別壓力集團的代表外，其餘
則由有關大臣授權。

壓力集團通過議會來發揮它們的影響，這一渠道雖比不上政
府，但仍有一定價值，主要通過三種方式：支持立法：如果它們
希望改變立法或需要新的立法，就需要議員支持它們的立法建
議，例如，60年代爭取議員們支持它們取消死刑的法案；影響立
法：利用議員的同情來影響立法過程、使它們的觀點在議員中廣

泛宣傳，利用議員幫助它們製造一種有利於它們事業的輿論氣氛；最直接的方式就是在大選中對議員候選人的支持。

除此之外，壓力集團與政府各部門之間同樣有著正式和非正式的會議，保持正規接觸，有時則通過正式或非正式的社會集會，如一名大臣（或首相）爲來訪的外國高級官員或企業界人士舉行午餐會，一些壓力集團的領導人可以應邀出席。每一個政府部門通常會分成幾個職能單位，而每一個職能單位就會跟有關的壓力集團進行接觸，政府的高級大臣必要時也會跟CBI和TUC的代表進行磋商，如在下級達成的協議，要送交上一級批准，重大的協議才交內閣討論和批准。

(三)壓力集團的多樣化

從前文就已經看到，壓力集團存在於政治、經濟和社會的各個領域，但歸納起來，基本上分解兩大類，一類是各個部門的利益集團，另一類則是促進（某一事業）集團。利益集團產生於社會中的各經濟部門，代表從事於某種職業、專業、商業的人，如店主、礦工、公司經理等，主要任務是維護和促進其成員的利益。促進集團的目的是要進一步促進某一特定的事業，人們參加這種集團是考慮到它確有一定價值，或是持有某種特別的態度，故促進集團也被稱爲事業、態度、思想和偏愛等集團。利益集團的成員大部分並不是自願參加的，僅僅是由於他們從事於這一職業。而促進集團的特點是，其成員都是自願參加的。並不是爲了個人的經濟利益，而是著眼於地區性，全國性乃至世界性的問題。

在八〇年代，這種促進集團主要集中在五個著名的範圍，即國際事務、環保、福利、人民自由和動物權利等。

國際事務

　　主要有三個：核武裁軍運動 (the Campaign for Nuclear Disarmament)、國際大赦和援助活動。

　　⑴核武裁軍運動：在和平運動中是一個最有名的組織，它認為，英國應單方面取消核武器、撤出北約 (NATO) 並採取中立的立場，這是由於公衆對80年代初期東西方核軍備競賽達到高潮而引起了擔心。這一運動發展很快，從1957年建立以來，到1984年全國性的成員有10萬，地方成員有40萬，該運動的領導人甚至比大多數政治家都有名。

　　⑵國際大赦 (1960年建立)：主張對政治犯進行公正、及時的審訊，反對虐待罪犯，反對死刑。該組織的成員是世界性的，有50萬，在最近幾年中又有了實質性的增加。它有全日制職員200名，每年的預算開支達500萬英鎊。

　　⑶援助活動：一般是向不發達國家籌措和分配援助資金和物資，80年代中期主要向非洲的受災國家進行援助。

環保運動

　　它從60年代開始興起並得到很快的發展，到1980年，環保運動的支持者已達250-300萬之衆。環保已成爲一個重大的社會問題，自1960年以來，支持者每10年都有成倍的增加，據估計，現已有100個全國性集團和幾千個地方性集團，其中大多數都有共同所關心的或特別關心的問題，如關於污染、對自然的破壞、地球資源的耗盡等，這類組織有「皇家保護鳥類協會」 (the Royal Society for the Protection of Birds)，有30萬成員。還有「地球之友」(Friends of the Earth)、「綠色和平」(Greenpeace)，這些組織在很多方面都具有當代環保運動的特點，即有地方性

的，全國性的和國際性的組織。

福利集團

這是戰後以來出現的，代表領取養老金者、未成年的孩子，單親家庭、殘障人士和窮人，主要有兩個組織，「兒童貧困行動集團」(Child Poverty Action Group)和「收容所」(the housing group Shelter)。

(1)兒童貧困行動集團：於1966年建立，其主要目的是要求政府的政策更有利於低收入者。70年代，目標集中在家庭的需要，為孩子爭取更高的福利，它指出，自1945年以來，稅收制度已不利於有孩子的家庭。1985年，它發動了一場保護和幫助窮孩子的運動。

(2)收容所：也就是無家可歸者運動（1966年建立），其目的在於為無家可歸者籌款，公布住宅問題，引起政府注意，以及要求政府在住宅政策上給予更多的優惠，使無家可歸者有屋可居。它認為應以立法規定地方政府向無家可歸者提供住所。該組織同樣對大臣、地方官員進行活動，在電視上、在各政黨的年會上進行宣傳。它還影響立法，1974年政府的住宅法使「住宅協會」(Housing Association) 有資格接受政府的贈款來彌補其赤字的10%。實際上，該組織的建議成為政府住宅政策的一個重要來源。

公民自由權運動

全國公民自由理事會於1934年建立。近年來它發起了一場要求取消「官方秘密法」 (the Official Secrets Acts) 運動，要求判定新的「信息自由法」，(Freedom of Information Law)(詳見第十二章)，同時增加地方警察的說明義務。

動物權利集團 (the Animal Welfare Group)

在本世紀70、80年代，出現了許多激進的直接行動集團，包括動物解放陣線 (the Animal Liberation Front)、動物解放聯盟、動物援助、全國反對活體解剖協會、動物權利民兵等。還有一些老的組織，如英國取消活體解剖聯盟 (1894年建立)，在1980年以後的四年內，其成員從2000人猛增到23000人。

以上這些促進集團都是長期性的，因為其目的不可能在短期內達到。除此以外，還有很多短期的或臨時性組織，如反對在倫敦郊區建立第三個機場等，這些集團一俟達到目的，就立即自行解散，因此也就更難以統計其數。

另一類就是部門利益集團。在英國至少有幾千個組織構成了部門的利益集團，通常是企業、勞工和農業三大部分，外加一個倫敦城 (the City of London)。在勞工部門主要是工會，有好幾百個，小的僅30個成員，如熨衣工協會 (Cloth Pressers' Society)，最大的是運輸和普通工人工會 (the Transport and General Workers Union)，1980年有會員2,086,281人。1977年，全國八大工會會員數達621.4萬人，相當於全國工會總人數的一半。在勞力工人工會會員不斷減少的情況下 (1948-74年下降了6.8%)，同期內白領工人工會的人數則在不斷增加，如科學家、技術員，教師及其他職業的雇員，增加了104.7%，達350萬人。

工會的最組織高是TUC (職工大會)，它有一個行政機構，稱總理事會 (the General Council)，直到1983年，由18個工業團體中，如鐵路、礦工等，選出的41人組成。由於白領工人工會的壓力，1983年規定，凡工會成員超過10萬人就可在總理事會中有一個代表，在100-150萬人之間的可有4個席位。這一變化造成的

後果是，在總理事會中，白領工會的代表增加了，勞力工人工會的代表減少了。

現在有三個特點值得注意：(1)TUC已大大地非中央化了，它充其量只是個聯邦性的機構，各個工會大部分是獨立的，有自主權，許多罷工都是非官方的，也就是沒有得到工會官方的批准，如果把罷工的次數、損失工作日的數字進行國際比較的話，英國確實很不尋常；(2)與其他資本主義國家相比，英國的工會也很特殊，政治上，工會與工黨有著密切的聯繫，其程度大大超過美國及其他歐洲國家；(3)影響政府的政策和立法。工會的罷工鬥爭只旨在提高工資，沒有政治目的，公開的政治罷工幾乎沒有，工會期待工黨來達到他們的目標。當然工黨執政時，也不是始終能或願意執行有利於工會的政策。

據1982年統計，TUC所屬約100個工會，會員有1160萬，占全體工人總數的48％，年收入爲200萬英鎊，職員僅130名（1977年），還不到CBI的一半，甚至不如下層的運輸和普通工人工會，它的年收入高達1880萬英鎊，職員有483名（1976年）。

TUC於1868年成立，是勞工的喉舌，一向被看作「工業議會」。一開始，它主要致力於保護、增加工會的權利，但效果並不理想，到19世紀末，它在政治上的中立便遭到越來越多的批評，因爲政府一個接一個的立法已侵犯到工人罷工的權利。之後，它便慢慢與工黨建立了聯繫，並逐漸把工黨推上政治舞台，希望能在議會中有工人階級的代表，以便能更好地維護他們的利益。第一次世界大戰之前，TUC還僅是個院外活動組織，它的行政機構是「議會委員會」。（Parliamentary Committee）在第一次世界大戰中，尤其在1916年後，由於英國經濟的全面動員，工會與

政府形成了密切的合作關係，在與雇主的談判中，有時也能達到目的，這便增加了它的信心。但是，1926年的總罷工卻遭到了失敗。30年代，在工人領袖歐內斯特，貝文等人的領導下，TUC再次恢復了與政府的接觸，這便成了第二次世界大戰中雙方關係迅速變化的前奏。1940年，貝文被任命爲勞工大臣後，TUC與政府的合作更密切了，最明顯的是，TUC的領導與政府的高級官員在有關政策上進行定期磋商，工會向廣泛範圍內的公共機構派駐自己的代表，包括咨詢和行政機構，在許多政策的細節上，TUC與政府有關部門直接進行談判。

　　1945年以後，隨著政府對經濟干預的增多，TUC的作用和影響也相對的提高。60年代，政府對經濟危機進行更多干預時，工會與政府間的接觸進一步發展了：TUC在1962年成立的「國家經濟發展理事會」 (the Council of the National Economic Development Office) 裡幾乎一直是它的代表，與政府的高級大臣、企業集團的上層領導一起，就經濟政策進行討論。在60、70年代，TUC更深入了工資和物價政策的談判，有時甚至提出自己的方案，並在許多全國性和地方性的顧問委員會裡繼續派駐代表。70年代初，希思政府曾通過了「工業聯繫法」 (Industrial Relation Act) 來限制工會的權利，遭到了工會的強烈反對，由此，雙方關係陷入緊張狀態。1974年工黨執政後，與工會的關係暫時有所緩和，當年便通過了「工會與勞工關係法」 (the Trade Union and Labour Relations Act.) ，取消了1971年保守黨政府的「工業關係法」。1975年又通過了「就業保護法」 (the Employment Protection Act) 。此外，還在其他一些事情上也滿足了工會的要求。由此，工會的權力便大大提高了。但是，

到了1977年、1978年，在工資問題上又與工黨政府發生了很大衝突。當時，一些評論家甚至把運輸和普通工人工會總幹事傑克‧瓊斯（Jack Jones）說成是「副首相」，抱怨「工會的霸權遠遠超過了西方的任何國家」⑰，究竟是工會還是政府在管理國家？人們對工會的不滿爲1979年5月上台執政的柴契爾政府對工會採取強硬態度提供了有利條件；經濟不景氣，通貨膨脹嚴重，造成了前所未有龐大的失業隊伍，又給工會造成巨大的心理壓力，擔心失業也大大削弱了工人的鬥志，工人運動陷入低潮給柴契爾政府可乘之機。柴契爾首相的一貫態度是，必須把工會擠出國家最高經濟決策過程，因此，她上台後便採取了一步步的嚴厲措施來打擊工會：她一反常規，很少會見TUC的代表，這一行動使TUC的總書記也感到工會「已處於最無足輕重、最危險的境地了」；1981年激進的諾曼‧特比特（Norman Tebbit）取代了溫和派任就業大臣，對工會態度更加強硬。接著議會通過一個又一個限制工人運動和削弱工會權力的立法。在這幾年中，工會會員每年以2%左右的速度遞減。這一連串的內外不利因素，嚴重削弱了TUC的地位和對政府的影響。

TUC與工黨的聯繫非常密切。首先，工黨是1900年在勞工代表委員會的基礎上成立的。目前，參加TUC的有50多個工會，一半左右的工會會員被吸收進了工黨，占工黨黨員的絕大多數；集團投票制使工會在工黨年會上擁有90%的投票權；在最近的10年中，雙方的正式聯繫加強了，1972年1月，它們之間建立了一個有21名成員的「聯絡委員會」，自1974年制定「社會契約」（the Social Contract）以來，該會在工黨和工會之間建立起定期聯繫，在工黨和工黨政府的決策上發揮著很大影響；在工黨的全國

最高領導機構「全國執委會」 (the National Executive Committee) 的29個委員中，工會占12名，在另外6名的選擇上，工會也擁有很大的投票權，這表明，工會在這裡面占了絕對優勢。

此外，從1981年1月起，在選舉工黨領袖和副領袖上，TUC享有40％的投票權，更不用說工會在地方選區協會中的作用了。以上這一切反映出，TUC在工黨中從上到下都是一支不可低估的政治力量，以致工黨被看成「⅔是壓力集團，⅓是工黨」❽。其次，TUC是工黨的重要經濟支柱。工黨的活動經費主要來自於參加工黨的工會會員交納「政治基金」。第二次世界大戰以來，這種基金占工黨總部收入總數的比率不斷增加，40年代後半期平均每年爲47.4％，50年代上升爲63.6％，60年代再增至71.6％，70年代回降到68.7％，仍然占絕大部分，每年大約爲100萬英鎊左右，大選年份更多。由此可見，倘若沒有工會的資助，工黨不僅無法活動，甚至「威脅到它的生存」。第三，有相當一部分工黨議員直接接受工會的贊助，這是工黨不同於其他政黨的一個特點。工會的這種贊助活動已有很長歷史，從19世紀後半期的開始了，進入議會的頭兩名工人階級議員就是在礦工的贊助下當選的。到今天，這種贊助規模有了很大發展。1945-1951年，工會贊助了工黨議員總數的⅓，1974年10月大選中，工會贊助了128名工黨議員，占總數的40％，1979年5月大選中，這一比率上升到約50％。儘管這種贊助活動並不能給工會帶來直接經濟利益，但至少密切了工會與議員的政治關係。從上述工黨與TUC在政治上的密切關係和在經濟上的嚴重依賴來看，也就不難理解TUC對工黨的政策爲什麼能起重要的影響了。

一般來說，TUC主要通過三個方面來發揮它的影響：通過與

工黨的直接接觸；通過對政府大臣、文官發揮影響；通過組織工人採取或威脅採用罷工手段來向政府施加壓力，爭取政府的讓步。TUC的影響主要應用在收入政策和工業關係上，在政府活動的其他許多領域裡，它的影響就微不足道了，如教育、能源，政務和外交等。

儘管TUC力量很大，對政府的政策能發揮重要的影響，但它仍有一定的局限：

TUC作為勞工運動的最高組織，沒有別的組織能向它的地位挑戰，但它畢竟只代表了工人階級的一小半，所以它並不能代表整個工人階級或所有工會說話，這作為一個壓力集團既是它力量的表現，同時也表明了其力量的一定局限。

TUC又是一個多種利益的集合體，下屬工會各式各樣，利益不盡相同，1971年以後，白領工人工會在經過多年的內部爭論之後，也開始加入TUC，從而使內部構成從體力勞動工人工會為主逐漸轉向白領工人工會，反映了機會及工人就業的減少，而服務性行業和公共部門就業的增加，到1983年，白領工會成員占TUC的⅓，導致在一些重要問題上，如物價、工資、工業關係等，意見常常很難統一，TUC為了取得盡可能團結的來對付政府，往往不得不事先在內部做大量的調解工作，其結果必然是個妥協的產物，有時甚至無法妥協，這樣，在與政府打交道時，自然便削弱了力量，如TUC曾試圖把全國的運輸系統統一起來，但如果把公路運輸轉為基本上由鐵路運輸，就等於向卡車司機的利益進行挑戰。

TUC受內部結構的限制，在工會運動中有一股反對TUC中央控制的勢力。下居工會享有一定的獨立性，TUC不得干涉其內

部事務，也不能背著它們談到協議。其中有一些很強的工會，它們不僅自己擁有一些小工會，而且與政府另有一套單獨直接聯繫的渠道，TUC的限制有時約束不了它們，制裁下屬工會的最高手段是開除，但也很少施行這個權力，只有在1971年9月開除在新的工業關係法之下堅持進行登記的20個工會。不過，這麼做在一定程度上又削弱了TUC的力量。

TUC內部也不很團結，左、右兩翼爲爭奪對TUC的控制不時進行著鬥爭，如在1986年，左翼控制著運輸和普通工人工會，而右翼則領導著混合機械工人工會（Amalgamated Union of Engineering Workers）（這是英國兩個最大的工會）和電力工人工會。在70年代對收入政策和政府加入歐體的政策產生分歧，80年代在支持全國礦工聯盟（the National Union of Mineworkers），工會在礦工罷工以及接受政府對工會內部投票的資助問題上發生矛盾等。

TUC最大的局限是，它缺乏足夠的官僚政治和技術專家的支持，這就大大影響了它制定、執行適應形勢的政策的能力及其運動的效果。

部門利益集團的另一個典型代表就是CBI（美國工業聯合會，Confederation of British Industry）。

CBI是在1965年由三個較老的機構合併而成的：即「全英製造業協會」(1915年)、「英國工業聯盟」(1916年)、和「英國雇主協會」(1919年)，從而成爲英國雇主的最高組織。它的成立既符合現代政府要與一個能代表整個工業雇主的組織進行磋商的需要，也是工業家們爲了改善他們政治處境的需要。事實上，許多工業公司更常把它看作是一個能發揮重要政治作用的組織，而不把它

當作能取得經濟實利的代表,特別是它能促使政府作出讓步,以及作為對工會影響的一種抗衡,更受到工業界的歡迎。

　　CBI的成員主要是工業公司,尤其是製造業公司,約有2500個雇主協會,15000多家公司(1978年),還有一些大的商業銀行和清算銀行、保險公司等。此外,還包括一些國有化企業,但由於它們反對把公共部門賣給私人部門,因而在1971年一些大公司的領導敦促CBI採取措施,縮小黨部門的規模,減少國營部門的主席人數,力圖把它們擠出CBI。於是,1976年,參加CBI的國有化企業便在該會中另外組織了一個有21家公司的集團。

　　CBI的常設機構是總目標委員會(the General Purposes Committee),代表著英國企業界的聲音,有440名職員,每年有近460萬英鎊左右的預算開支(1978年),是一個實力相當雄厚的組織。另外還有34個常設委員會,處理工資、工作條件、經濟、財政、就業等政策,全國還設有12個地方理事會。它的主要作用是為其成員提供各種服務、在與政府部門談判時代表他們、在工業問題上提供忠告和協助、提供技術轉讓服務的信息、以及國外的情況,提出自己的經濟報告等。實際上它提供了類似於一個傳播媒體作用。

　　它向許多國家機構派出它的代表,包括許多公共管理部門、顧問委員會,以及「全國經濟發展理事會」等。由於它與政府各部有著廣泛的聯繫和接觸,使得它在政府的決策過程中能發揮很大影響,保守黨和工黨政府也都感到在許多政策上有必要聽取它的意見,倘若達不成協議,往往要產生麻煩,如1978年,為了使私人公司實行一種非法定性的工資政策,工黨政府曾宣布,不遵從政府的工資政策原則的私人公司,政府將不與其簽訂契約。對

此，CBI作出了強烈的反應，揚言它將鼓勵所屬公司杯葛政府給予契約的條款。同時，下屬的蘇格蘭理事會（Scottish Council）要求1200家公司使政府的新企業無法生存。此外，它還進一步暗示，準備向法院提出申訴。在這種情況下，政府被迫作出了若干讓步。當然，CBI打擊政府的政策並非只此一例。

CBI在政治上跟任何政黨都沒有正式聯繫，不過更同情保守黨的政策。一般來說，工業界和金融界與保守黨的關係一向比較融洽。20年代工業界與保守黨合作得很好，尤其在1926年雙方合作共同挫敗了工會的總罷工。30年代雙方曾一度發生齟齬，1937年，首相內維爾・張伯倫為了應付擴充軍備的龐大開支，提出了「全國國防捐獻」，對公司的利潤或資金徵稅，引起輿論大嘩，工業界和商業界聯合起來進行反對。張伯倫到底不敢冒險，第二年就放棄了這一計劃。50年代至60年代初，雙方基本上仍保持著良好的合作關係。70年代，特別在希恩執政期間，CBI曾於1971年自願限制物價上漲12個月，與保守黨政府進行了一次前所未有的最為成功的合作。進入80年代，它與柴契爾政府在一些經濟政策上發生了分歧，1981年CBI曾發動一場大規模運動，試圖說服柴契爾政府取消雇主對全國保險的沉重負擔。

但CBI與保守黨的關係跟TUC與工黨的關係有著明顯的區別：首先，保守黨決不允許吸收組織起來的企業集團加入黨內，因此，CBI與保守黨之間沒有正式組織上的聯繫，更不如TUC與工黨那麼密切和公開，而是比較隱蔽；其次，保守黨中央的活動經費來源，雖然地方選區協會只能提供¼，而60左右要靠企業界的私人或集團的捐款，在大選年份，這種捐款可高達80%，像「英國聯合工業案」(British United Indus-trialists)、「工業國際」

(Aims of Industry) 這樣的組織更是爲保守黨到各公司去開闢財源的「先鋒」。但是，CBI本身並不向保守黨提供基金，保守黨與這些捐款公司也沒有如TUC與工黨那樣的正式渠道。保守黨黨章規定，所有捐款只交給其他方選區協會或總部，個人不得接受捐款或贊助，而且這種捐款，包括捐款者和捐款數歷來都是保密的，直到1968年才予以公開；第三，CBI的主席是一個重要職位，一般都由保守黨中退休或離職的高級官員擔任，如70年代初的坎貝爾·亞當森是保守黨政府的 (Campbell Adamson) 前主要工業顧問，1977年的沃金森勛爵 (Lord Wathinson) 是保守黨的一位前內閣大臣。此外，有相當比率的保守黨議員與工業、商業、農業利益集團有著積極的聯繫，即使在他們離職或退休之後，往往都到大公司中去任職。如果說，TUC與工黨有著密切的組織上的聯繫，那麼，CBI與保守黨則有著一種本能的、更爲深刻的感情上的聯繫。

作爲對政府的一個壓力集團，CBI希望能爲英國的整個工業界說話，但實際上，它卻似乎從未成功地成爲工業界的權威，原因之一是，與TUC一樣，它也是一個多種利益的集合體，要調和內部各種不同企業的不同利益實在是太困難了，因爲它們的利益往往是互相競爭的，這也正是CBI較TUC晚了將近整整一個世紀之後才成立的原因之一。早在1785年就曾試圖建立雇主協會，尤其在全國的製造業方面，但未能成功。在19世紀後半期和本世紀初，也曾幾次努力，結果都以失敗告終。西德的經驗也同樣如此，有些公司發覺，還是本行業的協會更能代表自己。更有一些大公司乾脆繞過CBI，直接與政府打交道。

CBI的最大弱點是，在它從各個經濟部門吸收成員時，它受到

大製造業公司的干涉。此外，它在代表服務性行業的利益方面，幾乎不起什麼作用，而服務性行業在英國經濟中所占的地位卻愈來愈重要。CBI在代表小公司的利益上，被稱爲「不負責任的寡頭統治」。爲此，1971年，許多小公司退出，另外組織了「小企業協會」 (the Small Business Association) ，後改名爲「獨立製造業協會」 (the Association of Independent Businesses) ，代表著3000多家小公司。

在原則上，TUC與CBI是兩個利益相對立的組織，前者維護工人的利益，後者則代表雇主的利益。但是，從上述TUC與工黨的關係，以及CBI與保守黨的關係來看，在各自的關係中，往往於和諧中包含著矛盾，合作過程中又時有衝突發生，因此，這就爲TUC與CBI之間在一定時期、出於某種共同的需要或利益，取得某種程度的妥協，或採取聯合行動，就完全有了可能，這是英國勞資關係的一個特殊現象。

還在CBI成立之後不久，即於1967年1月，它便與TUC共同組織起了一個「聯合委員會」 (Joint Committee) ，爲雙方代表就共同關心的問題進行非正式的商討提供了一個場所。該委員會每月召開一次會議，就經濟政策、物價、收入政策以及工業培訓等問題，廣泛交換意見。70年代中期，雙方的合作又有了進一步發展，先後成立了「人力服務委員會」 (the Manpower Services Commission) (1974年) ，負責創造就業機會、工作安排和訓練；「健康與安全委員會」 (the Health and Safety Commission) (1975年) ，協助制定規章、監督工人的健康與安全；以及「調解和仲裁機構」 (Arbitration and Conciliation Service) (1976年) ，調解工業關係中的矛盾和爭端。雙方各向

這些機構派出3名代表。1981年，CBI對柴契爾政府的反通貨膨脹政策進行了尖銳的批評，總幹事特倫斯・巴克特（Terence Beckett）甚至與TUC的領導討論了他們的共同立場，試圖迫使柴契爾政府改革政策。

值得注意的是，英國二百多年來，最大、最有力量然而又沒有組織起來的一個特殊形式的壓力集團，就是「倫敦城」。

這是一個很具特色、很成功，卻又很不同於一般的壓力集團，許多大的金融機構，包括銀行、股票交易、黃金買賣、證券、保險等總部都設在相互間只有幾分鐘的路程之內，從而形成了一個內聚力很強的共同體，它享有比任何重要的利益集團還要大的自由來管理它自己的內部事務，很少依賴於正式的院外活動或一般的壓力集團組織；這裡的許多金融機構都是由一批社會中久經鍛煉、經驗豐富、精明幹練的金融家管理著，一小部分上層社會的家庭之間被親戚關係和經濟利益緊密地聯繫在一起，對該城的生活起著「大得不成比率的影響」，這種社會團結使該城在行動上能採取統一步調；由於中央銀行「英格蘭銀行」（Bank of England）也設在這裡，很自然就成了倫敦城的代表，它對這裡的經濟管理和調節等方面，對政府有重要作用，同時也代表該城的利益，把各種意見提交給政府，它能接觸政府中最重要的決策者，尤其能影響政府的帝國政策。有這麼一個有力的靠山，倫敦城長期以來沒有興趣與其他企業或商業集團結盟，而是自成體系，獨樹一幟。近年來，這種特殊的模式發生了一些變化，英格蘭銀行與倫敦城的利益越來越分開了，倫敦城的事務也越來越受到政府的干預。不過，總括說來，它還保留著原來的許多特色。

在農業方面，英格蘭、蘇格蘭、威爾斯和北愛爾蘭都有全國

農民聯盟的組織，代表當地絕大部分農民的利益，同時每年與政府討論農產品價格。與企業和工會的組織一樣，全國農民聯盟也為其成員提供各種服務，尤其是忠告和信息，以及在與政府進行談判時代表成員的利益。跟其他兩個部門利益集團（即企業和工會）不一樣的是，農業方面的利益集團只涉及一個政府部門，即農業部，所以，跟政府的關係更加集中，在很多方面比TUC和CBI更有組織。

跟CBI很相像的地方是，全國農民聯盟有一個大的全國性理事會，最有影響的人擔任其主席和總幹事。在全國性組織下便是郡的分支機構，它們都是很活躍並組織得很好的集團，尤其在大的農業郡。在傳統上，農民大都是保守黨的有力支持者，但是，全國農民聯盟以及在郡的各分支機構傾向於採取中立的立場，不過這是戰後以來的事，在1945年以前，跟保守黨就有著更為密切的聯繫，儘管它表明沒有正式的黨派偏見。

第三節　壓力集團的作用

英國壓力集團的數量很多，所發揮的作用也是多方面的，它們在政府管理國家事務的過程中，發揮著不同程度的重要作用。為此，壓力集團在英國受到普遍的重視和高度的評價，它們被看作是英國的「第五種財產」、「政府的必需品」，甚至前首相丘吉爾也都把它看作是「王國的財富」。

作為向政府提供各種信息的渠道，這是壓力集團的第一個作用。數以千計的壓力集團，儘管大小不等，但卻從不同的方面、不同的角度，在不同的時期向政府提供各種詳細的信息和意見，

同時也反映著各種不同的利益和要求，使政府與社會的各個方面保持著持續的接觸和聯繫，這既有利於政府掌握全社會的脈博，又能彌補政府工作中的疏漏。所以，壓力集團的出現還引起了補缺拾遺的作用。同時，壓力集團並不受黨派偏見的約束，政治上的獨立更能使它客觀地反映各種社會問題，為政府的決策提供依據。任何一屆政府決不會忽視這一信息渠道。另一方面，在允許的範圍內，政府還可以讓壓力集團事先知道它的政策意圖，以試探它們的反應、徵求意見、爭取支持和合作，從而使雙方在信息的溝通或磋商中為解決矛盾、縮小分歧，至少為解釋政府政策作好準備，在一定程度上減少了不必要的衝突。

其次，壓力集團往往可以對政府起重要的促進作用，同時由於它活動的公開性，對一般民眾也是一種宣傳和教育：英國兩大政黨高層領導的知識水準較高，保守黨內由各類大學畢業的平均在70%以上，工黨也在50%左右，這對制定可行性和科學性較強的政策無疑是一個有利條件。但大臣和文官不可能是各方面的專家，因此在政策的制定中和立法方面，難免有不到之處，從這一角度講，壓力集團正可予以彌補。例如，英國在就業、教育、住宅、服務等方面的性別歧視，以及男女同工不同酬等不合理的社會問題長期存在，為了反對這種歧視，人們已為之奮鬥了幾十年，直到1970年政府才通過了「同酬法」(Equal Pay Act) (1975年生效)，1975年又通過了「反對性別歧視法」(Sex Discrimination Act)。這兩個立法都是在TUC的院外活動一再堅持和促進下才得以通過的。又如1929年成立的「全國禁煙協會」(the National Smoke Abatement Society)，在1953年底曾發動了一場大規模運動，要求政府制定嚴厲的立法來控制人們吸煙，既可保護人

體健康，又可減輕環境污染。儘管當時沒有達到目的，但該集團堅持不懈，一面積極爭取社會內外的同情和支持，同時求助於專家在科學上論證吸煙的危害，終於在1956年通過了「淨化空氣法」。此外，1970年通過的「慢性病和殘障同胞津貼法」，也是在壓力集團促進下的結果。可以設想，倘若沒有壓力集團的大聲疾呼，有些問題就不可能很快得到解決，至少要到政府予以重視時為止。

第三，壓力集團的橋樑作用：很早以來，壓力集團與政治家之間就有著密切的聯繫，議員加入某一壓力集團，或被聘為它的主席、副主席、顧問等職，這就在客觀上形成了一種上下溝通之勢，這種情況今天仍普遍存在，如前首相卡拉漢在1955年就曾被委以「警察聯合會」（the Police Federation）的第一任顧問。最為典型的是1939年建立的「議會和科學委員會」（Parliamentary and Scientific Committee），它與議會的聯繫不僅得到官方的正式承認，其成員除來自科學界外，還有許多議員和貴族。1981年，該會中有79名貴族，140名議員，34名歐洲議會議員，還有158個科技組織，它不時地向議員提供科技信息，提請議會和政府各部對科技成果的關注，以及對某些涉及當前公共利益的科技發展項目的關注等。這是一個很有成效的非黨派組織，甚至許多官方人士都承認，「它的主要價值一向是向議會和政府發揮影響」。㊾1964年還曾專門建立了一個小組委員會來促進議員對科技信息的了解。由此，它充分發揮了下情上達，上情下傳，為促使英國科技迅速發展發揮到了重要的橋樑作用。

第四，壓力集團的協調作用：壓力集團往往能在政府與公眾之間發揮一種很好的協調作用，尤其在雙方衝突尖銳時，這種作

用更不可少。所以，在一定程度上可以說，這是對政府的一種寶貴支持。例如，1971年通貨膨脹嚴重，希望政府遏制的政策失敗，CBI擔心因此引起社會衝突、工資暴漲，或出現法定的凍結工資和物價政策，總之，無論如何對它的利潤和投資會有較大的影響。於是，CBI迅速採取行動，秘密徵求其成員的意見，要求它們自動限制物價上漲12個月。以換取政府的讓步，同時呼籲工會作出相應的反應，自我克制增加工資的要求，同年7月15日，CBI單方面宣布，保證在今後一年中不提出工資調漲的要求（特殊情況例外），政府在幾天之內也宣布了刺激經濟的一連串計劃，這樣使通貨膨脹在這一年內得到了控制，暫時緩和了衝突。這也是CBI發揮成效的一次協調行動。

第五，壓力集團的監督作用：一般來說，有兩種監督，一種是對法律之外的事進行監督，另一種是對執法的情況進行監督。政府的管理工作是多方面的，隨著社會和經濟的不斷發展，政府的分工也越來越細。但是，政府部門設得再多，也不可能面面俱到，更不能顧及或不顧及社會中每一個細小方面，尤其是對一些很敏感的，法律之外的社會問題，政府更顯鞭長莫及，如亂倫、同性戀、虐待兒童等，這些事政府沒有專門機構來處理，於是，壓力集團便可以在這些方面發揮其獨特的作用，促請輿論關注和監督，如「家庭權利集團」(Family Rights Group)、「兒童合法中心」(the Children's Legal Centre) 等等。又如1972年，議會通過的「處理有毒廢料法」 (the Deposite of Poisonous Waste Act) 就是「沃里克郡保護協會」 (Warwick-shire Conservation Society) 成功的監督作用所致。最初，處理有毒廢料是秘密進行的，環保部門根本不予重視，在這種情況下，該

會收集了許多亂倒有毒廢料及其引起公害的例證，並在報紙、電台、電視上廣而宣傳，引起公眾極大的關注，在這一壓力下，政府很快把它作爲一件緊急事情來處理，於1972年通過了立法，比該會預料的日期提前了3年。再如1957年成立的「消費者協會」(the Consumers' Association) ，可以代消費者打官司，維護消費者的利益不受侵犯。這就是對已有立法的實施情況進行有效監督。

第六，壓力集團的參與作用，利用各種渠道向政府施加壓力，以期影響政府政策和法律的判定、修改，這在英國早已形成一種傳統，甚至有的立法中也有專門條款規定，如1947年的「農業法」(the Agriculture Act) 便是如此，規定農業大臣必須與一些人或代表某一機構的領導進行磋商。壓力集團參與政府決策的形式多種多樣，從政府向壓力集團徵求意見、與之磋商、討論，到與一些重要的壓力集團一起共同判定有關的經濟或社會政策，有時壓力集團提出自己的方案，直至首相召集其領袖一塊磋商。當然，壓力集團本身重要性的大小也在一定程度上決定了其參與的形式和接觸政府權力機構的高低。此外，參與的渠道也有好幾方面，如，在政治上可通過政府和個別大臣；在行政上可通過政府各部門和文官；立法方面可通過議會、議員和貴族；司法方面通過法院；黨派方面則通過政黨；公眾還可通過傳播媒體和輿論，以及各種不同的顧問委員會施加影響。

但是，除了上述種種積極的作用外，壓力集團也有其一定的消極作用，它可以採用各種合法的手段（其中最普通也是最有效的便是罷工），對政府的政策、立法進行抵制、阻撓、拖延、甚至予以否定，直至政府垮台，最典型的便是1974年的希恩政府。

當然，也只有很強的壓力集團如TUC才有可能偶爾起到這種作用。

　　透過以上情況的介紹和分析，可以看出，絕大部分壓力集團是一種成員模糊的全國性社會組織。在英國衆多的壓力集團中，除CBI和TUC這兩個基本上（但不是完全）代表著不同階級利益，雙方成員有明確的界限外，其餘壓力集團的成員都包括了社會的各個方面，在同一集團中有工人、農民、各政黨的成員，甚至有議員和貴族，這就清楚表明，在英國，壓力集團不是政治性組織，而是經濟和社會事業性組織。因此，在英國的社會、經濟以及政治生活中，壓力集團早已成爲一個公認的重要因素。政府在承認了壓力集團的價值之後，在判定其政策之前，就會與它們進行磋商，這一措施早已得到廣泛的接受，這就表明，雙方已變得互有需要：從政府方面講，爲了能得到充分的信息和有效地貫徹它的政策，必須與壓力集團進行磋商並能得到它們的合作與支持；從壓力集團方面講，它們必須對政府施加一定影響或壓力，方能維護其成員的利益或促進某一種社會事業。各政黨政府也都接受，建立壓力集團是公民們的合法權利。它們的主要貢獻是：(1)它們是對政治職能（包括社會、經濟和政治職能）的一種重要而不可缺少的補充或延伸。由於政府認可了壓力集團的存在及其在政治上的參與作用，選民能有一定機會以不同的形式和不同程度參與國家的管理過程並作出貢獻。歸根究底，壓力集團爲此提供了一個很有價值的渠道；(2)壓力集團的存在是調和社會各種矛盾和各個階層衝突的一種有效緩衝器，它可以使許多（但不是一切）矛盾解決或緩和，有利於社會的穩定和發展。很久以來，英國一直沒有再出現以奪取政權爲目的的武裝衝突，政局的長期穩

定與壓力集團的廣泛存在及其發揮的積極作用有著一定的內在聯繫；(3)它是繼續維護和進一步鞏固資本主義制度的一個有效手段。在一定的歷史條件下，隨著人類文明的不斷進行和提高，科技、文化的發展，人們的思想也有了深刻的變化，在英國社會中反映出，對立階層之間的矛盾、統治階級與人民之間的矛盾，不一定非通過對抗的手段才能解決，而是往往可以通過適當的調解和妥協，得到不同程度的解決。壓力集團通過全國幾百個顧問委員會、政治各部大臣、文官乃至首相施加影響，政府也徵求它們的意見，這樣，使整個社會形成了一套比較全面的信息溝通渠道，從而為解決各種問題或矛盾提供了有利條件。TUC與CBI共同建立的一些委員會裡，雙方互派代表，共同協調彼此間的要求，調解彼此間的矛盾和分歧，從而形成了社會中勞資之間新型的工業關係。無疑，這一切為維護、鞏固和延長乃至發展英國社會發揮了一定的作用。總之，這些有益的貢獻決定了壓力集團不僅英國有，在西方國家也都普遍存在著，也正是各國政府樂意接受，人民歡迎的真正原因。

不過，對壓力集團的積極作用也不能過於誇大，它畢竟只能起一種輔助性的作用，只是由於它的層面廣，所以才有較多、較大的影響。還必須看到，壓力集團畢竟也有其不足和消極的一面，例如，它並沒有反映出社會的平等。眾多的壓力集團並不是個個都能與政府平等地接觸、磋商，更不用說對政府的影響了。一般來說，能得到公眾廣泛接受的職業壓力集團，如英國的醫療協會和法律協會（Law Society），就比地位較低的教師組織或勞力工人工會享有更大的有利條件，政府在制定和執行政策上必須所依賴的壓力集團是最有力量的，有較強經濟實力的壓力集團，又

比一般的促進集團擁有更大的影響。此外，壓力集團的規模、團結狀況、領導（有無名人）、成員素質等方面的因素，都會影響到它們所能發揮作用的大小。政府方面會更多地重視生產者、較少重視消費者所組成的集團，尤其偏重於社會中受過高等教育的各類專業人員、企業界和商界人士等組成的集團。壓力集團的領導人同樣缺乏代表性。一般來說，一個組織的作用和影響，焦點集中在其成員對領導者選舉的程序上、對決策的作用上，以及對領導者的關係上，缺乏這些，就很難說有多少代表性。在英國，工會的領導人僅在一小部分積極分子中產生，企業集團的領導者（包括CBI）更是指定的，由保守黨的前高級官員充任，其他許多壓力集團為了提高本集團的地位和影響，同樣聘請議員或退休官員來擔任其領導，這樣必然會削弱該集團的代表性。TUC和CBI各自的下屬工會或雇主協會往往憑藉其獨立性，直接與政府各方部門打交道，從而在一定程度上也削弱了它們與政府進行討價還價的能力。壓力集團在濫用其權利時，往往又會在客觀上給國家造成重大損失，例如70年代初期，礦工要求增加工資而舉行大罷工，迫使希思政府在全國實行三天工作週，國家幾近癱瘓。80年代（1984-1985年），由於不同意政府關閉陳舊礦坑，礦工與柴契爾政府展開了一場歷史上時間最長、鬥爭最激烈的較量，給國家造成30億英鎊的經濟損失等。每當此時，不僅政府感到英國已越來越難以管理，人民中也不乏這樣的抱怨：「工會的霸權遠遠超過了西方任何國家」。⑩

第*12*章

嚴格的新聞控制

第一節　傳播媒體的發展

傳播媒體已是當代英國社會不可少的一個部分。

在19世紀，報紙就已成爲一個重要的通訊工具。在本世紀，由於電台、電視的相繼出現，便削弱了它的重要性。其他傳達信息的工具還有錄音、錄影、電影、書籍、雜誌等，不過它們的影響範圍有限，遠遠比不上報紙、電台和電視。

由於地理和人口的因素，英國較早發展起全國性的日報，如《泰晤士報》（1788年）（the Times）、《金融時報》（the Financial Times）等，服務對象主要是中、上層階級。由於人口少，報紙大都集中在英格蘭，倫敦又是全國人口最集中的地方，因此，除了個別例外，英國的全國性日報主要以倫敦爲基地，也就是集中在艦隊街（the Fleet Street）。這樣，艦隊街很早就成了英國新聞界的代名詞。

90年代發展起了普及型報紙，主要針對手工業工人和中下層階級，第一份這類報紙便是1896年由艾爾弗雷德・哈姆斯沃思

(Alfred Harmsworth)（後爲諾斯克利夫勛爵）所辦的《每日郵報》(Daily Mail)，在這之後便相繼出現了《每日快報》(Daily Express，1900年)、《每日鏡報》 (Daily Mirror，1903年)、《每日寫生報》 (Daily Sketch，1908年) 等。這些報紙的讀者遠超過質量型的報紙，如《泰晤士報》、《晨郵報》(Morning Post)（後與《每日電訊報》the Daily Telegraph合併)、《曼徹斯特報》 (Manchester Guardian) 等。由於發行量大，吸引了廣告商的注意，因此，可觀的廣告費成了報業主的主要收入來源，這也是後來把報費定得較低的原因之一。儘管報紙是作爲一種不可少的商業企業來經營，但是，報業主並不是不想利用他們手中的報紙來影響政治上的發展，在本世紀30年代初，保守黨領袖斯坦利•鮑德溫 (Stanley Baldwin) 就曾尖銳地攻擊報界的巨頭力圖把他從黨魁的位置上拉下來，這正是政治家們對報業主始終不熱情、在政治上也不予重用的一個歷史原因。

現在，英國報紙的發行量都很大，1956年新聞紙定量供應結束，爲報紙的發展創造了更爲有利的條件，還由於報紙從19世紀中期由原本專屬於中上層階級，逐漸向中下層階級和工人階級轉移，再加上1870年英國實行強制性的教育之後，爲普及文化奠定了良好的基礎。據統計，在1920年，全國每天報紙的銷售量爲550萬份，到80年代，全國性的大報日銷量就高達1500萬份。1980年，兩份最暢銷的日報《太陽報》 (the Sun) 和《每日鏡報》的發行量分別達到380萬份和360萬份，每一份報紙的讀者都超過1100萬人。報紙的發行量如此之大，表明了人民閱讀報紙已相當普及。據統計，全國有80％的家庭訂閱10家全國性大報，15歲以上的公民有74％以上每人每天讀一份日報，這些數字都高於其他西方資

本主義國家，如晨報的讀者相當於美國的3倍。報費在大多數家庭的開支中所占地位一直不變，在過去的20年中，每一英鎊中幾乎就有半個便士花在報紙上。

全國性的大報大致分成兩類，一類是重質型的，或稱嚴肅性的，服務對象主要是中上層階級，如《泰晤士報》、《衛報》（the Guardian）、《每日電訊報》、《金融時報》等10餘種，這種大報涉及更為嚴肅的政治問題和時事；另一種被稱為普及型報紙，服務對象以中下層人士為主，如《每日鏡報》、《每日快報》和《太陽報》等等。從發行量來說，普及型報紙比重質型報紙要大，重質型報紙不僅價格高，而且有很多廣告，以《每日電訊報》為例，幾乎30%以上的版面是廣告，而普及型報紙的廣告就很少。各種雜誌、周刊很多，共計約有4200多種，涉及範圍很廣，嚴肅的周刊主要有《新政治家》(the New Statesman)、《經濟學人》(the Economist)和《觀察家》(the Spectator) 等。

BBC (British Broadcasting Corporation，英國廣播公司) 是1927年1月1日建立的，最初它壟斷著電台和電視，是一個半國營公司，在「皇家特許狀」(Royal Charter) 的規定下被授予廣播許可證。它的收入一直是來自向收音機持有者徵收許可證費（1971年取消），後來從1946年起，則對電視機持有者征收許可證費 (Licence-fee)，並一直持續到今天。

1954 年，由於建立了ITA (Independent Television Authority)（獨立電視公司），BBC的壟斷地位就被打破了，該公司被授權向節目契約公司發放在一定範圍內播送的許可證，同時進行有償廣告活動，以維持其財政開支。1955年第一家商業獨立電視台（ITV）(Independent Television) 開始播送。到60

年代，英國的電視網已完善地建立起來了，1960年就發了1000萬份電視許可證，而且在以後的幾十年中擴展的更爲迅速。1964年，BBC的第二頻道開始播放，爲文化和教育領域內少數人的口味提供服務。1967年，BBC又開始試著建立地方台來補充它在全國性服務中的不足，在6年之內建立起了20個新的地方台。在70年代，第一次授權建立獨立的地方台，僅1976年就建立19個。

1983年初，BBC在一個新的特許下，開始進行早晨廣播，稱爲「早餐電視」（Breakfast Television）。到1983年中，英國的聽衆和觀衆就可以收聽、收看到從不同的電台、電視台播出的大量節目。兩個主要電視頻道BBC和ITV保持著最多的觀衆。

第二節　一個封閉型的國家

從新聞角度與其他西方資本主義國家比較，英國是一個封閉性程度很深的國家，而且這種封閉性歷史悠久，這與英國整個社會的保守性是相輔相成的。對新聞的控制就是這種封閉性的一種反映。

1983年3月，來自美國、加拿大、英聯邦和其他歐洲國家的一個國際政治專家小組在布萊克伍德（Blackwood），討論內閣委員會的問題，會上跟其他西方國家的比較中，很快就清楚地顯示出，其他國家要比英國公開得多，可以向人民講的有關政府如何工作的情況也比英國的要多得多，更重要的是，這些國家的安全並不因此而受影響，政府的工作也沒有因此受到損害，事實上，有些國家甚至取得了比英國更高的經濟增長率和收入。另外，來自斯特拉思克萊德大學（Strathclyde University）的分析家也

報告了一個情況，他們接觸了「經濟合作與發展組織」（Organization for Economic Cooperation and Development）的全部成員國的大使館，這些國家都有議會制度，在問及他們的內閣委員和行政上有關組織的情況時，11個國家的大使館予以了合作，唯獨英國和愛爾蘭不予理睬。

倘若把英國政府跟美國和瑞典的公開型政府作比較，就更加突出了英國政府的封閉性。美國在1966年通過的「資訊自由法」（1967年生效），建立起這麼一條整體原則：除涉及國家政務、外交政策的文件、根據法律執行的調查檔案、私人信息、貿易秘密，以及由其他法規保護的秘密外，凡聯邦政府掌握的檔案可供任何人檢閱和抄錄（複印），如果拒絕公開某一份文件，就可以在聯邦法院被起訴。這項法律最初曾遭到官僚機構的反對，但在1974年國會（U.S. Congress）又通過了一項修正案，進一步加強了這一法律，並明確規定，法院可審查行政機構對政務和外交關係文件是否予以過高的定級，同時還規定了機構給予文件的時間，對不合理的拒絕公開文件就要給予行政處罰。英國有一位學者曾應用此法迫使美國一聯邦政府不僅提供了他所需查閱的檔案，而且還得到了其他一些在英國屬保密的檔案。

瑞典政府的公開性就更早，程度也更大，從而成為北歐其他國家的標準。因1809年以來，瑞典就把「公開檔案法」作為其憲法的一部分，任何人都可以審查政府的秘密法規定範圍之外的檔案，包括電腦儲存的檔案。但是，有關國家安全和外交關係在內的43種文件不准公眾檢索或抄錄，信息的機密來源也受法律保護。執行政策的管理部門雖然是獨立的，大臣對它們所幹的事並不像英國那樣要有大臣負責，但也服從於這一規則，它們大多數

檔案都是公開的，要想保密，就必須上訴來證明其正確，並要得到批准。近年來，芬蘭、丹麥、挪威在進行適當的修改之後，也採用了瑞典式的制度。荷蘭也在1978年12月通過了一項類似丹麥的法律。歐洲理事會（the European Council）同樣正在認真考慮措施，要求成員國（包括英國）採用政府一般的檔案能公開的法律。

　　然而，英國對是否增加政府的公開性存有很大爭議：如果政府更加公開的話，那麼英國是否就會管理得更好呢？這是本世紀英國普遍存在的一種疑慮。一種反對意見是基於對習慣和效率相結合的考慮，在英國，秘密政府是一個傳統，歷來如此，為什麼要改呢？尤其是在英國政府做得不錯、或至少比大多數國家更好的情況下。另一種反對意見認為，對公開政府進行立法只適用於有不同政府結構的國家，但不適合於英國的議會民主。這後一種觀點可以說反映了保守黨的觀點，他們就認為不能採用這種法律，因為過去從來沒有這樣要求過。第三種反對公開政府的觀點認為，政治家和文官只有在不對他們的討論進行報導的情況下，方可更加坦率、更加公開他們的觀點。因此，對這種討論就需要加以保密。還有一種有關的論點認為，如果政府的檔案向公眾公開，那麼公開的檔案也就暴露不了什麼東西了。此外，公開政府還有一個實際問題，也就是公開政府的代價太大，即使按美國標準來計算，英國每年也得化費上億英鎊，因為建立起一種公眾接觸政府信息的制度，必須使行政上的實踐和檔案保存的方法與之相適應。此外，在解決部門與公眾之間的爭端中，不管採取什麼措施也都得花錢。1911年，基思·米德爾馬斯（K. Middlemas）對英國的制度作了中肯的分析之後，他認定，英國是西方世界中

最秘密的政治社會之一，輿論的管理和操縱已成爲一個持久的過程，各級秘密的機構化，加上一個封閉型的政治環境，已使英國公民成爲「政治盲」。這種說法雖有一定的誇大，然而也不無道理。

在這個問題上，兩黨政府的態度基本上是一致的。1974年，工黨在大選的宣言中許諾要開放政府，官方秘密法的第二部分不僅要取消，而且要有一個新的措施來使「政府說明保守消息的理由」。但是，在1978年7月19日的工黨政府白皮書中絲毫沒有要履行這一許諾的意圖。在1979年5月的大選中，保守黨的競選宣言毫不掩飾地表白，如果保守黨獲勝，它將非常重視更大的公開政府。這種許諾很具說服力，以致於人們認爲保守黨相信了更加公開的政府會成爲更好的政府。然而，工黨和保守黨的這些許諾不過是一些漂亮的言詞和空話，其目的只是想吸引選民的選票，並沒有任何法律上的約束力。所以，兩大政黨的競選宣言與它們各自的實際政策之間都有一定的距離。柴契爾政府執政後，跟威爾遜、希思、卡拉漢政府一樣，對公開政府同樣持徹底的懷疑態度，正如他的一位高級大臣所說，首相沒有時間開放政府，她甚至根本不相信爲內閣開放政府。幾乎是作爲一種政治風格，保守黨人並不重視讓選民真正知道很多信息，這種傾向在柴契爾首相身上反映得更清楚，她喜歡決策從上面貫徹到下面，而不是從下面反映到上面來，在她的眼裡，官方的信息要比對政府的批評更加是政府的「寶貴財富」。因此，就政府的公開程度而言，人們稱柴契爾政府籠罩著一個「新的冰河期」。

但是，在英國畢竟不乏贊成公開政府的論點。人們認爲，在英國，必須有一些合法的秘密，重要的秘密甚至必須用刑事懲罰

來保護。但對於政府其他的信息是否應正規地向公衆公開，或者是要到政府授權後才可以公開，這就應取決於其理由是否經得起批評和調查。這種論點的根據是：秘密至少爲政府武斷地行使權力和營私舞弊提供了方便❾。此外，大臣、首相向議會負責，這在過去是很充分的，但今天已不再充分了，因爲議會對大官和首相的質詢，儘管是一種有效的手段，但在時間上的限制太大，更何況還有種種範圍上的限制。所以，議會作爲了解、監督政府的唯一機構，這已經不夠了。因此，更加公開的政府是必要的，也是必須的。但是，不幸的是，這種論點尚未得到執政者的接受，尤其是兩大政黨領導人的接受。因此，英國政府成爲西方資本主義世界中的一個很封閉型的政府，也就不足爲怪了。

說英國是一個封閉型的國家並不是沒有根據，它的官方秘密法、防務警告制度 (D-notices system) 和檔案法長期牢牢地封閉、並擴大了政府的秘密範圍。使政府嚴格地控制、操縱著新聞報導和傳播工具。

官方秘密法，這是反映英國封閉型國家實質的第一個法律，尤其是對它的第二部分，長期來一直存在著很大爭議，要求改革的呼聲持續不斷。但是，歷屆政府對此的反應始終是很消極的。

1889年，英國頒布了第一個涉及保護官方秘密的法律，範圍包括處理間諜案和洩露官方信息行爲。1911年頒布的「官方秘密法」取代了第一個法律，並一直沿用至今。該法分兩部分，第一部分涉及間諜案以及與敵人（直接或間接）互通信息行爲，如果有害於國家的安全和利益並觸犯這一部分法律，就要被監禁14年。總括來說，對這一部分沒有多大爭議。但對第二部分就不一樣了，原因是，第二部分比原來的更擴大了，把受法律保護的範

圍擴大到官方的訊息，但並不與國家的安全有關的所有文件和信息相同。如果告訴沒有得到授權的人而不管這種信息的本質和重要性如何，或沒有得到授權而獲得這些信息，都是一種犯罪行為。更為嚴重的是，這第二部分還常常導致一些荒唐的起訴，如1977年2月18日，政府逮捕了兩名記者和一名前士兵，控告他們三人觸犯了官方秘密法的第一部分，但因證據不足而改用第二部分來定罪，結果對前士兵緩期宣判，對兩名記者有條件釋放。這一案件引起輿論的強烈批評，並再次觸發了要求改革該法的壓力。

但是，對該法的改革在經歷了一段曲折的過程之後，仍然沒有什麼大的或根本性的變動。1970年大選中，保守黨許諾要消滅政府中不必要的秘密，並重新審查官方秘密法的執行情況。執政後，特地建立了弗蘭克斯委員會 (Franks Committee) 進行調查，於1972年發表了調查報告，建議取消第二部分，代之以一個範圍更窄的「官方信息法」，使保密範圍限定在政務、國防安全、外交關係、武裝力量和武器、情報服務、條約、貨幣和國家儲備、法律和治安，以及內閣的事務等。但對這些建議仍有很大爭議，據一位律師評論，它實際上仍傾向於限制。該委員會跟許多其他官方調查一樣，並沒有觸及問題的實質。在1974年大選的競選宣言中，工黨又許諾可能要在美國和瑞典模式的基礎上進行新的立法。在卡拉漢首相執政時，在後座議員的壓力下，於1976年專門建立了一個內閣委員會來討論這件事。1977年7月6日，在卡拉漢首相的堅持下，國內文官首領道格拉斯·艾倫 (Sir Douglas Allen)（後為克羅根勳爵）向全體常務次官發表了一封信，敦促各部門公開更多決策上的背景文件，這一「克羅根指示」後來在《泰晤士報》上洩露後，公眾才知道。同樣，議會內外的一些

集團都積極開展院外活動，支持在信息自由方面予以新的立法，議員組成了各政黨的委員會，一些官員或民間組織也紛紛發表改革建議。但是，1977、1978、1979年連續3年有關這方面的議案都被擱置。1978年7月，工黨政府曾拿出了改革官方秘密法的白皮書，但是沒有政策文件，在議會中引起一陣騷亂。1978年，工黨全國執委會草擬了它自己的信息自由法案，並得到工黨年會的一致通過，然而，卻遭到卡拉漢首相和工黨高級大臣的拒絕。1979年1-3月，自由黨議員克萊門特‧弗羅伊德（Clement Freud）提出的「官方信息法案」已在下院通過了委員會階段，而且在毫無反對的情況下通過了二讀（Second reading）。但是，1979年5月工黨大選失敗，這一議案又被擱置。

在柴契爾夫人作保守黨前座發言人時，一次在議會介紹一位議員的私議案中，她利用了弗蘭克斯勛爵的話：「對任何獨裁行動最大、最有效的檢查就是公開」❽。在她任保守黨黨魁時，她向電台、電視台和報紙編輯公開了她個人的、以及全部影子內閣成員的電話號碼，並說：如果她的任何同僚拒絕記者的採訪，就打電話告訴她，同時認為應該改革官方秘密法。但是，她上台執政開始，徹底拋棄了過去的一切言行，立即撤消了「克羅根指示」，在一封致政府各部門的機密信中確認，她的政府並不準備制定公眾接觸官方信息的立法。1980年12月，一項受到工黨後座議員支持的「官方信息法案」又被擊敗。這一系列的事實充分反映了英國封閉型政府的頑固性和決策者們腦中秘密觀念的根深蒂固。有人認為，美國的「水門事件」如果發生在英國，永遠也得不到暴露，原因是「官方秘密法」就阻止了新聞記者進行新聞調查。英國政府歷來對信息的操縱和控制成了進行統治的關鍵方法，把政

府在政治上暫時的利益永遠高置於公民參與接觸政府官方信息的權利之上。因爲，對大臣和文官來說，政府掌握的信息和秘密就是政府的「財富」和力量，尤其在與議會打交道中，首相和大臣就可擁有很大的優勢，對操縱傳播媒體同樣是一個十分有利的武器。因此，在政府眼裡，給予公眾任何接觸官方秘密信息的權利，就是對秘密政府的侵犯，這是第一塊「多米諾骨牌」（domino），跨出了這一步，就會使政府完全暴露在陽光之下，或者是處在透明的玻璃罩之中。這就是爲什麼首相、大臣和高級文官堅持要由政府來處理大量信息的理由。簡而言之，兩黨政府操縱和控制官方信息，就是力圖要擺脫議會和公眾的監督。

從另一方面講，民眾普遍認爲，作爲一個具有傳統的議會民主國家，接觸、了解政府官方信息（受法律保護的除外）是公民的一種權利，「而信息的權利並不單純意味著檢查濫用權力、或是對個人的不公正，而是爲了大家的利益，旨在提高政府的質量」❾❸，政府的決策很重要，但「白金漢宮並不壟斷著智慧，事實上，在有些領域裡，甚至有一定的偏狹和無知」❾❹，這也正是60年代以來，政府首相一直從外部聘請政治、經濟顧問的一個原因，同時也是近年來爲什麼公眾和新聞機構要求電視實況轉播議會中辯論的一個重要原因。而這一切又正如科林·西摩龍爾（Colin Seymour-Ure）所指出的：「在英國的政治文化中，『有權利知道』（政府信息）這一價值並沒有深深地樹立起來，這種秘密文化是由於沒有成文憲法所造成的，除了法律上的限制外，它還受到憲法常規的進一步支持」❾❺。

反映英國封閉式國家的另一個標誌是它的「國防警告制度」。這一制度的存在是英國的獨特現象，據國防大臣稱，除英

國外,目前世界上只有澳大利亞才有這種制度。這一制度是在1911年「官方秘密法」生效後一年,也就是在1912年制定的,由一個「國防警告委員會」向傳播媒體發布的一項機密國防警告制度,要求它們不得發表有關正在考慮之中的、跟國家安全有聯繫的任何消息。這一制度是英國政府與新聞界、廣播機構之間達成的一種自願安排,雖說不具備法律的同等效力,但起著保護國家利益的作用,所以,得到新聞界的一貫尊重,如果記者故意破壞這一制度,就有在「官方秘密法」的約束下遭到起訴的可能。

現行的國防警告制度是在1971年重新制定後頒布的,禁止記者報導的範圍包括以下10餘項有關國防方面的條款:(1)國防計劃、活動能力和準備情況;(2)軍事武器、武器系統和設備的分類;(3)皇家海軍軍艦的建造和海軍設備;(4)飛機和飛機引擎;(5)核武器和設備;(6)拍照;(7)戰爭罪犯和逃避戰爭的罪犯;(8)國防—戰爭警惕和民防;(9)電台和電達發射;(10)情報服務;(11)密碼和通訊等。

國防警告委員會由15人組成,其中4個是高級文官,11個來自國防、新聞界和廣播委員會 (Broadcasting Committee) 的代表,從數量上看,新聞界的代表占多數,但實際上被文官操縱著,而且對政府太多的秘密持批評態度的記者進不了這個委員會。由於這一制度非常秘密,做為宣傳工具的雇員對此幾乎一無所知。

對於這一制度,國內外新聞界有著不同的反應:在英國,《每日電訊報》、《每日郵報》、《每日鏡報》、《星期日電訊報》和《星期日鏡報》等編輯部都贊同這一制度,並同意盡可能持久地保持下去,因為這一制度對防止洩漏軍事秘密確實作出了有效貢獻,還因為它在僵硬的官方秘密法與成文法之間提供了一種靈

活的安排，保護了國家的利益。

　　但反對者認為，這一制度是新聞界單方面接受了文官要求公眾相信的東西，它既對英國的新聞品質造成巨大損害，也是對英國民主機構的勇氣和責任的破壞，使英國社會瀰漫著秘密，如果記者繼續受這一制度的威脅，那麼，國防警告制度很快就將變成「政府警告制度」，換言之，就是要限制記者對政府方面消息的報導，這一來就更加重了政府的封閉性。《泰晤士報》記者認為，英國存在著太多荒唐可笑的謹慎，尤其是用國防警告制度來保護白金漢宮，實際上，這就完全為政府濫用權力打開了方便之門，因為政府和文官不僅誇大了國家利益的概念和範圍，甚至在為自己服務，這對英國的新聞自由和公眾的利益無疑是一種危險。許多政府官員也認為，這一制度是政府用來壓制報導令政府頭痛消息的一種手段。

　　在美國記者眼裡，這一制度令人迷惑不解。他們認為，在戰爭時期，施行這種制度還可以理解，但在和平時期，由政府與新聞界共同執行新聞自我檢查制度，在美國不要說沒聽說過，更是不能接受的，「這無異與囚徒戀愛」，甚至為記者本人鑄造鎖鏈。此外，這麼做就規定了政府與新聞界之間的正式關係，這在美國也是不可思議的，儘管美國記者與政府官員也有密切的個人關係與接觸，但並沒有一種正式的制度存在。

　　英國的檔案法是反映其封閉性的又一個明顯標誌。

　　用刑事懲罰來保護國家的某種機密檔案，尤其是涉及國家的國防、外交、情報之類很敏感的文件，這是合理的，也是必需的。而有些文件的敏感性和機密性會隨著時間的推移而有所減弱，直至消失。基於這種情況，文件的機密級別就應當逐步降低，直到

不再列入保密範圍，各國政府都這麼做。但是，英國的檔案保密程度就非其他國家可比。

英國在1958年頒布的政府檔案法規定，官方的記錄（檔案）要過50年之後方可向外界公開。同時，還建立了一個政府檔案顧問理事會，其成員由律師、高級文官、議員和歷史學家等組成。但是，這個理事會並沒有權力在保留檔案的選擇上提出意見，它只能關心政府部門挑選出來準備予以公開的文件，例如1962年政府檔案辦公室向政府各部門發出指示，每年政府各部門的檔案積起來可達100英里長，政府檔案館卻只能接受一英里長的檔案。但是，如何在100英里長的檔案中保留下有價值的1英里長的檔案（供公開），理事會就無權過問，這樣，理事會成員也決不會知道保留了什麼檔案和為什麼。此外，還特別組成一個內閣辦公室委員會來調查關於被認定是對國家安全利益很敏感的文件——這種文件通常都存放在原單位，根本不會轉移到政府檔案館。

1967年，在顧問理事會和歷史學術界集團的壓力下，政府才決定把檔案保密的時間從50年減至30年，這一來，英國的規定就跟美國一樣了。儘管如此，有些範圍內的文件仍然不公開，例如，關於蘇伊士運河危機的文件等，據說一百年都不會公開。1970年，下列範圍內的文件又延長了保密期，例如不管是安全方面的，還是其他方面的，特別敏感的文件，公開它們必定有損於國家利益；涉及到提供信心的文件，如果公開的話，可能會破壞國家的聲譽和人民的信心；涉及關於私人的信息，公開它會使活著的人或他們的子孫感到難堪和不安。1971年又把部門保密的範圍擴大到具有政治和商業敏感的文件。

此外，另有規定，前政府大臣被允許接觸他在職時曾見過的

內閣文件，不管滿不滿30年。現在這一規定又擴大到包括一定的官員和特別顧問。而一些研究人員，尤其是官方的歷史學家被允許「特別地接觸」有選擇的政府檔案，但申請人一定要履行一項特別手續，也就是在官方秘密法上簽字，不准洩密，同時還要承擔一個責任，即必須向官方提交他們工作計劃的草稿供批准，而新聞記者就從來得不到這種優待。

再從比較的角度來說，英國檔案法的嚴厲程度遠超過其他西方資本主義國家，如在英國屬於保密範圍中的有些關於政務、外交、安全等方面的檔案，即使是一些有關民用、商業上的、甚至超過50年很老的檔案，在英國同樣不準公開，而這些在美國和西歐其他國家的檔案館中就可以查閱到。因此，近年來，英國的學者，歷史學家甚至政治家都習慣地到美國去查詢所需的歷史檔案，尤其是在美國的聯邦政府一級檔案中，如果仔細找的話，還可以找到一些進入美國政府手中的有關英國的特別文件。倘若政府檔案館拒絕提供，就可以根據美國的「信息自由法」，向聯邦法院提出上訴來解決，一般都能如願以償。如，在軍事信息方面，1967年，美國軍事當局準備向國會提供關於三種導彈系統射程範圍數字的聲明，可是，大約在同時，在英國議會政務附屬委員會的證據上，這一數字就被刪掉了；美國參謀長聯席會議主席例行公事地向參觀武裝服務委員會說，這種導彈的射程是3000米。而在英國議會報告這三種導彈時則說：它們的射程大體上是一致的。這就說明，美國與英國在有關軍事消息方面保密程度有著明顯的差距，難怪人們挖苦說：「它對英國的公眾和議會，比對國外的間諜還要秘密」。

關於民生方面的一些信息，英國同樣比美國更保密，例如，

鑒於安全的理由，英國和美國都禁止使用一些食用色素，這一決定是建立在實驗室的試驗基礎上的，這種禁止是否有道理，則完全取決於實驗室的試驗證據。而這些試驗的結果在美國、甚至在聯合國都予以公布，但英國政府就把它們看作為機密，不予公開。

超過30年法定保密期之後仍然有不準公開的檔案，例如在30年代，英國警察對人民飢餓遊行者「監督」的檔案，按規定在60年代應放進政府的檔案館，向外界公開。但是，在1978年人們對當時警察的行為有所揭露，並提出了批評時，大城市的警察發覺這些文件令他們尷尬。於是，政府便把它們從檔案館中撤走了，在遭到議員們的抗議之後，政府才同意把其中一些而不是全部送回檔案館。又如一位歷史學家E‧P‧湯普森，多年來一直努力尋找有關他的弟弟在二次大戰中被（SOE）雇用而死在保加利亞的文件，雖然過了30年，這些文件仍被保密。

當然，也不能忽視在英國的法律中，在要求公開政府檔案方面確實也有一些規定，例如在1974年的控制污染法、同年的健康與工作安全法、1975年的工業法等立法中，都有類似的要求，在1972年的一項地方政府法中甚至規定，如果不提供按規定應公開的文件，直接責任者就要受到懲罰，在1977年確有一個地方政府因違反此法而受到應有的懲罰。

以上情況反映了，英國的檔案法不僅比其他一些國家更嚴厲，而且也不很完善。尤其是英國的大法官在確定檔案的秘密等級上，有很大的自由斟酌處理權，在一定程度上，大臣乃至文官都有權決定和對秘密程度的定級，很顯然，他們對文件的定級必定會強調「安全」的一面，而且對這種定級也沒有一個獨立的審查。因此，在圍繞秘密的範圍和定級問題，以及這種定級是否可

以像在美國那樣在法院受到挑戰，一直存在著政治上和法律上的爭議。實際上，一項強迫公開政府檔案的立法，將是使議會取得增加對政府的控制和監督更為有效的憲法手段，同時也將意味著，議會對首相和大臣的質詢更加有效和更易於報導，首相和大臣要逃避責任就會變得更加困難。

除了上述三種對傳播媒體在管道上的限制外，誹謗法和蔑視(法院)法對記者的新聞調查和報導同樣起著不同程度的限制作用，破壞此法同樣要受到監禁和罰款，歷屆政府都不願意改革17世紀頒布的蔑視法的原則就是很好的說明。這種種限制固然清楚地反映著英國封閉型國家的特質，同時也反映了英國統治者對新聞界所固有的態度，認為：「政府基本上是貴族式的統治，新聞界則是一種卑下的商業性活動，並由機會主義的商人經營」……事實上，英國大多數新聞界都被當局在大部分時間裡看作是一種內在的煽動者，這反映在廣泛的立法中。

第三節　政府與傳播媒體

㈠政府與報紙

傳播媒體主要包括報紙、電台、電視、雜誌和書籍等，它們都是國內外消息、評論、批評等的重要傳播者，以及輿論的組織者和反映者。在英國，報紙「不單純被看作是一種商業產品，而是文明和民主社會必不可少的一部分」、「報紙作為一個發布消息和發表意見的渠道，一直是我們民主體制的一個重要組成部分」、「報紙對於其他一些比較特殊目的，如個人的榮譽和權力

來說，也是很有價值的🗕」。在本世紀的大部分時間裡，英國獨立的報紙比其他任何大國都多，其重要原因是，英國的報紙仍掌握在私人手裡，報業主的收入除靠報紙本身的發行量和廣告費外，只靠其他商業單位的支持，政府除免除報紙的增值稅外，並不提供任何資助，財政上的獨立就使報紙比廣播享有更大的獨立和自由，基本上擺脫了黨派的控制。一位議員在1918年曾怒氣沖沖地抗議道：誰來選舉新聞界？由誰來選舉這些家財萬貫的無賴（報業主）？這話反映了政治家們不能操縱整個艦隊街，而政治家們歷來對支持他們的報業主並不予重視，往往在政府中只委以低級大臣的職位，其政治價值甚至還不如一個大工會的主席。

英國政府對報紙一直沒有正式的控制，間接的控制也只延續到1855年。政府也沒有約定俗成的規定要報紙或其他雜誌給它留版面。所以，政府並不擁有任何報紙。由於英國是兩個大政黨輪流執政，確切地說，各政黨都不擁有或控制一份報紙，除共產黨的《晨星報》（Morning Star）之外。還因為，英國存在著這麼一條不成文的規則：「試圖公開控制輿論的政府一定要行使對傳播媒體工具的控制，而施行極權主義的統治者必定要擁有或者控制報紙、電台或電視。這樣，實行新聞檢查就是政府的一種權利而不會被看作是侵犯人民的自由🗕」。

各政黨雖不擁有報紙，但各家報紙都具有不同程度的政治傾向性，而且這種傾向性一般是不會改變的，除非在特殊情況下，例如與其他不同傾向的報紙合併。很明顯，保守黨最受各報編輯部的偏愛，《每日電訊報》總括來說被認為是傾向於保守黨的，它的社論和各個欄目在保守黨的圈子內受到普遍重視；《每日郵報》、《明星日報》、《每日快報》和《太陽報》（以前是工黨的

支持者）同樣也都支持保守黨，儘管並不是對保守黨的每一項政策都予以支持（如《每日快報》一直反對英國加入歐體）；《泰晤士報》常常被認為是傾向於保守黨的，儘管有很多保守黨人一度曾認為它更傾向於社會民主黨。發行量很大的《每日鏡報》被看作是唯一經常支持工黨的報紙。《衛報》是一份比較激進的報紙，傾向於社會民主黨，或者至少是支持社會民主黨的原則，很少親保守黨。《晨星報》是共產黨的報紙（發行量僅2.5萬份），這是唯一的例外。

　　報紙對保守黨的偏愛是可以理解的，這是由於報紙幾乎排他性地掌握在私人手裡，作為維護資本主義制度的報紙，越來越集中到少數幾個人手裡，加上大多數職業記者、新聞管理人都有著中產階級以上的社會背景，因此，「在對新聞和時事的解釋上，都難免要滲透進他們中上層階級的觀點，甚至可以說，英國新聞的調子主要是保守的，因為它的大部分讀者就是保守的⑱」。

　　關於英國的新聞自由問題，一位維多利亞時期《約克郡郵報》（Yorkshire Post）的編輯說得好，「英國的新聞界，作為一種商業性事業，它受資本家的控制，而作為一種道義上的力量，它受記者本人的控制⑲」。18世紀的一位英國法官威廉·布萊克斯通（W. Blackstone）曾這樣表明他對新聞自由的觀點，而這種觀點在今天仍然應用著：「新聞事業的自由對自由國家的本質來說是必不可少的；但是，這並不包含著事先對出版的限制、在發表時卻沒有對罪行不予檢查的自由⑳」。1953年7月成立的英國第一個「新聞界總理事會」（General Council of the Press），在它與官方組織進行聯絡時，也並不作為新聞界的唯一代表，它並不是一個新聞界的中央機構。結果，英國沒有一個有關的組織

來維護新聞界的利益及其聲譽。1974年建立的「皇家新聞委員會」（Royal Commission on the Press）同樣承認「在民主的進程中，新聞界傳播消息的作用是重要的」，「新聞界需要一定的自由擺脫限制，發表事實和輿論，以促進公眾的利益，沒有這一點，一個民主的選民就不能作出負責的判斷⑩」。這些清楚地表明，在英國，新聞事業既有一定的自由，同時也有一定的檢查和事先的限制，絕對的自由是有的，如記者們在報導中，除受前面所述的「兩法一制」的限制外，還必須考慮議會下院的特權，打破這一特權就是對下院的蔑視，這是法律不允許的，並要受到一定的懲罰。

1976年3月政府頒布了一個有關新聞自由的立法，它規定，必須避免不適當的壓力來歪曲、壓制新聞、評論或批評，以及記者加入工會的申請，尤其是編輯有權解除他們的責任和有權發表任何文章等。

現在，政府與新聞記者有著雙重關係，既有相互依賴的一面——政府成爲向他們提供重要消息的唯一最有價值的來源，又依賴於他們對政府政策進行宣傳和解釋；然而又有互相矛盾的一面。新聞界的首要責任就是取得當時最早、最準確的消息並及時予以報導，而政府則有時要保持沉默，使有些信息謹慎地避開公眾的眼睛。這樣，雙方成了一種矛盾的兩面，既有一定程度的相互依賴，又有一定程度的相互排斥，而決定這種關係的基礎乃是新聞界與政府在許多方面有著共同的利益，包括政治、經濟，以及社會、教育等方面，概括起來，就是希望「把國家管理化⑩」。這種關係直到現在都沒有什麼大的變化，政府對報紙的控制仍然很小。在英國，對新聞自由最大的限制不是政府或有關的立法，

而是它的讀者。讀者對報紙的內容及其生存所發揮的影響比任何單一方面的影響都要大，並遠遠大於聽眾和觀眾對電台、電視的影響，因爲一定數量的讀者是報紙賴以生存的關鍵。

㈡政府與廣播

英國的廣播（包括電台和電視）跟報紙不一樣，在理論上，從它誕生的一天起，就處於政府的控制之下，原因是，廣播這一行業需要政府頒發許可證並要定期予以更新，收入是靠對電視機持有著徵收許可證費，而許可證費的高低必須由政府批准，不得自行處理，但提高許可證費就是增加人民的負擔，對政府來說尤其在大選年是個不利因素，它會影響選民對執政黨的投票，因此，政府不會輕易同意提價。而許可證費又是通過郵政部在全國各地進行收集，無疑這又是對廣播的一項控制。因此，政府對廣播的控制遠遠多於對報業的控制。

1863年，「電動電訊法」規定了這一原則：國家有權在需要時徵用通訊工具。在BBC開始電台廣播、1955年開始了商業電視，後來又增加了商業電台時，每一次的法律都規定得很清楚，大臣有權對廣播的內容給予規定，1936年厄爾斯沃特委員會（the Ullswater Committee）又提出了BBC與政府之間關係的正式條款：BBC對其日常事務的安排是獨立的，但是政府保持著對它的最後控制權。BBC和IBA（the Independent Broadcasting Authority）（獨立廣播局）兩家公司的管理委員會由政府任命或在政府的忠告下由議會任命，政府可以通過它對廣播進行控制。實際上，這一權力從來都沒有被政府「公開地和官方行使過」，「而且幾乎是用不著這麼做」。⑩政黨的政治家們也很少應用，

因爲行使這種權力的意義在於保護國家的利益，尤其是在戰爭時期，而決不是保護任何一個政黨。只要英國繼續維持兩大政黨輪流執政，政治家們就知道，任何集團要想利用國家的權力來反對它的競爭對手，那麼它將付出同樣的政治代價。

　　然而，廣播公司與政府在對公衆利益，甚至包括對國家利益的解釋和處理上，有時存在著矛盾和分歧，因此，自1936年以來，廣播公司跟政府的關係就處在很微妙的不斷變化之中，而且可以說是處在一定程度的緊張之中，如在1926年大罷工中，BBC抵制了當時的財政大臣和內閣罷工委員會中其他大臣的要求，即試圖強行徵用BBC來爲官方廣播，原因是：財政大臣認爲，BBC在新聞報導中小心地在「火與消防隊之間維持平衡」。但是，BBC的客觀報導是法律規定的，它同樣也可以請工黨或工會發言人在電台接受訪問。戰後，丘吉爾擔任首相之後，不時地與BBC發生爭執，認爲BBC在不同的政治派別之間執行不偏不倚的立場「達到了一種可笑的程度」。保守黨中很多人甚至堅持認爲，1945年大選保守黨慘敗於工黨乃是BBC造成的。如果說上述事例還比較遠的話，那麼1956年11月BBC對英、法兩國夥同以色列入侵蘇伊士運河的報導就反映得更清楚了，它提供了戰後以來BBC反抗來自政府過多壓力的最突出的例子。危機期間，BBC的國內電台、電視及其對外廣播都遭到艾登首相的攻擊，他認爲在發生與國外的衝突時，它們應更支持政府的行動，反對派或反對黨的觀點不應予以廣播，在對外的廣播中應向外部世界展現出英國是個團結的國家。但是，BBC認爲不能放棄它一貫的做法，「感到有責任反映全國民衆不同的聲音」。同時，BBC還堅持，在大的政黨之間存在著爭議和不一致，應允許每一方接觸廣播媒體，允許對政策

進行公開的討論。這一立場使BBC面臨相當大的壓力，一度使它的生存都面臨威脅，因為艾登要求大法庭馬克斯韋爾‧法伊夫(Lord High Chancellor Maxwell Fyfe) 準備一個文件，以便把BBC完全置於政府的控制之下。在1982年的福克蘭群島危機中，BBC在兩套節目中同樣都反映了不同觀點的反對意見，以致艦隊街都譴責它不愛國。柴契爾首相在1982年5月6日的一項聲明中，也對BBC的立場提出了批評，認為BBC幾乎是站在中立的立場上，平等地對待英國和阿根廷。但是，前後兩次危機的政治環境很不一樣，前者在議會內外都存在著激烈的反對，後者則是反對工黨與保守黨政府有著廣泛的一致，議會中只有少數議員持批評態度，在全國的報紙上也很少批評。但是，政府（兩次都是在保守黨執政的情況下發生）還是讓BBC保持享有獨立處理日常事務的自由。事實上，BBC有一本被稱為「黃書」的廣播新聞和時事的習慣法法規作為其「護身符」。

但是，從另一方面講，BBC在平衡執政黨與反對黨方面做得是比較巧妙的。在電台和電視廣播的最初幾年，BBC在兩大政黨之間較好地維持了它的中間立場，這種中間立場在戰後以來至六〇年代基本相同的政治環境中都得到了巧妙的維持，即彼此間有著難得的共識，直到七〇年代後期及整個八〇年代，政治環境發生了很大的變化，共識破裂並趨於兩極化，在這種情形下，廣播機構要維持其中間立場便越來越困難了。同時，廣播機構的活動內容正越來越廣泛地暴露給學術界，人們除了批評它沒有充分考慮英國社會中的變化和衝突，尤其沒有很好地反映黑人群眾和種族集團的觀點之外，還批評它的新聞內容在政治上對左翼有偏愛，福克蘭群島危機中BBC的表現更加強了保守黨人的這種觀

點。有一個例子可以充分說明，BBC和IBA有著一個共同的要求，堅持要對議會的辯論進行現場轉播，這麼做具有兩方面的意義：議員的辯論對觀衆具有刺激性，因此，可以吸到更多的觀衆，提高它的收視率；更重要的是，增加了議會的公開性，便於公民對議會的監督。作爲反對黨的工黨對這一計劃給予積極的支持，儘管遭到議會的多次否決。因此人們產生一種感覺，電台、電視與工黨有著良好的關係，或是更傾向於工黨，而報紙就更加地支持保守黨。

　　BBC和IBA與政黨、大選之間有著一種獨特的安排，也就是大臣廣播制度和政黨政治廣播制度，前者是對廣播的限制，後者則是對選舉廣播時間的分配。早在1947年的一份備忘錄中（於1969年重新制定），就對各政黨在選舉廣播時間的分配定下規則，那就是，根據上次大選中爭奪席位的總數、各政黨所得選票的總數，以及它們在議會下院所得席位數等情況來進行分配，在社會民主黨成立之前，廣播時間在保守黨、工黨和自由黨之間分配，執政黨和第二大反對黨所得的時間是一樣的，給予自由黨的時間只有兩大政黨的一半左右。自從七〇年代威爾斯和蘇格蘭的民族主義政黨進入議會後，它們的廣播時間就在各自所在的地方、根據其在當地的立場予以分配，如蘇格蘭民族黨，它的整個選舉力量在全國來講是小的，但在蘇格蘭就很大，它的廣播時間在蘇格蘭地方電台、電視台就占大部分。自從社會民主黨與自由黨結成自—社聯盟之後，三大政黨重新達成一項分配協議，時間的比例是保守黨、工黨、自—社聯盟爲5：5：4,而不是以前的5：5：3。但是，其他小黨在處理整個國家的政治事務中很少得到它們的廣播時間，除非在大選中，它們能提出大量的候選人，或是

在參與議會的事務中有重大的宣言要發表。各政黨被允許根據它們的願望來使用它們的廣播時間（包括在電台和電視台）。廣播時間的長短雖無具體規定，但短的只有5分鐘，長的也不過一刻鐘，編輯也由各政黨自己處理。整個廣播由各政黨代表組成的半官方的「政黨政治廣播委員會」（Party Political Broadcast Committee）控制。這些廣播大致都遵循著政黨政治廣播原則，而廣播機構也把它們任務看作是一種確保議會中重要競爭者之間有一定程度的平等，並保持其在民主選舉程序中的合適作用。

(三)院外活動記者集團

英國傳播媒體中一個非常獨特的組織就是議會中的記者集團，也就是院外活動集團，他們有權直接跟議員、大臣、內閣大臣乃至首相接觸，並可參加政府和議會舉行的各種秘密新聞發佈會（與公開的新聞發布會不同），從而取得一般記者所得不到的、有更高新聞價值的消息。

議會中新聞工作者的院外活動在一個世紀前（1884年）就出現了。據一位大臣在他的日記裡透露，內閣中經常討論大臣與報紙，尤其是與編輯的親密關係，不光是個別大臣，許多大臣都是如此。

開始時，這種院外活動是以個別記者進入議會採訪，在1884年院外活動正式成立之後的25年中，便發生了兩個重要的變化：一個是記者的個別活動變成記者們的集體活動，也就是由一位政府官員向院外活動的全體記者發布消息；另一個變化是記者們報導的內容從議會中正在發生的事轉到報導有關政府的消息。

在第一次世界大戰時，出現了政府部門的發言人，1931年唐

寧街10號任命了第一位新聞發布官，即喬治·斯圖爾特（G. Stuart），但是，記者們並不滿足於新聞發布官這個唯一的消息渠道。1933年，他們又獲准有權直接接觸大臣。在第二次世界大戰中政府曾成功地安排院外活動記者參加文官或大臣舉行的簡短記者招待會，因而戰後以來，記者們的院外活動已有了進一步的發展。首先是院外活動的記者範圍擴大了，已發展到周刊雜誌的記者，甚至廣播記者也在努力爭取加入這一集團，到1984年院外活動成立100周年時，這一集團的成員已增加到150名；其次，隨著社會的發展和分工越來越細，記者們同樣有了明確的分類，而且這種分類也越來越細，已發展起專門的院外活動記者集團，迄今已有的如，政治、經濟、教育、工業、農業、環境、食品、城鎮規劃、國防、社會服務……等方面的記者集團，這種發展和分類既迎合了社會的發展，也滿足了政府和記者雙方工作上的方便和需要，由此而導致第三個發展便是，記者招待會已分別進行，涉及哪一類新聞便由哪一種記者集團參加，用不著全體記者都到，當然，有興趣的除外。新聞秘書發布的消息也就是首相要讓傳播媒體知道的，因此，他成為最接近於首相的消息來源，他所提供的消息比白金漢宮官員和內閣大臣加起來提供的還要多。但是，記者們決不透露他們的消息來源，因此，新聞秘書也就成了隱名的消息提供者。除政府任命的新聞秘書發布消息外，一些大的政府部門也召開正規的記者招待會，其消息有時由大臣提供，有時由公共關係官員和政府部門中的高級官員提供。毫無疑問，參加這類記者招待會的都只有那些得到承認的院外活動記者集團中的成員，他們由各報業主或廣播公司推薦。

院外活動的記者還享有一定特權，他們能提前幾小時就可以

得到政府即將發布的消息和文件，這種特權連議會中後座議員都無法享受。但他們不能搶先發表或報導。這種文件，儘管標有「機密」字樣，但記者們和政府雙方都心照不宣地假裝沒看見。

院外活動記者集團有他們自己的官員和非常獨特的規章，最基本的一條規定是，他們的工作制度嚴格保密，永遠不準報導消息的來源，永遠不得追逐一位大臣，永不採用在西敏寺偶爾聽到的消息，他們不得聚在一起，不得談論院外活動的會議──無論是會前或會後，尤其不得在不屬於院外活動集團的記者面前談論，不准進入議會中任何私人辦公室或是閱讀院外活動其他成員的任何文件，無論在議會的走廊、酒吧、休息室等地，凡是見到的任何一切，都只當沒看見，凡聽到的一切也只當沒聽見，即使是由新聞秘書、首相、其他政府官員，以及反對黨發言人發布的消息，一概不能透露消息來源，只能把它當作是在不存在的房間由看不見的人提供的。正如院外活動記者集團的主席曾說過的一句話，要詳細談論院外活動集團每天的日常活動，就等於是一種背叛。即使是政治家也從不提及這種情況。

院外活動制度這種近乎遊魂式的工作方式一向是得到肯定、甚至是讚揚的，早在1881年，一位在西敏寺的記者曾說過，院外活動記者在政府與公眾之間聯繫工作的價值受到更加真誠的欣賞，而且得到主要政治家的理解。柴契爾政府中負責協調政府信息的大臣也說，這一制度是必不可少的，大臣用不著每天舉行記者招待會，尤其是首相。院外活動集團的記者與唐寧街10號的新聞秘書每天的會見絕對是非常寶貴的，沒有它，他們就無法工作。前首相張伯倫也曾有過類似的評論和肯定。因此，可以說，院外活動記者集團成為政府，尤其是首相在管理政治新聞中最為有用

的工具。這種做法的好處是，政治家在需要暴露他們的觀點、特別是與政府政策有不同意見時，消息來源的隱名性可以避免因被抓住他們的說話而引起的尷尬和難堪。

現在，院外活動記者集團的活動方式主要有兩種：一種是正規的，由文官、大臣、新聞秘書、首相或反對黨的發言人或其領袖等，定期向他們發布簡短消息，這種方式習慣上是一天兩次，上、下午各一次，出席上午招待會的記者通常較少，因為只有晚報的記者和新聞機構出席，下午的一次在下院舉行，一般院外活動的全體記者都出席，其中星期四下午的招待會由議會領袖及反對黨領袖分別給予重要的情況介紹，下院領袖在經過一周的活動之後，有很多東西要談，通常有一定的深度或是實質性的問題，還由於下院領袖是政府中一名高級官員，很明顯，記者們都有興趣參加。星期四下午同樣是議會對大臣、首相的質詢時間，質詢結束之後便介紹下周事務，在這之後，有時反對黨領袖也進行簡單的情況介紹。由此便形成一條規則，凡在星期五報紙上刊載透露的消息比平時透露的消息更加可信。

另一種活動方式是不正規的、零散的，也就是院外活動集團的記者個別對大臣、文官或議員的私下單獨接觸、交談。記者在與大臣互相熟悉、了解之後，大臣有時便會對記者透露一定的內幕消息，而且，這種消息是不可能在正規的新聞發布會上告訴記者的。雙方的接觸可以在議會內的酒吧、走廊，或是在電話中交談。對院外活動的記者來說，星期天是個最好的日子，打電話到大臣家裡可以更自由地交談，因為除大臣的妻子外，不會有別人在場（當然也有電話被竊聽的危險）。因此，星期一刊載透露的消息雖比不上星期五的好，但也有一定的價值。

大臣或首相有時也會對不同的院外活動記者集團進行操縱和利用，或是利用這個集團去反對另一個集團。例如，保守黨議員彼得・沃克（Peter Walker）任環境大臣時，曾與《衛報》有過一場大的鬥爭，有好消息時，他留給自己去發布，倘若要發布關於住宅方面的壞消息時，他不但讓他的下級大臣去發布，而且通知政治記者集團去參加，而不是通知與之有關的規劃或住宅記者，這麼做的理由很明顯，政治記者由於不大掌握這一門的情況和專門知識，這樣，記者會上就不大可能提出令大臣或新聞發布官感到尷尬的內行問題，從而可以使政府擺脫困境。

　　除了這種直接的操縱外，另一種非正式的陰謀增多了，也就是說，有些消息被有意識地「忽略」了，說得更直接一點，被有意封鎖了，儘管這種情況不經常發生，但在一定情況下確實發生過，戰後以來最為突出的例子有關於1945年製造原子彈的決定，1949年的英鎊貶值問題，1945-1951年的有色人種移民問題，以及1956年的蘇伊士運河危機等等。

　　除上述種種「正規的」消息透露外，還有一些非正規的洩露，如，在職文官有意、無意的洩露、退休或離職高級文官或高級官員的回憶錄中的洩露，更有從國外的檔案中找到在英國屬保密的檔案等。總之，英國雖有一套嚴密的保密制度和措施，但絕不可能是天衣無縫。

㈣首相與傳播媒體

　　英國政府的秘密和新聞管理是結合在一起的，首相力量的源泉之一就在於他對傳播媒體特有的接觸機會，以及新聞記者對其所獲高質量政治消息的這唯一來源的重視。事實上，首相通過他

的新聞秘書，控制著政府的公共關係，新聞界之所以願意接受這種關係，其主要原因乃是唐寧街10號提供新聞的價值是其他來源所無法比擬的，柴契爾政府的一位內閣大臣也坦率地承認，在所有的信息中，中央的信息質量最高。因此，大多數記者都願意與首相和他的職員保持良好關係。戰後以來，幾位有名的首相在處理與新聞界的關係上各有不同的風格與特點，同時也反映了不同傳播媒體對首相產生著不同的影響，例如：支持保守黨的《每日電訊報》攻擊工黨領袖或其首相時，對他幾乎就沒有什麼傷害，如果支持工黨的《每日鏡報》對工黨發動攻擊的話，這就是個危險信號。同樣，1956年的，《每日電訊報》對艾登首相的攻擊就非同一般了，迫使他不得不發表一項聲明，表明他無意辭職，而親保守黨的《星期日泰晤士報》在刊出了「為什麼霍姆（首相）必須滾蛋」的文章後，看來這就是他決定辭職的一個重大因素。

但是，另一方面，首相也可以對「不友好」的記者進行報復。記者的報導如果使首相難堪或不受唐寧街10號的歡迎，那麼，從唐寧街10號向編輯部或電（視）台打出的電話、或寫信對某一篇文章、消息提出不滿，這就無異於對記者的一種嚴重警告，可能會招致不同形式的懲罰，而不是簡單的反駁，例如：在一段時間裡不准接觸政府發言人、大臣，或永遠不准接觸首相──這是最嚴重的懲罰了。這是英國新聞界中的一個顯著特點，已引起學術界的認真研究和剖析。

總之，隨著傳播媒體及其技術的不斷進步和現代化，它對國家的政治、經濟所發揮的影響和作用也越來越大。戰後以來，歷屆不同政黨的政府及其首相都十分重視對它的利用和控制，既著重於宣傳政府的政策，同時也很注重對政府政策和行動中的缺

陷、錯誤等的掩蓋，以避開公衆的監督，維護政府的聲譽。從整個情況來看，英國政府對新聞管理和控制的技術是很老練的、也是根深蒂固的，因此英國有著比其他西方資本主義國家更嚴格、更複雜，同時也更秘密的一套新聞控制制度，使新聞工作者受到比他們在別國的同行更多的限制和束縛。儘管保守黨和工黨在多次的競選言中信誓旦旦地許諾要採取措施，更加公開政府消除不必要的秘密，讓更多的人了解政府信息，並能在政府的決策中發揮作用等。但是，一旦上台執政，就把這些諾言丟到一邊去了，照樣我行我素，從而使英國成爲西歐最典型的封閉型國家。《星期日泰晤士報》的前政治記者詹姆斯·馬加奇（J·Margach）在對從勞埃德·喬治到卡拉漢一共12位英國首相的研究之後寫道：「這些首相幾乎都無情地、甚至殘忍地力圖要控制報紙、電台和電視，作爲控制議會、政黨和輿論至關重要的前提，他們要把傳播媒體收編、或利用它作爲政府的一隻手臂。占有它們有兩個目標：首先是建立和增強他們個人的權力；其次加強秘密的陰謀，保持在白金漢宮禁城大牆後面政府的尊嚴⑭」。對英國政府及其對新聞控制的這一評論是現實的、也是很客觀的。

但是，政府的種種控制並不能完全阻止得了新聞界通過各種方式和渠道對一些重大事件進行調查和揭露，例如：政府和文官都十分強調保密，但由於存在著院外活動制度，一些政治家包括政府內閣大臣仍然不時地向新聞記者洩露政府的機密，這些機密甚至可以涉及到內閣會議的細節，內閣文件也可以洩露給新聞界，如1975年工黨政府準備實行一項新的兒童福利政策，但內閣認爲這項政策的代價太大而最終放棄了，結果這一文件被洩露給了「旁觀者」。除此以外，還有一些政府的雇員或已退休的官員

不時地對一些他們認為應該讓人民知道的、政府正在製造的某種機密，用不同的方式進行揭露，其中最突出的例子是一位退休的秘密情報官員彼德‧賴特（Peter Wright）在他寫的《抓間諜者》（Spycatcher）一書中，揭露了一些嚴重處置不當的事例秘密，結果導致很多由官方機構寫的秘密報告被洩露。這種洩密在戰後以來的歷屆政府中幾乎或多或少都有發生，因此從另一個方面看，英國確實也存在著一種難以控制的「公開政府」的辦法。但是，英國有控制官方信息的嚴格立法，而沒有像美國那種程度的公開檔案的立法，因此這種公開的程度畢竟是很有限的，在一定程度上這種公開就有賴於政府雇員或官員對國家或民族利益的責任感和良知。

但是，對傳播媒體的作用和影響也不能過於誇大，因為，它們的宗旨始終是維護現行的政治制度，而不是以推翻它為目的。它們的工作，包括讚揚和揭露都是為了這一目的。當然，它們最關心的還是其商業內容，也就是要保持它們有一定數量的讀者和觀眾，因為這是它們賴以生存的先決條件。

其實，英國的封閉型國家（政府）並不僅僅反映在這一方面，綜觀英國的種種政治制度，在不同程度上都反映出它的陳舊、古老和封閉性來，甚至帶有很深的歷史原貌，雖然社會經歷了若干世紀的變遷和種種改革，但從本質上來說，並沒有得到根本性的改觀，明顯地缺乏較強的現代氣息，正如前文所說，英國是在用19世紀，甚至更古老的方法來管理20世紀的英國，這才是真正的「英國病」，難怪英國的發展會遠遠落後於其他已開發資本主義國家。當然，這種狀況的形成是由其獨特的地理位置、文化、歷史、社會環境、民族特點等許多因素造成的，這才使它具有許

多不同於其他已開發國家的特點。不過，倘若從另一個角度來講，它又恰好體現了英國政治制度在許多方面具有持久的持續性和有效性，因爲如此，才使英國的政局具有長期的、一些西歐大陸國家在戰前所不具備的穩定。

第13章

外交政策

　　戰後初期英國的外交政策是建立在丘吉爾在野時所提出的「三環外交」基礎上的，也就是說：「第一環當然是英聯邦 (the Commonwealth) 和英帝國及其所包括的一切。第二環是包括我國(英國)、加拿大及其他英聯邦自治領在內，及美國起著如此重要作用的英語世界，最後一個環是聯合起來的歐洲」。「我們(英國)是在這三環中的每一環裡都占有重要地位的唯一國家」。至於提出這三環外交政策的目的，丘吉爾說得很明確，「這三個大環同時並存，一旦它們連接在一起，就沒有任何力量或力量的結合足以推翻它們，或敢於向它們挑戰⑩」。

　　細看起來，這一政策具有以下一些特點：首先，在這三環中，無疑英國都占著中心位置，換言之，英國儼然成了連接這三環的重要樞紐，可以發揮舉足輕重的作用。其次，該政策的目的很清楚，一旦它們連接起來，就沒有任何力量敢向它挑戰，更不用說推翻，其潛意識就是明顯針對當時以蘇聯爲首的共產主義世界，以維持東、西方的穩定和和平。第三，這三環的地理範圍很廣，包括了除前蘇聯以外的第一世界，第二世界和一部分第三世界，在這麼一個大範圍中繼續發揮作用，不致使英國因戰後實力的大

爲削弱而迅速在世界政治舞台上消失，從而淪爲一個毫不起眼的小國。

鑒於這個三環外交政策的戰略意義及其實際價值，戰後以來的歷屆英國政府，無論是保守黨執政，還是工黨執政，基本上都以它作爲其外交政策的藍圖，不僅爲英國政治家們所熟知，也爲一般民衆所了解。

不過在執行這三環外交政策的過程中，其效果並不如丘吉爾先生所期待的，其中英國爲維護英聯邦的利益，幾乎成了它日後推行對第三環外交中的沉重包袱，尤其是在60年代與歐體的談判中。第三環的外交與原先的實際意圖恰好相反，英國在歐洲聯合的過程中，雖也起了一定的積極作用，如領導歐洲國家順利地實現了美國對歐援助的「馬歇爾計劃」(the Marshall Plan)，但畢竟很難拋棄它的歷史淺見，不願意與歐洲密切結合在一起，寧可處於一種凌駕於歐洲的位置而對歐洲的事務進行領導或作指導。在與美國維持「特殊關係」的第二環中，由於兩國力量的消長及地位上的微妙變化，同樣存在著許多曲折和鬥爭，總括來說，儘管並不如人意，但終究同處在一個陣營裡。

第一節　戰後初期和五〇年代的外交

戰後初期，客觀現實與不斷變化的形勢使英、美兩國關係在三個方面交叉進行中演變：即英國緊緊地依賴著美國；兩國不時發生著矛盾和鬥爭，英國對美國某些外交政策發揮著重要的影響。

在第二次世界大戰中，英國遭到了重大的損失：經濟上，國

家財富損失¼，相當於73億英鎊毀於戰火；海外投資賣掉42億英鎊，使英國對外投資的淨收入減到不及戰前的40％；商船隊也蒙受了嚴重破壞。此外，還欠下了大量外債。在軍事力量方面，僅就海軍而言，到大戰結束後，剩下的僅及美國的⅓左右，失去了第一次世界大戰後兩國的平等地位。相反，美國在二次大戰中卻積聚起了巨大的財富：國民生產總值幾乎占全世界的一半，石油產量占世界的62％，銅占57％。同時擁有世界上絕大部分的黃金等。正如丘吉爾先生所說，此時此刻美國處於世界之巔。

這一嚴峻的客觀現實使英國在恢復經濟的過程中不得不依賴於美國。二次大戰一結束，正當英國百廢待舉，極需外援的時候，美國卻突然停止執行戰時的租借法 (the Lend-lease Act) ，迫使英國不得不用現款購買美國的貨物。英國在這一沉重打擊下，被迫派出以凱恩斯 (J.M. Keynes) 為團長的政府代表團赴美談判貸款事宜。經過三個月的艱苦討價還價，於同年12月達成協議，正式簽署了英美財政協定 (England-American Financial Agreement) ，美國向英國貸款37.5億美元。但是，英國在經濟領域裡必須承擔一定義務，尤其是解凍英鎊集團在倫敦的存款，恢復英鎊的自由兌換和降低關稅等。消息傳到國內，引起議會內外的強烈反應，紛紛指責美國的條件太苛刻，無異於對大英帝國實使一場經濟掠奪。然而，英國此時捨此已別無選擇，只得吞下這一苦果。

戰後的艾德禮工黨政府在國防上執行了擴充軍備的政策，加海外駐軍的沉重負擔和發展原子武器等龐大開支，美國的貸款很快耗盡，正當英國需另舉新債時，美國恰好提出了援助歐洲的「馬歇爾計劃」。在英國的帶領下，西歐各國積極響應，使這一計劃

得以順利實現，英國從中又獲得24億美元的援助。美國的這一援助故然對英國乃至整個西歐戰後經濟的恢復和發展，發揮重要的作用，但是在接受這一援助時，英國再次付出了很大代價，美國趁機加緊了對英國及整個西歐經濟的滲透和控制。

軍事上，英國乃至整個西歐更有求予美國的保護。戰後，美、英、蘇三國戰時聯盟迅速瓦解，並很快形成美、蘇對立的格局。前蘇聯在東歐的作為，特別是捷克事件之後，引起了西歐的普遍不安，擔心共產主義向西蔓延。當時西歐大陸一片廢墟，局勢動盪不定，在前蘇聯咄咄逼人的擴張威脅面前，如何建立起西歐有效的防務體系，並如何把美國拖住，使它跟西歐的政務緊密結合在一起，不致重複一次大戰後美國的孤立主義政策，這便成了戰後英國的當務之急，實際上，這是執政的工黨與在野的保守黨的共同立場。為此，英國政府採取了一系列措施，最重要的便是在英國的積極組織和領導下，在布魯塞爾條約(Brussels Treaty)的基礎上，於1949年4月在華盛頓簽署了北大西洋公約。這樣，美國便正式加入於西歐的防務體系中，實現了英國及西歐各國的目標。

政治上，艾德禮政府為保住在西方世界中老二的地位，執行了丘吉爾於1948年提出的發展與美國的「特殊關係」，試圖借重美國的力量來實現上述目標。工黨政府的這一決策實際上成為後來英國歷屆政府外交政策的基礎。

可是，兩國的利益並不是在任何時候、任何地點都那麼一致，儘管英國仍然對美國存著依賴，但是，美國要在劃定的勢力範圍內擴張自己的勢力，就必然要與原有的占有者展開爭奪，英、美兩國間便不可避免地發生著尖銳的矛盾和激烈的衝突。

首先，大戰剛一結束，美國政府在未與英國磋商、甚至未打任何招呼的情況下，便停止執行租借法，甚至令去英途中的船貨返航。隨後，美國國會又拖延兩個財政協定的批准，在這期間，由於美國放棄了物價管理，致使英國所得貸款無形中遭到重大損失。其次，1946年7月，美國國會通過了麥克為洪法（MacMahon Act），8月杜魯門總統簽字生效後，徹底關上了兩國交換原子秘密的大門，把當初曾主動為美國提供本國科研成果，並在兩國共同研究中作出了重大貢獻的英國無情地拒之於門外，美國想壟斷這一秘密的行動又一次激起英國的強烈憤慨。第三，1951年美國插手英國與伊朗的石油爭端，以調解為名，威逼英國不得動用武力保護它在伊朗的經濟利益，卻為本國財團打進一向為英國所獨罷的市場，取得了開採伊朗石油40%的股權，消除了美國在沙特（Saudi Arabia）石油利益的競爭勁敵。同年，美國拋開英國，與兩個傳統的英聯邦國家奧大利亞和紐西蘭簽署了澳紐美安全條約（ANZUS），敲了大英帝國的牆腳，打擊了英國在英聯邦國家中的威望。在巴勒斯坦移民問題上，美國同樣大整英國，透過直接或間接支持猶太人的組織，強行向巴勒斯坦移居十萬在歐洲的猶太人難民，最後英國在財政困難的情況下，屈服於美國的壓力，被迫將這一問題交由聯合國處理等等。

　　然而，在依賴和爭奪的同時，兩國間仍存在著另一種「特殊關係」，即對美國的某些外交政策，英國能發揮較大的、也是其他國家所無法替代的獨特影響。

　　戰後的美國，在物質力量方面幾乎都取代了英國昔日的位置。但不可忽視的，英國卻具備著一個美國財富和力量都無法與之匹敵的優勢——在處理錯綜複雜的世界事務中，英國有著比美國

更爲豐富的經驗，英國的影響和勸導往往能促使美國某些外交政策的積極變化。在韓戰中，杜魯門總統曾於1950年11月的一次記者招待會上宣布，美國將考慮使用原子彈。這一消息震驚了英國朝野和西歐各國，在與法國匆匆交換意見之後，艾德禮首相立即飛抵華盛頓，敦促杜魯門要克制，要求美國在未與當時的參戰國進行充分協商之前，不得使用原子彈。同時也坦率地表示英國的擔心：這將導致與中國展開一場全面戰爭，更危險的是會使美國忽略對西歐軍防的關注，要求美國與中國進行談判，爭取和平解決。在英國有力的勸阻下，美國終於放棄了這一計劃，避免了一場更大的戰火。同樣，在1954年初越南的奠邊府（Dien Bien Phu）戰役中，美國曾計劃由美、英、法三國採取海空聯合軍事行動，威脅中國的海岸，對中國實施核子襲擊，並對奠邊府進行大規模的空襲。英國認爲，這種計劃會把全世界推向另一場大戰的邊緣，前蘇聯將可能根據中蘇條約襲擊在英國的美軍軍事基地，丘吉爾政府一方面拒絕美國的這個計劃，另一方面在日內瓦五國和平會議上，力促和平解決，終於結束了法國與越南這場曠日持久的戰爭等等。心須指出的是，在當時西方世界中，能對美國的某些外交政策起這種積極影響作用的唯有英國。

㈠蘇伊士運河危機（the Suez Canal Crisis）

1956年蘇伊士運河危機是英、美兩國關係的重大轉折。這場危機使兩國爭奪勢力範圍的鬥爭公開化、表面化了。美國對英、法入侵埃及的行動進行了露骨的干預，始而改變了原來支持英國的立場，待停火後，趁英國發生英鎊危機之際，又用石油和美元卡死英國，逼英國就範。運河一封鎖，切斷了英國的中東石油供

應，英國進退維谷，無可奈何，大英帝國當年的「雄風」徹底掃地。在戰後短短的10多年中，兩國關係迅速惡化到如此緊張程度，實為1895年委內瑞拉危機（Venezuela Crisis）以來所罕見，這一危機充分表明，丘吉爾的三環外交中最重要的一環，即與美國的「特殊關係」垮了，重振世界大國地位的美夢也告破滅。隨著英軍撤出埃及，英國最終退出了中東的歷史舞台，由美國接過了這塊「燙手的山芋」。

　　如果說之前，英國還勉強維持著一個世界大同形象的話，那麼這次危機便撕破了這一假像。英國不僅無法憑藉其軍事力量來保護其海外所占有的利益，而且在面對美國的壓力下，它唯有退讓才有結局，後來的事實進一步表明，英國在採取重大軍事行動之前，倘若沒有美國的首肯或至少是默許，基本上它就失去了行動自由。為所欲為的時代一去不復返了，英國已經不起更多時代風雨的襲擊。蘇伊士運河危機成了英美兩國關係的分水嶺。

　　事後，為了扭轉兩國關係中的這一僵局，雙方都分別採取了一系列的緩和措施：麥克米倫首相上台執政後，他的頭等大事便是趕快修補與美國關係的籬笆。他首先強調，真正的伙伴關係應建立在互相尊重的基礎上，英國無意與美國分道揚鑣，但也不想成為美國的附屬。在百慕達與艾森豪總統的會談中，他再次重申，英美之間要是沒有一個共同的陣線和真正的夥伴關係，那麼，它們所奉行的原則究竟能否成功，值得懷疑❿！既申述了英國的立場，又表明了願意與美國修好的願望，美國方面同樣也採取了一些相應的措施，1957年3月，兩國在百慕達簽署了一項美國向英國提供60枚「雷神式」導彈協議；1958年7月，又簽署了為軍事目的共同使用原子能的合作協議，據此英國可以從美國得到核彈頭的

設計和製造的資料等，從而打破了1946年麥克馬洪法的僵局。1959年5月，兩國再次簽署了1958年原子能修正案，英國可向美國購買核武器的組成部分和武器系統，也可用來換取美國的濃縮鈾等。通過這一系列的友好合作行動，總算彌合了兩國關係中的裂縫。

必須指出，美國的這些行動，尤其是在原子彈領域裡的讓步，並非貿然爲之，實際上是因爲當時的形勢有了很大的變化。前蘇聯在1949年首先打破了美國的核壟斷。其次，英國也在1957年5月熱核試驗成功，掌握對美國來說很有價值的技術，在這種情況下，美國再堅持原本的僵局顯然已毫無意義；第三，1957年，前蘇聯成功地發射了世界上第一顆人造衛星，使西方尤其是美國大爲震驚，在此形勢下，維護盟國內部的團結不僅是必須，而且更顯迫切。在1958年7月由於伊拉克的政變在中東引起的一場政治危機中，英、美兩國分別應黎巴嫩和約旦的呼籲，採取了聯合軍事行動，穩定了黎、約兩國及這一地區的局勢。英、美兩國在涉及共同利益的國際事務中，雖恢復聯合行動，但主導權已讓給了美國。

㈡對歐洲聯合和歐洲軍事共同體的政策

英國雖地處歐洲，但它的目標歷來著眼於全世界，而不是一個孤零零的歐洲，對英國任何的政治家來說，這是他們的共同政策，原因在於：

首先，英國對歐洲大陸始終沒有什麼好感，也不信任大陸上的政府，更有的政治家把歐洲大陸看作是憤怒、野心和仇恨的發源地；其次，英國很早就是個世界大國，如果與歐洲結合在一起，無異於自動降爲一個地區性大國，從而削弱它的國際威望，同時限制它對世界事務發揮作用：第三，英國對歐洲一貫採取均勢外

交政策，這種政策意味著，它是歐洲唯一的強國，不允許在歐洲出現另一個足以跟它相抗衡的大國，否則，它就要聯合其他小國共同對付這個大國，以維護它們自己的強國地位，要不然，它在外交上就將處於從屬地位，以及在地球上的來往自由受別國牽制；正如前首相道格拉斯・霍姆所說：「在幾乎整整三個世紀裡，英國外交的主要任務一直是與那些在抑制專橫的強國方面有著共同利益的大陸友邦建立聯盟⓲」；第四，二次大戰後，英國自知國力大虧，再也無法與兩個超級大國——美、前蘇聯，相匹敵，但自持在處理重大國際糾紛上有著比美國更成熟、更豐富的經驗，可以對美國發揮適當影響，或是在兩個超級大國之間作一定的斡旋工作，一旦陷於歐洲，它就難以有所作爲；第五，兩次世界大戰的發生與結局，使英國產生了與歐洲大陸諸國不同的心態。自1066年被諾曼人征服以來，英國雖經歷了許多次大小戰爭，卻再也沒有被外國軍隊占領過，所以它寧願在歐洲的事情失控時提供必要的援助，強烈的民族自尊、自豪感使它不願與破了產的歐洲結合在一起。

然而，英國確實有著一批主張歐洲聯合的政治家，並長期爲之努力奮鬥，甚至在二次大戰期間，很多有名的政治家也大聲疾呼歐洲必須聯合。另一方面，他們又深深感到，倘若不與美國結成軍國的同盟，歐洲不可能確保自己的安全，1948年5月4日，英國外交大臣歐內斯特・貝文說：西歐民主國家的組織儘管很好也很必要，倘若不是在一個更大的統一體系裡則不可能組成，西歐不可能單靠自己的力量就能挽救自己。

從美國方面來說，戰後以來美國政府曾一再敦促西歐聯合起來，在1947年向西歐提出馬歇爾援助時，美國就希望西歐國家組

織起來，不僅可以增強歐洲自身的力量，同時可逐步減少對美國的依賴。1948年8月，美國國務院明確宣布，杜魯門政府非常贊成西歐國家致力於日趨緊密的一體化，同時，鑒於英國是戰勝國，享有很高聲譽，英國在組織西歐的過程中，不僅有資格，而且應成為西歐聯盟的中堅。

然而，政治家們的言論是一回事，真正要落實到具體行動上則完全是另一回事。拒絕蘇曼計劃 (the Schuman plan) 便是英國不願加入歐洲的一個具體反映。

1950年5月，法國外長羅伯特‧蘇曼 (Robert Schuman) 提出一項建議，把法國和前西德的鋼鐵工業結合起來，並吸收其他國家參加，將其置於一個具有超國家性質機構的控制之下。法國的意圖是，在經濟上，把法、德和其他一些西歐國家的鋼鐵工業結合起來，有利於在短期內加速生產的現代化，提高產品的競爭力，帶動經濟迅速發展。政治上，一方面把前西德的重工業結合進一個國際機構，便於對它的鋼鐵工業和軍火生產進行有效的國際監督，同時藉此令今後的法、德關係化干戈為玉帛，確保法國的安全。另一方面，組成西歐煤鋼聯營之後，可以為西歐聯盟作準備，使西歐以經濟上的聯合為開端，逐步向政治上的聯合邁進，這對增強西歐的實力具有重要的戰略意義。

但是，英國對蘇曼計劃不感興趣，就在法國宣佈該計劃的同一天，英國工黨出版了一本題為《歐洲的團結》小冊子，基本上表明了英國的態度：由於英國在歐洲之外的利益，特別是在英聯邦中占有重要地位，同時又是世界最大的國際貿易中心和金融中心之一，英國的活動不宜於被束縛在歐洲的範圍內，但它贊成在政府間進行合作。不久，又發表了一個聲明，表明英國不可能在

國家重要的政策上聽命於一個超國家機構的擺布。簡言之，英國不願意放棄自己的任何主權。這就從根本上排除了英國參加這一機構的可能性。更何況，法國在宣布這一計劃之前並未與英國進行磋商，有損英國的顏面，豈肯屈尊俯就，這顯然有違它歷來慣於向別人發號司令的傳統，加上英、法兩國的關係史幾乎充滿著矛盾和仇恨，歷史成見很深，兩國自然難以合作。

　　1950年6月，英國下院就蘇曼計劃進行了兩天的辯論，結果，保守黨和工黨都反對把國家所賴以出口、就業和經濟發展的基本工業交給任何一個排除英國主權的歐洲機構。這樣，英國正式拒絕了蘇曼計劃。

　　1951年10月大選，保守黨的競選綱領中所定的外交政策目標，同樣反映了對蘇曼計劃的冷淡態度，它把大英帝國和英聯邦的利益放在第一位，維護帝國特惠制放在第二位，歐洲的團結放在第三位。1954年12月，英國與煤鋼共同體（the Coal and Steel Community）簽署了一項協議，建立了一個常設理事會，以便雙方在煤鋼貿易上發生矛盾時，協調彼此的政策。

　　1957年3月，西歐六國終於簽訂了羅馬條約（the Rome Treaty），英國歷史性地錯過了這一趟「班車」，為60年代的申請加入增添了更多的困難和付出更高的代價埋下了伏筆。

㈢不參加歐洲防禦共同體再次表明英國對西歐聯合的否定態度

　　繼蘇曼計劃之後，法國於1950年10月提出了另一項歐洲建設計劃，即建立歐洲防禦共同體（European Defence Community）。法國此舉的目的是，除了在經濟上匡住前西德之外，

在軍事上也要把它有限的軍隊納入一個國際組織，以便於共同監督，防止軍國主義重新復活。

　　1951年2月，在巴黎召開了一次國際性會議，參加者有比利時、法國、前西德、意大利、盧森堡和荷蘭的代表，英國、丹麥、挪威和葡萄牙的觀察員，加拿大和美國駐巴黎大使也以觀察員身分出席了會議。大會於7月和11月分別發佈了兩個報告，初步擬定了設想中的歐洲防禦共同體的結構、歐洲軍隊的總兵力和各國的兵員，準備到1953年建立起一支擁有125萬人的歐洲軍。

　　1952年初，「歐洲防禦共同體條約」草案交在里斯本開會的北約理事會批准，同年5月，接受蘇曼計劃的法國、前西德、意大利、荷蘭、比利時和盧森堡簽署了該條約。

　　在建立歐洲防禦共同體中，法國堅持英國必須參加，因為在當時西歐諸國中，英國軍事力量最強，要是沒有英國，這個共同體就沒有意義，其次法國大部分兵力正陷於海外的戰爭中，國內兵力單薄。在此情況下如無英國進來壓陣，法國勢將難以駕馭前西德，擔心防禦共同體最終會落入前西德的控制之下。

　　英國則認為，建立歐洲防禦共同體與北約的防禦體系重覆。1951年11月，外交大臣艾登（Sir A・Eden）在羅馬公開表示，英國無意參加。同年12月丘吉爾首相在下院發表聲明，再次表明了英國對它的否定態度，這使它的建立蒙上了陰影。隨後丘吉爾首相和外交大臣艾登訪問巴黎，但雙方的會談公報措辭含糊，英國僅表示在歐洲防禦共同體的政治、軍事發展的各個階段，英國將盡可能與其保持聯繫，年底鑒於英國的冷淡態度，六國的熱情急劇下降，法國尤為突出。

　　1952年2月，英、美兩國外長在倫敦發表聯合宣言，重申兩國

在歐洲駐軍的協議，以援助歐洲防禦共同體，保衛大西洋地區。但法國對此並不滿意，在荷蘭的支持下，法國不斷向英國施加壓力。4月，英國進一步作出承諾：如果歐洲防禦共同體成員國遭到攻擊，英國將根據聯合國憲章援助它們，只要英國繼續是北約的成員國，它將一直承認這一義務。法國卻認為，英、美雖有這些口頭保證，但缺乏具體措施，難以令人信服。故法國遲遲不批准歐洲防禦共同體條約。

　　1953年3月，艾登外交大臣和杜勒斯國務卿（J.F. Dulles）在華盛頓首次發表聯合聲明，希望法國議會盡快批准該條約。12月，杜勒斯在巴黎的一次記者招待會上繼續向法國施加壓力，聲稱如果歐洲防禦共同體計劃垮台，美國將重新審查它的對歐政策。果真如此的話，那不只是對法國的打擊，還將打破英國自戰後以來制定其外交政策的全部理想。

　　1954年6月底，丘吉爾首相和艾森豪威爾總統在華盛頓繼續向法國施加壓力。可是，這一敦促正好與法國在印度支那局勢中日益惡化的困境交織在一起，法國越來越清楚地看到，在英國肯定不參加的情況下，它將無法消除對前西德的擔心。1954年8月底，法國最後將這一條約提議會交表決時，以319票對264票予以否決，歐洲防禦共同體的理想終成泡影。

　　從上述兩件有關歐洲建設的大事來看，英國的態度很明顯，它並沒有擺脫歷來對歐政策的框框，即它要凌駕於歐洲之上而不願陷於歐洲；傳統的均勢政策再次得到了明確的顯示；在推動西歐的合作運動中，英國始終牢牢地遵循著一條傳統的原則，即不惜任何代價，堅決維護國家的主權，在這個問題上，保守黨的態度比工黨尤甚。

當然，在推動歐洲建設中，英國也不是完全無所作為，例如：1948年4月在法國巴黎組建歐洲經濟合作組織，即現在的經濟合作與發展組織、1948年3月簽署了關於西歐經濟、社會、文化合作和集體防務的布魯塞爾條約(該條約為1949年4月簽署北大西洋條約打下了基礎)等，英國都作出了積極的貢獻，但細細研究之下，英國的這些行動並不超脫上述的傳統與原則。

第二節 六〇、七〇年代的外交

六〇年代基本上是英國對外政策的調整時期，在對美國的外交政策上，兩國關係隨著世界形勢和兩個力量的變化也顯得複雜多變。英國在經濟相對衰落和殖民體系迅速瓦解的情況下，對美國的影響減弱了，對美國的依賴也不如過去那麼方便，兩國的特殊關係大為削弱。從美國方面講，儘管它們是個超級大國，卻已不再具備占支配地位的優勢，它與英國及西方其他盟國在政治、經濟和軍事領域裡的關係出現了一種新的趨勢，在某一時期或某一領域，美國也需要盟國的支持和幫助，戰後初期向西歐提供的單向援助（當然並非絕對單向）有了很大變化。例如：60年代初，由於黃金大量外流，每年達60億美元左右，還向西歐大陸各國商討巨額貸款。經濟上出現了美國與英國對等的雙向援助。正如美前國務卿季辛吉（H・Kissinger）所說：「美國第一次不得不以歐洲人一向所熟悉的方式來執行它的外交政策，即美國是眾多國家中的一員，既不能控制世界，也無法迴避它❿」。

在這段時期裡，英、美兩國關係的削弱具體反映在以下幾個方面：在外交和軍事領域裡，兩個矛盾進一步突出起來了。首先，

在處理涉及全球安危的1962年10月古巴導彈危機過程中，美國幾乎完全拋開了英國，不容英國插手，以致英國不得不令其情報人員去搜集有關資料，只有在封鎖古巴的距離問題上，美國接受了英國駐美大使的一個小小建議，以及比其他盟國早幾個小時看到前蘇聯導彈部署在古巴的照片。這對英國是莫大的刺激，它清楚地表明，兩國間已無「特殊關係」可言了。戰後英國曾不顧美國的一再阻撓與反對，不惜一切代價地堅持製造原子武器，其目的除不讓美國單獨壟斷外，還期望在英國擁有核武器後，美國就不能小看它，在處理重大的國際問題中，美國將更加採納英國的意見。然而在美國的眼裡，此時的英國已是一個無足輕重的國家了。

緊接著美國已無視英國的一再要求，放棄了對英國寄予重大希望的「閃電」導彈 (Skybolt missile) 的試驗，使麥克米倫政府面臨危機，引起了強烈的反應。英國認為，這是美國企圖把英國排除在核俱樂部之外的繼續。1962年底，麥克米倫首相與美國甘迺迪總統舉行了有名的拿騷會談 (Nassau Meeting) ，堅持要以美國最新式的「北極星」導彈取代「閃電」導彈。但美國要求，英國必須把包括「北極星」在內的核力量交由北約指揮，只有在其國家利益受到外來威脅時，方可撤回以保衛本土的安全。這一來，英國一向標榜獨立核武也就徒有其名了。

在1964年的越南戰爭中，兩國衝突進一步惡化。美國曾多次要求英國為此作出貢獻，那怕是提供一支象徵性部隊也行，特別是在越戰昇起後，美國在全世界輿論譴責下，更迫切需要英國的旗幟出現在越南戰墟。但英國無視美國的巨大壓力，始終只給予道義上的支持，軍事上不介入，並強調英國是解決印度支那問題的日內瓦會議兩主席之一，尤其不宜干預，如美國願和平解決，

英國可以臂助。這時，威爾遜政府也懾於國內的反對勢力，擔心倘若捲入越南戰爭，會造成工黨的分裂，加上英鎊危機，已自顧不暇，更無意爲美國雪中送炭。美國對此極爲惱火，國務卿臘斯克（Dean Rusk）甚至威脅若今後英國遇到危難時，也別指望美國的救援，兩國關係再度陷入低潮。

　　英國的撤軍計劃加深了兩國在全球戰略問題上的衝突。英國每年海外駐軍開支高達3億多英鎊，製造核武每年花費2億英鎊，龐大的軍費開支往往使財政捉襟見肘。同時，海外駐軍的作用早非過去所比，縮減海外駐軍的預算勢在必行，1966年的嚴重經濟危機更促成了這一決定。於是，威爾遜政府於1967年7月宣布，從1968年起，英國將從蘇伊士以東撤軍。英國這一決定正是美國在越南泥足深陷、焦頭爛額之際作出的，從政治上說，無疑對美國是一個意外的打擊，使它陷於更孤立的境地。時過境遷，英國的這一計劃不僅沒有使美國感到英國在1947年放棄希臘和土耳其時所具有的喜悅，卻打亂了美國的戰略部署。1964年12月，英國的大臣丹尼斯‧希利（Denis Healey）與美國國防部長羅伯特‧麥克納馬拉（Robert Mcnamara）的會談中，美國曾明確要求英國軍隊留駐遠東，其目的是要使英國「在香港、馬來亞、波斯灣保有立足點，以便由我們（英國）來做一些他們（美國）所不能做的事」，因爲「我們（英國）的軍隊駐在歐洲以外，比駐在西德更有用」⑩。這便是美國不滿於英國撤軍計劃的眞正原因。

　　1962年7月，美國總統甘迺迪在費城（Philadel phia）發表「獨立紀念日」的演說中指出：「美國隨時準備（與盟國）發表一項相互扶持宣言」。甘迺迪總統的這句話可謂是歷史性的，可是，西歐對此反應平淡，與1947年6月馬歇爾的援歐演說後西歐的

強烈反應成鮮明對照。1956年的蘇伊士運河危機毀了英國世界大國的形象,那麼1966年的越南戰爭同樣表明,美國世界霸主的高峰已過,在它的全球戰略中,美國已感到英國某種支持的可貴。

㈠正式申請加入歐體 (European Community)

60年代英國調整其外交政策的一個重大措施便是正式申請加入歐體,也就是向西歐靠攏。

英國向西歐靠攏是在這樣的背景下進行的:經濟上,西歐已組成了「六國」和「七國」(小自由貿易區)(EFTA) 的兩個經濟集團,英國從七個集團的互相減稅中所得並不能抵償它在六國集團貿易中所受到的損失,因六國集團內部已逐步取消了關稅和貿易限額,這對內部經濟和貿易的發展以及抵制外來的競爭均極為有利,整個60年代取得了高度的發展,但相比之下,英國經濟的發展與六國集團有很大差距。

政治上,到60年代初,英國戰後以來執行的三環外交中兩環已經大為削弱,即非殖民化運動削弱了英國與英聯邦的聯繫,更重要的是,英國戰後以來的相對衰落削弱了英美之間的「特殊關係」,這樣,在以美國為首的美洲和西歐六國集團為首的西方世界中,英國真正感受到了戰後初期美國一位政治家所說的,即在這個世界上,英國已失去了它的地位和作用。在權衡經濟和政治上的利弊得失之後,麥克米倫首相認為,加入歐體對英國來說還是可取的,於是在1961年8月10日,他毅然作出了申請加入的歷史性決定。

但在與歐體的談判中,英國的要價太高,既要求保護本國農民的利益,還要求照顧七國集團的利益,同時要繼續維護英聯邦

的利益，加上1962年底英國與美國簽署了拿騷協定，法國總統戴高樂認為，英國此時仍有一定保留，並非真心進入歐洲，於1963年1月斷然否決了英國的申請。1964年10月，威爾遜政府執政後，1966年發生了嚴重的經濟危機，1967年英鎊又作了戰後第二次貶值，英國經濟的不景氣與歐體內的高速發展形成鮮明對照，威爾遜首相在克服了工黨內部激烈的反歐體情緒後，於1967年5月再次提出了申請。但在同年11月，戴高爾總統以英國經濟不景氣，英鎊又不穩定，對美元依賴太深為由，在談判之前就再一次拒絕了英國的要求。1970年6月，希思政府上台執政後，經過一年多的艱苦談判，終於實現了多年來的願望，既結束了英國向西歐過渡的痛苦階段，儘管是很不情願，同時也歷史性地正式退出了世界大同的行列。

英國進入歐體後並非一帆風順，在歐體內部的建設和發展上，英國幾乎都唱著反調，充分反映了它的勉強之下加入歐體的不情願心態，甚至仍隱約而頑強地反映出它對歐的歷史傳統態度。首先1974年2月威爾遜政府再次執政，為緩和黨內左翼強烈要求退出歐體的聲浪，進行了兩項活動，一個是與歐體重新談判英加入的條件，但並未取得預期的結果。另一個是就英國對在歐體的去留問題舉行公民投票，結果以2：1的比例贊成留下。用一位工黨領袖的話來說是，這不僅意味著英國「作為一個獨立於歐洲之外國家的結束，也是它幾千年歷史的結束」⑩。

此後，英國在歐體內部的預算分攤問題、共同農業政策、共同漁業政策、共同能源政策、建立歐洲貨幣體系，以及在後來對歐共體的改革等一系列問題上，都與歐體矛盾重重，尤其以預算分攤及共同農業政策最為激烈，幾次鬧得歐體首腦會議不歡而

散，從七〇年代一直延續到八〇年代，柴契爾政府在這些問題上所反映出來的民族主義尤其強烈，引起歐體內衆多的不滿。

由於英國在1973年1月加入了歐體，英美兩國關係中的衝突和競爭更常反映在經濟領域裡，而這些衝突和競爭又往往與歐體的關係緊緊糾纏在一起。

同年10月再次爆發的中東戰爭使兩國關係又陷入緊張狀態，還在1972年11月印度和巴基斯坦的武裝衝突中，英美立場相左，爲兩國關係注入了不愉快的因素。在這次中東戰爭中，兩國態度更是大相逕庭，英國爲確保從中東得到可靠而穩定的石油供應，不願過分得罪阿拉伯國家，同時藉以表明它是歐體的一名「眞心誠意」的成員，於是，既不給予以色列任何軍事援助，也不跟美國合作。10月間，當美國在未與英國進行任何磋商的情況下，把軍隊開進英國島嶼實行最高戰備活動時，英國向美國提出了強烈抗議。此外，英國還拒絕爲美國提供它在地中海的基地來爲以色列運送軍火，禁止美國利用英國基地對阿拉伯國家進行偵察飛行等。英國的這些不合作行動大大激怒了華盛頓，美國國務卿季辛吉甚至下令重新審查美英間通過北約渠道交換偵察情報的制度。

在這場戰爭中，西方資本主義國家又相繼陷入一場嚴重的經濟危機，阿拉伯國家對石油實行禁運和大幅度提價，更加深了他們之間的衝突，歐體也無法取得統一的共同能源政策，紛紛自謀出路，同時在貿易上競相實行以鄰爲壑的貿易保護主義政策，致使西方經濟秩序一時大亂。尼克森總統對此極爲憤怒，他公開宣稱，「如果西歐國家需要在軍事上予以合作的話，西歐國家也要在經濟上和政治上與美國進行合作⓫」。在這種情況下，英美兩國關係已大不如前，兩國只能化希思首相所稱的「自然關係」在

基礎上繼續進行合作了。

第三節　八○年代的外交
恢復英美間的「特殊關係」

　　1979年柴契爾首相的保守黨政府上台執政，她的對美關係政策是要恢復兩國的「特殊關係」。這一政策是建立在這樣的基礎上的，首先，在八○年代初，由於北海油田開始產生經濟效益，加上柴契爾首相堅決貫徹貨幣主義的經濟政策，徹底清算凱恩斯主義在英國經濟中的影響，使英國的經濟逐漸有了中興的現象，擺脫了七○年代的那種經濟危機和社會的混亂狀況；其次，正如前文中所述，柴契爾首相是一種動員型首相，她不甘心於英國從戰後以來在世界範圍的一連串的退縮、以及被削弱的大國形象，決心再展宏圖；第三，1980年底當選並連任兩屆的美國總統雷根所推行的「新右派」內外政策，跟柴契爾首相倡導的新保守主義有著廣泛的相同點。例如，主張自由市場經濟、奉行貨幣主義政策、減少國家干預，增加個人自由等；第四，柴契爾首相與雷根總統個人之間在此基礎上建立起了密切的關係。因此，內外因素的結合，使英美之間的「特殊關係」一度又得到了恢復，具體反映在以下幾個方面：

　　更新核武：英國是西方國家中美國唯一同意在核武研製領域與其進行合作的國家。根據兩國拿騷協議，英國建立起來的「北極星」導彈潛艇系統到90年代中就將過時，1980年7月兩國又達成協議，美國向英國提供三叉戟Ⅰ（CO）型導彈。1982年3月，美國同意再次向英國提供三叉戟Ⅱ（DS）型導彈，這就對英國的核國

家地位給予了有力的支持。

　　支援英國對福克蘭群島的爭奪：1982年3月，英國與阿根廷就福克蘭群島主權的歸屬爭端激化，4月間兩國間爲此爆發了戰爭。開始美國曾試圖在其中進行斡旋，因它在拉丁美洲擁有重要的商業和投資利益，不願爲站在英國一邊而得罪阿根廷，但考慮英國畢竟是它的重要盟友，且自柴契爾政府執政以來，在許多國際事務中英國都支持美國，給予美國寶貴的援助，又因福克蘭群島之爭不僅涉及英國的威望，更關係到柴契爾政府的命運，故美國政府最後還是採取了支持的立場，不僅向英國遠征軍提供軍火，並向英戰時內閣提供衛星偵察到的重要軍事情報。

　　當美國與其他西方盟國發生麻煩時，柴契爾政府總是站在美國一邊，尤其突出的是，1983年雷根總統宣布了「戰略防禦倡議」(SDI)　，並多方爭取盟國的參加和支持。結果事與願違，反而引起許多西方國家的懷疑和批評。英國卻持另一種立場，1984年12月，柴契爾首相到大衛營（Camp David）同雷根總統進行會談，達成四點共識，其核心是把「研究」和「部署」分開，從而緩和了西歐盟國的疑慮和批評。1985年12月，英國第一個與美國簽署了參加會談計劃的「諒解備忘錄」。英國的這一積極態度甚至得到當時美國防部長的高度讚揚。

　　1986年，英國政府是西方盟國中唯一允許美國飛機飛越本國領空對利比亞進行空襲的國家，即使在空襲前一天舉行的歐體外長會議上英國也不肯透露這一事件，引起各國的強烈憤慨，英國的這一態度表明，寧可怠慢其他國家，也不願疏遠了與美國的關係。類似的例子還有一些，不再一一贅述了。

　　當然，也不是說柴契爾政府對美國的政策都予以支持而沒有

任何矛盾。事實上，由於兩國利益不盡一致，雙方之間發生矛盾始終是不可避免的，也是正常的，例如有關西伯利亞天然氣管道事件，問題是在處理矛盾時，尤其是英國決不會使之有損於兩國關係的大局，西方世界共同的價值觀維繫著西方世界的穩定，更是英美關係中的一根重要支柱。當然英美兩國淵源很深的關係，不僅表現在政治、經濟及軍事上，兩國人民在血緣上、文化上都有著非常密切的關係，這一維繫兩國關係的紐帶，較之於兩個完全不同的民族和文化的國家間關係來說，有著更為牢固和持久的凝聚力。

―註釋―

❶《馬克思恩格斯全集》第一卷，1956年，第551頁。

❷、❸休·塞西爾：《保守主義》，商務印書館，1986年，第138頁。

❹休·塞西爾：同前引書，第139頁。

❺休·塞西爾：《保守主義》，商務印書館，1986年，第148頁。

❻轉引自V·巴哈旺、V·巴塞：《英國的憲法》，(Oxford University Press Oxford London New York) ，1984年，第12頁。

❼轉引自V·巴哈旺、V·巴塞：同前引書，第14頁。

❽在議會每年的會期中，大約有110天用於討論政府的公議案，其中100天由政府佔用。但議會除了必須通過每年的例行議案外，如財政預算、固定資金、撥款議案、期滿法律的延續議案等等，還有一些預見不到的事情和緊急情況，如礦工大罷工，也常常需要立法。這樣，政府用於新立法的時間，一年也就在60天左右的時間。

⑨、⑩V・巴哈旺、V・巴塞：同前引書，第120頁。

⑪、⑫L・羅賓斯主編：《英國政治機構的發展與變化》（Longman London & New York The Politics Association），1987年，第59頁。

⑬P.諾頓：《下院的前景》（Oxford: Martin Robertson）1981年，第69頁。

⑭轉引自P・諾頓：同前引書，第26頁。

⑮比爾・瓊斯、丹尼斯・卡瓦納：《當代英國政治》（Manchester: Manchester University Press）1983年，第80頁。

⑯、⑰轉引自P・諾頓，同前引書，第221、第247頁

⑱王小曼：《英國的君主和王權》《西歐研究》1988年，第六期，第39頁。

⑲王小曼：《英國的議會兩黨制》《西歐研究》1989年，第二期，第40頁。

⑳休・塞西爾：同前引書，第139-140頁。

㉑轉引自V・巴哈旺、V・巴塞：同前引書，第18頁。

㉒轉引自J・哈維、L・巴塞：《英國的憲法》（Macmillan），1977年，第4版，第545頁。

㉓轉引自V・巴哈旺、V・巴塞：同前引書，第20-21頁。

㉔、㉕、㉖、㉗、轉引自V・巴哈旺、V・巴塞：同前引書，第24、85、3、21頁。

㉘、㉙轉引自E・C・S・弗德、G・C菲利普斯：《憲法與行政法》（London: Longman）1977年，第45頁。

㉚P・諾頓《變化中的憲法》（Oxford, Martin, Robertson Sc. Co. Ltd.）1982年，第23頁。

㉛E・C・S・弗德、G・C・菲利普斯；同前引書，第29頁。

㉜轉引自L・羅賓斯主編：同前引書，第10-11頁。

㉝轉引自V・巴哈旺、V・巴塞：同前引書，第30頁。

㉞、㉟轉引自T・布倫南《英國政治與政府》(Cambridge University Press) 1983年，第404、395頁。

㊱轉引自J・P發金托斯：《英國的內閣》(London Stevens Sc. Sons Ltd) 1977年，第466頁。

㊲轉引自T・布倫南，同前引書，第169頁。

㊳轉引自W・J・斯坦基威齊主編：《英國政府在危機中需要改革》(Collier-Macmillan Ltd. London. The Macmillan Company. New York. Collier-Macmillan Canada Ltd.) 1967年，第188頁。

㊴轉引自P・G・沃克：《內閣》(London: Fortana) 1972年，第52頁。

㊵托尼・本：《一個憲法首相職位的範例》刊於《議會事務》33(1)，1980年冬，第7頁。

㊶F・蘭德爾：《英國政府與政治》(NE. Macdonald and Evans) 1984年第三版，第23頁。

㊷王小曼：《論英國的責任內閣制》1989年《西歐研究》第3期，第16頁。

㊸D・卡瓦納：《英國的政治持續與變化》(Oxford: University Press) 1985年，第204頁。

㊹英國《經濟學家》1989年10月23日

㊺轉引自P・詹金斯《柴契爾夫人的革命》(London: Jonathan Cape) 1987年，第183頁。

㊻轉引自《觀察家》1984年4月29日

㊼轉引自P・詹金斯：同前引書，第156頁。

(48)H·威爾遜：《英國政府》（New York, Harper & Row）1976年，第132頁。

(49)H·威爾遜：同前引書，第10頁。

(50)轉引自V·巴哈旺、V·巴塞：同前引書，第70頁。

(51)轉引自T·布倫南：《英國的政治與政府》（Cambridge University Press），1983年第二版，第34頁。

(52)M·拉什：《英國的議會政府》（Holmes & Meier Publishers. Lne. New York）1981年，第96～97頁。

(53)M·拉什：同前引書，第96～97頁。

(54)V·巴格旺、V·伯斯坎：《英國的憲法》（New Delhi: Sterling Publishers Private Limited），1984年，第146頁。

(55)轉引自J·哈維、L·巴塞：《英國的憲法與政治》（Macmillan Education Ltd.），1987年，第118頁。

(56)轉引自D·T·斯塔特拉、J·L·沃爾特曼：《英國政治中變革的國難》（the Macmillan Press Ltd），1984年，第80頁。

(57)S·英格爾：《英國的政黨制度》（Oxford: Baul Blackwell Ltd.），1987年，第194頁。

(58)王小曼：《對英國工黨國有化政策的思考》、《西歐研究》，1987年，第五期，第12頁。

(59)R·密利本德：《英國資本主義民主制》，商務印書館，1988年，第36頁。

(60)V·巴格旺、V·伯斯坎：同前引書，第147頁。

(61)V·巴哈旺、V·巴塞：同前引書，第154頁。

(62)轉引自J·哈維、L·巴塞：同前引書，第170頁。

(63)轉引自J·哈維、L·巴塞：同前引書，第153頁。

㉔轉引自J・哈維、L・巴塞：同前引書，第154頁。

㉕王小曼：《英國議會的兩黨制》、《西歐研究》，1989年，第二期，第44頁。

㉖、㉗（英國）《西歐政治》雜誌（英文），1987年1月，第445頁。

㉘轉引自A・H・伯奇：《英國政府制度》（London Allen & Unwin）1988年，第140頁。

㉙G・德里雷、T・巴切：同前引書，第155頁。

㉚G・德里雷、T・巴切：同前引書，第150頁。

㉛G・德里雷、T・巴切：同前引書，第166頁。

㉜A・桑普森：《最新英國剖析》中國社會科學出版社，1988年，第215頁。

㉝A・H・伯奇：同前引書，第143頁。

㉞轉引自G・K・弗賴伊：《白金漢宮的行政革命》（London）1981年，第142頁。

㉟轉引自A・桑普森：同前引書，第201頁。

㊱D・卡瓦納：《英國的政治持續與變化》同前引書，第107頁。

㊲A・希恩、J・柯蒂斯、R・喬韋爾：同前引書，第51頁。

㊳S・ᄂ・理查茲：《介紹英國政府》（London, Macmillan），1984年，第25頁。

㊴休・塞西爾：《保守主義》，商務印書館，1986年，第150頁。

㊵M・拉什：《英國的議會政府》同前引書，第96-97頁。

㊶英國《衛報》1968年11月6日。

㊷轉引自湯姆・布倫南：同前引書，第79頁。

㊸G・奧爾德曼：《英國的壓力集團與政府》，（Longman and New York），1984年，第123頁。

⑭W·N·考克斯奧爾：《政黨與壓力集團》 (Horlow Essex, U.K. Longman) 1981年，第109頁。

㊄轉引自J·P·麥金托什：《英國的內閣》， (London, Stevens & Son Limited) 1977年，第568頁。

㊅轉引自M·拉什：《英國的議會政府》 (Holmes & Meier Publisher. Inc. New York) 1981年，第134頁。

㊇M·莫蘭：《英國的政治與社會》 (London, Macmillan) ，1985年，第133頁。

㊈W·N·考克斯奧爾：同前引書，第12頁。

㊉G·奧爾德曼：同前引書，第67頁。

⑩M·莫蘭：同前引書，第133頁。

⑪J·柯倫、A·史密斯、P·溫蓋特合編：《衝擊與影響論20世紀宣傳工具的權力》， (London: Methuen) ，1987年，第17頁。

⑫轉引自M·科克雷爾、P·亨尼西、D·沃克合著：《接近首相的消息來源　新聞控制的內幕》， (London: Macmillan) 1984年，第14頁。

⑬、⑭A·梅、K·羅恩：《內幕消息　英國政府與傳媒》， (London: Constable) ，1982年，第42頁。

⑮轉引自A·梅、K·羅恩：同前引書，第17頁。

⑯西蒙·詹金斯：《英國報業大亨內幕》，新華出版社，1982年，第6頁。

⑰F·蘭德爾：《英國政府與政治》， (NE Macdonald and Evans) 1984年，第3版，第18頁。

⑱比爾·考克斯奧爾、林頓·羅奧斯：《當代英國政治介紹》 (Macmillan) 1989年，第308頁。

㊾轉引自H・A・泰勒：《英國新聞批評性的調查研究》（Arthur Barker Ltd. Lundon）1961年，第132頁。

⑩轉引自J・惠爾：《傳媒的政治》，（Manchestee, Manchester University Press）1977年，第131頁。

⑩A・梅、K・羅恩：同前引書，第54頁。

⑩J・惠爾：同前引書，第124頁。

⑩A・梅、K・羅恩：同前引書，第65頁。

⑩M・科克雷爾、P・亨尼西、D・沃克：同前引書，第8頁。

⑩《丘吉爾・演說全集》第七卷，第7712頁。

⑩A・斯克德、C・庫克：《45-79戰後英國政治史》世界知識出版社，1985年，第122頁。

⑩道格拉斯・霍姆：《霍姆自傳》，新華出版社，1982年，第163頁。

⑩《聽眾》，1982年5月13日，第15頁。

⑩J・貝利斯：《英—美防務關係，1939-1980年特殊關係》，（London Macmillan）1981年，第93頁。

⑩休・蓋茨克爾在1962年工黨年會上的講話。

⑪H・G・尼古拉斯：《美國與英國》（Chioapo, the University Press）1975年，第174-175頁。

一參考書目一

J. Harvey. L・Bather: 《*The British Constitution and Politics*》, 5th edition, 1987 (Macmillan Education Ltd.)

Philip Norton: 《*The Constitution in Flux*》, 1982 (Oxford: Martin Robertson & Co. Ltd.)

Philip Norton: 《*The commons in Perspective*》 1981 (Oxford: Martin Robertson and New York)

Tom Brennan: 《*Politics and Government in Britain*》 1983 2nd edition (Cambridge University Press)

Michael Rush: 《*Parliamentary Government in Britain*》 1981 (Holmes & Meier Publisher. Inc. New York)

Dennis Kavanash: 《*British Politics Contimities & Change*》, 1985 (Oxford: Oxford University Press)

A・G・Jordon、J・J・Richardson: 《British Politics and the Policy Process》1987, (London Allen & Unwin)

Stephen Ingle: 《The British Party System》, 1987. (Oxford: Basil Blackwell Ltd.)

Alan R. Ball: 《British Political Parties The Emergence of a Modern Party System》, 1981 (Macmillan Press Ltd.)

John P. Mackintosh: 《The British Cabinet》, 1977, (London Stevens & Son Ltd.)

Peter Hennessy: 《Cabinet》, 1986 (Basil Blackwell Ltd.)

Gavin Drewry、Tony Butcher: 《The Civil Service Today》, 1988, (Basil Blackwell Ltd.)

Richard A・Chapman: 《Ethics in the British Civil Service》, 1988, (London Routledge)

Tony Byrne: 《Local Government in Britain》 3rd edition 1985 (Penguin books Ltd. Harmondsworth Middlesex England)

Redcliffe-Maud、Bruce Wood: 《English Local Government Reformed》 4th edition, 1978 (Oxford University Press)

David Robertson: 《Class and the British Electorate》, 1984 (Oxford: Basil Blackwell)

Anthony Heath、John Curtice、Roger Jowell: 《How Britain Votes》, 1985, (Oxford: Pergamon Press)

Conrad Lodziak: 《The Power of Television: A Critical Appraisal》, 1986 (London: Frances Pinter (pub))

John Whale: 《The Politics of the Media》, 1977, (Manchester: Manchester University Press)

W・N・Coxall: 《*Parties and Pressure Groups*》 1981 (Harlow, Essex U.K. Longman)

Edited by Richard Kimber、J・J・Richardson: 《*Pressure Groups in Britain*》, 1974 (Dent London Rowman and Littlefield Totowa, N.J.)

H.W.R. Wade: 《*Administrative Law*》4th edition, 1977 (Oxford: Charendon Press)

D・C・M・Yardley: 《*Introduction to British Constitutional Law*》 6th edition, 1984 (London Butterworth & (pub) Ltd.)

Peter Bromhead: 《*Britain's Developing Constitution*》, 1974, (USA: St Mactin's Press)

I・N・Stevens: 《*Constitutional and Administrative Law*》, 1982. (England: Macdonald and Evans)

英國政府與政治

比較政府與政治 1

作　　者／胡康大
出 版 者／揚智文化事業股份有限公司
發 行 人／葉忠賢
總 編 輯／孟　樊
登 記 證／局版北市業字第 1117 號
地　　址／台北市新生南路三段 88 號 5 樓之 6
電　　話／(02)2366-0309　2366-0313
傳　　真／(02)2366-0310
印　　刷／偉勵彩色印刷股份有限公司
法律顧問／北辰著作權事務所　蕭雄淋律師
初版一刷／1998 年 7 月
　　二刷／1999 年 5 月
定　　價／新台幣 350 元

南區總經銷／昱泓圖書有限公司
地　　址／嘉義市通化四街 45 號
電　　話／(05)231-1949　231-1572
傳　　真／(05)231-1002

ISBN　957-9272-92-1
網址：http://www.ycrc.com.tw
E-mail：tn605547@ms6.tisnet.net.tw
　　　＊本書如有缺頁、破損、裝訂錯誤，請寄回更換＊

國家圖書館出版品預行編目資料

英國政府與政治／胡康大著. --第一版. --臺
北市； 揚智文化, 1997〔民86〕
　　面； 公分. --（比較政府與政治；1）
參考書目：面
ISBN 957-9272-92-1(平裝)

1.英國-政治與政府

574.41　　　　　　　　　85012426